广视角·全方位·多品种

权威·前沿·原创

皮书系列为
"十二五"国家重点图书出版规划项目

北京律师蓝皮书

BLUE BOOK OF
BEIJING LAWYERS

北京律师发展报告 *No.2*
（2013）

ANNUAL REPORT OF BEIJING LAWYERS No.2
(2013)

主　编／王　隽
执行主编／冉井富

社会科学文献出版社
SOCIAL SCIENCES ACADEMIC PRESS (CHINA)

图书在版编目（CIP）数据

北京律师发展报告. 2，2013/王隽主编. —北京：社会
科学文献出版社，2013.12
（北京律师蓝皮书）
ISBN 978 - 7 - 5097 - 5404 - 7

Ⅰ.①北…　Ⅱ.①王…　Ⅲ.①律师 - 工作 - 研究报告 -
北京市 - 2013　Ⅳ.①D926.5

中国版本图书馆 CIP 数据核字（2013）第 293084 号

北京律师蓝皮书
北京律师发展报告 No. 2（2013）

主　　编／王　隽
执行主编／冉井富

出 版 人／谢寿光
出 版 者／社会科学文献出版社
地　　址／北京市西城区北三环中路甲 29 号院 3 号楼华龙大厦
邮政编码／100029

责任部门／社会政法分社（010）59367156　　　　　责任编辑／赵建波
电子信箱／shekebu@ ssap. cn　　　　　　　　　　责任校对／杜若普
项目统筹／刘骁军　　　　　　　　　　　　　　　　责任印制／岳　阳
经　　销／社会科学文献出版社市场营销中心（010）59367081　59367089
读者服务／读者服务中心（010）59367028

印　　装／北京季蜂印刷有限公司
开　　本／787mm×1092mm　1/16　　　　　　　　印　　张／19.75
版　　次／2013 年 12 月第 1 版　　　　　　　　　　字　　数／320 千字
印　　次／2013 年 12 月第 1 次印刷
书　　号／ISBN 978 - 7 - 5097 - 5404 - 7
定　　价／75.00 元

北京律师蓝皮书编委会

前　言

改革开放以来，我国律师制度日渐完善，律师队伍日渐壮大，律师业务日渐宽广。迄今，一支专业精干的律师队伍，已然活跃在社会生活的各个领域，成为推动国家经济社会发展和法治建设的重要力量。然而，对于这样一支队伍，对于这样一个行业，人们还缺乏全面客观的了解。人们心目中的律师形象，人们所想象的律师工作，与律师的实际活动相比，与律师在社会生活中发挥的实际作用相比，还有一定的差异。导致这种差异的原因，对于不同的人来说，可能是陌生，可能是误会，可能是以偏概全，可能是资讯陈旧，也可能是评价标准不符合法治要义，等等。这种差异，从社会的角度说，不利于培育正确的社会主义法治理念，不利于符合中国国情的律师制度的改革和完善，进而不利于国家法治建设事业的推进，不利于国家政治、经济、文化活动的顺利开展；从社会组织和个人的角度说，不利于积累关于法律服务的知识，不利于恰当地聘用律师维护自身合法权益，不利于有效地借助法律服务成就各自的事业；从行业的角度说，不利于律师个人形成正确的职业定位，不利于律师机构制定合理的发展规划，不利于律师管理部门正确地制定和实施有关的制度、政策和措施。有鉴于此，我们决定以行业发展蓝皮书的形式，推出这套系列的、连续出版的北京律师蓝皮书，以期增进社会各界对律师行业发展状况的了解，提高对律师社会功能及职业使命的认知，从而促进先进的法治理念的培育，促进律师法律服务作用的发挥。

北京律师蓝皮书重点介绍北京律师的发展情况，是一本地区性的律师行业发展报告。尽管重点介绍北京律师，但是本书有时也涉及对全国律师状况的考察。这是因为，一方面，我国是单一制国家，基本的律师制度全国是统一的，律师制度建立和改革的进程也是"全国一盘棋"，在这种情况下，有时需要考察全国的情况，才能更好地说明北京律师的发展状况；另一方面，虽然基本制度是全国统一的，但是北京作为首都，政治、经济、文化的发展，法治理念的进步和市场资讯的聚集，在全国都处于领先地位，这导致北京律师的发展，包括规模方面和业务方面，都处于领先地位，在这种情况下，为了说明和论证北京律师发展的突出成就，需要对比考察全国律师发展的总体水平和其他地区的发展水平。此外，为了说明北京律师在某些方面的发展成就或阶段特征，本书还会适当提到或介绍国外律师发展的某些制度设置或指标数据，以资佐证。尽管如此，展示北京律师的发展状况仍是本书的中心任务，介绍和考察其他地区、其他国家的律师状况，目的仍在于更充分有效地说明北京律师的发展。

律师行业发展反映在许多方面，经验素材十分丰富，北京律师蓝皮书采取点、线、面相结合的原则确定考察的范围和叙述的特色。具体言之，本丛书各年度报告在内容上包括三个部分：总报告、分报告和大事记。三个部分分别代表了北京律师行业发展的面、线、点，分别提供特殊的知识和信息，从多种角度、以多种方式增进人们对律师行业的了解。

总报告部分旨在全面地、概括地介绍和分析北京律师行业年度发展的基本情况，其特点包括：（1）概观性。本部分所展示的，是北京律师整体的、宏观的发展状况，为了体现这一特点，本部分对大量的经验材料进行整理和浓缩，力图以指标、图表、标志性事例来展示北京律师发展的宏观图景。（2）直观性。本部分尽量利用指标技术和图表技术，将北京律师发展的成就、问题、趋势，直观地展示出来，一目了然，方便读者阅读和了解。（3）定量为主，定性为辅。本部分尽可能通过量化的指标数据，展示北京律师的发展状况，与此同时，也有一定比例的制度分析或事件说明。定性分析的必要性在于，有时统计指标的内涵和意义需要借助定性分析揭示，有时考察对象本身更适合定性描述，比如重点事件分析。（4）客观性。本部分立足于经验材料，尽可能客观地展示北京律师的发展状况，尽可能让统计数据、现实事例自己"说话"。当然，客观是相对而言的，指标的设置、结构的安排、事件的取舍等，在一定程度上都体现了我们对律师制度的理解和认识，因而具有一定的理论性和主观性。（5）连续性。除了所涉年份不同外，本丛书各年度的总报告具有基本相同的结构和内容，保持基本稳定的风格和特色，因此，各年度总报告对北京律师行业发展基本情况的考察前后相续，形成一个系列，连续反映北京律师的发展历程。

本丛书各年度报告包括分报告 5~10 篇，具体内容是对北京律师行业发展某个方面的深入研究，以专题分析、深度考察为特色。各年度分报告的题目按照一定的理论框架进行选择，并兼顾现实针对性。在理论框架上，分报告的题目分属律师队伍、律师机构、律师业务、律师收入、律师执业活动、律师公益活动、律师行业管理等七个领域。这七个领域涵盖了律师行业发展的基本内容，各年度分报告的题目从这些领域中确定，并尽可能保证分报告中的各条"线"能够均衡地分布在北京律师行业发展的各个方面，也保证本丛书各年度分报告在体系和结构上的统一性。与此同时，在各个领域中如何确定具体的题目，又考虑了现实针对性，以确保每个题目都是当下北京律师行业发展中的重大问题或焦点问题。正是根据这两个原则，各年度的分报告既有共同的框架，又体现各个时期行业发展的特殊关切。具体在 2013 年，本书分报告根据上述原则确定 6 个题目，分别是《北京律师事务所的人员规模状况》、《北京律师的业务能力现状及分析》、《北京律师 2011~2012 年业务收入增长放缓原因分析》、《北京律师从事法律援助的制度与实践》、《北京市两级律师协会的行业自律实践》和《北京市律师协会行业自律中的规则之治》。

大事记是北京律师行业在一定时期内的重要活动的忠实的、简明的记录，这些记录是北京律师行业发展的若干个"点"，这些"点"串起来，以另一种方式体现了北京律师行业发展的特殊历程。在 2011 年度报告中，大事记的记录不限于年度发生的活动，还包括新中国成立以来截至 2009 年发生的重大事件。2013 年度以后，大事记仅记录年度重要活动。具体就本年度报告来说，大事记记录了北京律师 2011~2012 年的所有重要活动。我们按照体现北京律师行业发展的意义筛选各项事件，并尽量保证全面和客观。然而，从结果上看，北京市律师协会的各项自律活动在大事记中占有较大的比重，这是因为，一方面，在"两结合"的管理体制中，北京市律师协会的行业自律管理工作越来越积极主动，越来越富有成效；另一方面，北京市律师协会各项工作的档案记录十分及时和完整，为大事记的选择和编纂提供了极大的便利。

本丛书是课题组分工负责、紧密协作的结果。在各年度报告中，课题组成员会有一定的变动。具体就本年度报告而言，课题组成员包括王隽、冉井富、陈宜、王进喜、周琰、郭辉、祁建建、肖萍、张锦贵、王琛、周哲斯等人。全书分工撰稿完成后，编委会又从不同的角度对全书进行了统稿审订。对于本书的编写，北京市律师协会秘书处承担了大量的组织和保障工作，包括会议召开、资料提供、安排调研、联系出版等。

本书课题组成员中，既有专门从事律师制度研究的理论工作者，也有长期从事律师工作的实务专家，还有处于律师行业自律管理岗位的工作人员。得益于这种人员构成，本书融合了理论研究、执业经历和管理经验三方面的知识和视角。不同的知识和视角相互印证和补充，力求准确反映北京律师发展状况。这些反映不同知识和视角的作品，经过主编统稿审订后，统一了体例和风格，整合了结构和内容，协调了主要的立场和观点，规范了名词和概念的使用。在一些篇章中，有的概括或评论，可能不够平和，可能不够成熟，可能不够公允，但是出于对作者观点的尊重，出于对探索性思考的鼓励，我们在统稿时部分保留了这样的概括或评论。然而，这些概括或评论仅供参考，它们不代表律师协会或主编人员的看法。

本丛书由社会科学文献出版社编辑出版。社会科学文献出版社是中国皮书的发源地和集大成者，丛书的出版计划和体例选择，最初源于社会科学文献出版社已出版的系列皮书的启发。在具体编写过程中，社会科学文献出版社谢寿光社长在内容定位、写作方向等方面给予了诸多指导，刘骁军主任在结构安排、写作特色等方面，提出了大量的、有益的建议。这些意见和建议对本丛书的顺利编写和品质提升，均有重要意义，在此谨致谢忱！

由于我们水平有限，由于资料和数据获取方面存在困难，加上时间仓促，书中的不足乃至错误，在所难免，敬请读者批评指正，以促进丛书后续版本的修改提高。

北京市律师协会

蓝皮书课题组

目录

皮书数据库阅读使用指南

总 报 告

B.1
北京律师 2011～2012 年度发展状况

冉井富*

摘 要：

在 2011～2012 年度，北京律师行业发展呈现了一些新的特点，其中既有需要及时予以关注和思考的反常变化，也有取得积极效果的新措施、新思路、新经验。这些新的特点主要包括：（1）一些指标历史对比呈反向变化，律师人数在 2011 年出现了 3.6% 的负增长，律所的平均规模自 2010 年以来出现逆向变化，律师业务收入总额在 2011 年增长放缓，等等。（2）一些指标，比如律师人数、律师业务收入等，在全国的领先优势有所缩小。（3）行业自律积极主动，在改善律师执业环境和促进律师行业平稳、有序发展方面成效显著。（3）把公益活动和政府中心工作结合起来，集中地、有组织地开展公益活动，是近两年来北京律师从事公益活动的一个显著特色。

关键词：

北京律师 2011 2012 发展状况

---

* 冉井富，中国社会科学院法学研究所副研究员，法学博士。

前　言

在 2011～2012 年度，北京律师行业发展呈现了一些新的特点，其中既有需要及时予以关注和思考的反常变化，也有取得积极效果的新措施、新思路、新经验。对于北京律师两年来的这些发展变化，本文将全面而概要地进行描述和分析。

考察并非面面俱到，而是根据对律师行业发展的指标意义，选取律师行业年度发展的六个方面作为考察的范围。对于每个方面的考察，尽可能分别设置一定的指标，作为描述和评价的依据。这六个方面及其指标设置是：（1）律师队伍的数量变化。具体从两个角度考察，一是律师的数量变化，二是律师辅助人员的数量变化。（2）律师机构的组织规模。这方面主要设置三个指标：一是大型律师事务所、特大型律师事务所的数量和规模，二是律师规模的排名，三是律师事务所平均律师人数。（3）律师业务范围。这方面主要考察各类律师业务数量的变化。（4）律师业务收入。这方面主要设置三个指标，一是律师收费的总额，二是律师收费总额占地区生产总值的比例，三是律师人均业务收费。（5）律师公益活动。这方面具体考察律师的四类活动，即法律援助、社会公益活动、律师捐款和参政议政。（6）律师行业管理。这方面主要考察司法行政机关和律师行业自律性组织——律师协会为维护行业秩序、促进行业发展所做的主要工作。

对于每个方面的考察和描述，尽可能通过量化的指标方法，以求精确和直观。但是某些方面可能通过特定事件的列举来说明行业的发展，这是因为这些事件的发生，本身就具有指标意义，它们的发生标志着律师行业在某方面的重大发展，或者某种值得关注的转向。

为了进一步揭示各类指标的意义，本报告将根据情况，进行地区性的对比和历时性的对比。对比是初步的，只能得出一些大致的结论。任何需要对这些对比的意义作更精确的理解和把握，都还需要在本报告的基础上，结合更详尽的资料，作更进一步的分析。对于本报告的部分主题，本书的分报告和《北京律师 2011～2012 年度重大事件述评》有着更为深入、系统的描述和分析。

本报告使用大量的统计资料和案例材料。这些材料部分来源于司法行政机关的统计报表，部分来源于律师协会的档案材料，部分来源于有关部门的"官网"，还有部分来源于公开的出版物。前两类数据有关部门尚未公开发布，因此，将来正式公布的统计数据可能作一定的调整。我们力求使用最新的统计资料，但是由于统计工作存在一定的周期，在报告撰写截止时，一些很有意义的统计数据仍未获得，于是某些考察未能截止到 2012 年底。这一问题在一定程度上影响了本报告的考察的完整性和时效性。

对于前面所述的六个方面，本报告将分为六个专题分别进行考察。在这些考察的基础上，报告第七部分对北京律师 2011~2012 年度发展进行总结，对北京律师的发展前景作出展望。对于北京律师的年度发展变化，总结部分提供了更为概要、更为宏观的描述。对律师未来发展的展望具有很大程度的主观性和不确定性，仅供读者参考。

一　北京律师数量下降

（一）律师数量不增反降

2011 年以来，北京律师队伍最大的一个变化，是执业律师的人数不仅没有增加，反而呈下降趋势。之所以说这是一个很大的变化，是因为自改革开放以后律师制度恢复与重建以来，北京律师的数量一直是持续快速增长的，[①] 近两年来的不增反降和此前长期、快速的增长形成了鲜明的对比。这里具体以近 10 年来的统计数据进行对比。如图 1 - 1 所示，在 2009 年以前，一直向前延伸到 2003 年，北京律师队伍的人数一直是持续、快速增长的。在这几年中，律师人数年增长率最快时超过了 20%，最慢的年份年增长率也达到了 13.8%。

---

① 过去唯一的一次例外是在 1998 年，根据新颁布的《律师法》，全国大规模终止特邀律师，导致当年北京律师人数出现下降。具体参见王隽、周塞军主编《北京律师蓝皮书 2011》，社会科学文献出版社，2011，第 24 页；朱景文主编《中国法律发展报告 2012：中国法律工作者的职业化》，中国人民大学出版社，2013，第 201～209 页。

然而，在 2010 年，律师人数虽然继续增长，但是增长速度明显放缓，只有8.1%。而在 2011 年，可以说是 180 度的大转弯：律师人数不仅没有增长，反而下降了 3.6%。在 2012 年，律师人数有所增长，但是一方面，增幅非常小，只有 3.1%；另一方面，这是在 2011 年基础上的增长，增长之后，仍然低于2010 年的水平。

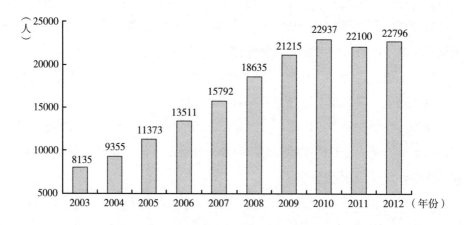

图 1-1 2003~2012 年北京律师人数变化

数据来源：（1）2003~2010 年的数据来源于《中国律师年鉴》相应年份的版本；（2）2011~2012 年的数据来源于北京市司法局提供的律师业务收入情况年度报告。

北京律师人数变化的转折性还体现在北京律师人数变化和全国律师的对比上。表 1-1 和图 1-2 直观地显示出，在 2009 年以前，无论是全国还是北京，律师人数都是持续增长的，但是北京的历年的增长幅度显著高于全国。具体言之，以 2002 年为基数来看，2003 年以来直到 2009 年，北京律师人数平均每年增长 17.1%，全国律师人数的平均年增长率只有 7.8%，虽然都是快速增长，但是北京增长更快。然而，自 2010 年起，全国律师人数的增长速度首次超过了北京，并且将领先优势一直持续到 2012 年。尤其是在 2011 年，北京律师人数下降了 3.6%，相反，全国律师人数却增长了 10.1%，差距显著。

总之，无论是历史上的对比，还是和全国平均水平的对比，均表明北京律师 2010 年以来，尤其是 2011 年以来的人数变化和长期以来的增长趋势不一致，和全国的增长大势也不一致。

表 1 – 1　2003～2012 年北京律师人数年增长率和全国平均水平的对比

	全国律师		北京律师		
	律师人数	年增长率（%）	律师人数	年增长率（%）	占全国比例（%）
2003	107084	4.8	8135	15.9	7.6
2004	113457	6.0	9355	15.0	8.2
2005	121889	7.4	11373	21.6	9.3
2006	130869	7.4	13511	18.8	10.3
2007	143967	10.0	15792	16.9	11.0
2008	156710	8.9	18635	18.0	11.9
2009	173327	10.6	21215	13.8	12.2
2010	195170	12.6	22937	8.1	11.8
2011	214968	10.1	22100	-3.6	10.3
2012	230105	7.0	22796	3.1	9.9

数据来源：（1）2003～2010 年的数据来源于《中国律师年鉴》相应年份的版本；（2）2011～2012 年的数据来源于北京市司法局提供的统计报表。

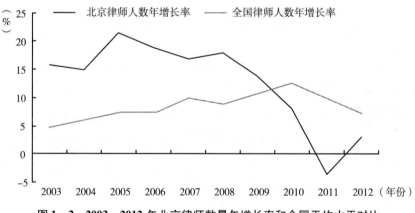

图 1 – 2　2003～2012 年北京律师数量年增长率和全国平均水平对比

（二）北京律师在全国的数量领先优势有所缩小

如图 1 – 2 所示，在 2009 年以前，北京律师人数历年的增幅显著高于全国的总体水平，多年来累积的效果使得北京和全国其他地区相比，具有较大的数量优势。然而，2010 年以后，北京律师人数的增幅连续三年低于全国，这使得从 2010 年开始，北京律师的人数优势逐年缩小。这具体体现在多个方面。

首先，体现在北京律师人数占全国的比例的变化上。如图 1 – 3 所示，在

2009 年以前，北京律师人数占全国的比例逐年上升，截至 2009 年达到最大值 12.2%，大约相当于全国 1/8 的水平。2010 年以后，这个比例则逐年下降，截至 2012 年，缩小为全国的大约 1/10 的水平。由此可见，尽管北京律师的人数占全国的比例仍然很高，但是已经有了显著的下降。

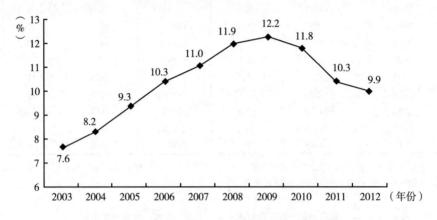

图 1 - 3　2003～2012 年北京律师人数占全国比例变化

其次，体现在北京每 10 万人口拥有律师人数变化和全国的对比上。北京律师不仅绝对数量多，而且由于其人口总数不及一个中等大小的省份，所以其平均每 10 万人口拥有的律师人数也一直"高高在上"。在 2009 年以前，北京每 10 万人口拥有的律师人数不仅逐年增长，而且相较全国的总体水平的优势一直在扩大。具体来说，在 2003 年，北京平均每 10 万人口拥有 55.9 名律师，而全国的总体水平是 8.3 名，前者是后者的 6.7 倍。律师队伍发展到 2009 年时，北京每 10 万人口拥有的律师人数增长到 120.9 人，这也是北京历史上的最大值。全国的总体水平虽然也有所增长，达到 13.0 人，但是速度较北京慢，两者的差距扩大到 9.3 倍。然而，2010 年以后，两个指标对比的结果出现了相反方向的变化，并持续至今。如图 1 - 4 所示，自 2010 年以来，一方面，北京每 10 万人口拥有的律师人数逐年下降，到 2012 年时降到 110.2 人；另一方面，全国平均每 10 万人口拥有的律师人数则继续增长，在 2012 年时达到 17.0 人。由于这种此消彼长的变化，北京每 10 万人口拥有的律师人数虽然仍显著高于全国，但是差距在逐年缩小，两者的比例在 2012 年时已下降为 6.5 倍。

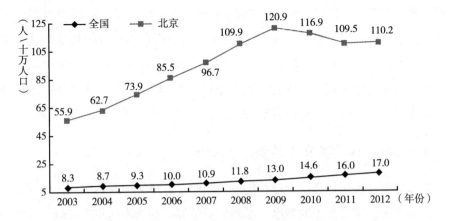

图 1－4　2003～2012 年北京每 10 万人口拥有律师数变化和全国的对比

数据来源：指标计算中人口数据分别来源于《中国统计年鉴 2012》和《北京统计 2013》，2012 年全国人口数据来源于国家统计局 2013 年 2 月 22 日发布的《中华人民共和国 2012 年国民经济和社会发展统计公报》。

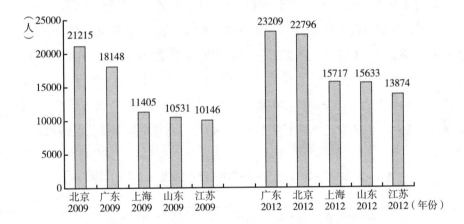

图 1－5　2012 年全国律师人数最多的五个地区的排名和 2009 年的对比

数据来源：（1）2009 年的数据来源于《中国律师年鉴 2010》；（2）2011～2012 年的数据来源于北京市司法局提供的统计报表。

　　最后，还体现在全国各省级地区律师人数排名的变化上。不考虑各省级地区的人口数量差异，单纯比较律师的绝对数量，北京也一直名列前茅。在 2006 年以前的比较长的一段时期内，一直保持着广东律师人数最多、北京律师人数第二的格局。然而在 2007 年，北京律师人数首次超过广东，排名第一。

而且，北京和第二名广东的差距，在 2008 年后进一步拉大，在 2009 年时，北京律师人数比排名第二的广东多出 17.9%，北京相较其他省级地区的优势也达到最大值。但是 2010 年以来，北京律师人数增长放缓，甚至一度出现负增长，导致北京律师人数的领先优势逐年下降。在 2012 年时，北京和广东律师人数的排名再度换位，广东回到第一位，北京降到第二名（见图 1-5）。

（三）北京律师的文化素质有所回升

律师是文化素质较高、专业技能较强的职业群体，而发达的国民教育、严格的职业准入、较高收入的激励、激烈的竞争等，都从不同角度促进了律师群体文化素质和专业技能的提高。虽然无论是文化素质还是专业技能，都很难精确衡量和测算，但是通过学历或文凭的构成，可以大致地构建文化素质的量化指标。

对比北京和全国的律师学历构成变化，可以发现两个现象或结论。

第一，从学历构成的角度看，北京律师的文化素质在全国具有领先优势。如表 1-2 和表 1-3 所示，在 2007~2012 年间，无论是哪一年，北京律师的文化素质都显著高于全国的总体水平。综合这六年的情况来看，北京硕士以上学历的律师占 30% 左右，而全国律师中硕士以上学历大约占 15%。而在低学历方面，北京律师专科以下的学历也显著低于全国，但是这六年中数据变化范围较大。

表 1-2 2007~2012 年北京律师学历构成变化和全国的对比 *

单位：人

	全国律师的学历构成（律师人数）			北京律师的学历构成（律师人数）			
	律师总数	硕士以上	本科	专科以下	律师总数	硕士以上	本科	专科以下
2007 年	143967	18554	102706	21034	15792	5090	9872	830
2008 年	156710	21046	111866	21895	18635	5196	12746	693
2009 年	173327	24435	128514	18286	21215	5489	14153	1573
2010 年	195170	27081	144469	17829	22937	6040	15684	1213
2011 年	214968	31885	162572	17269	22100	7645	13835	620
2012 年	226549	35612	171806	15732	22796	7680	14528	588

* 在表 1-2 和表 1-3 中，"硕士以上"学历包括硕士、双学位和博士，"专科以下"学历包括专科和专科以下的学历。

数据来源：(1) 2002~2010 年的数据来源于《中国律师年鉴》相应年份的版本；(2) 2011~2012 年的数据来源于北京市司法局提供的统计报表。

表 1 – 3　2007~2012 年北京律师学历构成变化和全国的对比

单位：%

	全国律师的学历构成（所占比例）			北京律师的学历构成（所占比例）		
	硕士以上	本科	专科以下	硕士以上	本科	专科以下
2007 年	14.0	71.3	14.6	32.2	62.5	5.3
2008 年	14.6	71.4	14.0	27.9	68.4	3.7
2009 年	15.3	74.1	10.6	25.9	66.7	7.4
2010 年	15.3	75.4	9.3	26.3	68.4	5.3
2011 年	16.3	75.6	8.0	34.6	62.6	2.8
2012 年	17.2	75.8	6.9	33.7	63.7	2.6

　　北京律师的文化素质领先全国总体水平，这是很容易理解的，因为北京具有得天独厚的社会条件。这些条件大致包括两个方面：一是因为北京是全国的文化中心，具有全国最好的教育条件；二是因为北京集中了更多的高端业务，只有较高的文化素质和专业技能的律师才能在这些高端业务的竞争中立足和发展。

　　第二，北京律师的学历构成和全国总体水平相比，具有不同的变化趋势，其中蕴含着丰富的信息。如图 1 – 6 所示，在 2007~2012 年，全国律师硕士以上学历所占比例逐年上升，专科以下学历所占比例则逐年下降，这两个指标稳定的变化趋势表明，全国律师的文化素质是逐年提升的，中间没有停顿或转折。然而，北京律师的文化素质的变化趋势却与此不同。如图 1 – 7 所示，在 2007~2012 年，北京律师硕士以上学历所占比例先是下降，从 2007 年的 32.2% 下降到 2009 年的 25.9%，然后在 2010 年又有所回升，到 2011 年上升到 34.6% 的最高水平。同样，专科以下学历所占比例也有类似的变化。在 2008 年，北京律师专科以下学历从前一年的 5.3% 降到 3.7%，但是 2009 年快速回升，达到 7.4%。2010 年以后，则又逐年下降，截至 2012 年，降到 2.6% 的历史最低水平。综合起来看，北京律师的文化素质在 2007~2012 年，经历了一个先下降然后提高的过程，这和全国律师的文化素质逐年提高的变化存在显著的不同趋势。而在这两种不同的变化趋势中，全国的变化体现了国家教育事业发展的成就和律师严格职业准入的成效，因而是非常合理的、容易理解的。相反，北京律师的变化比较特殊，需要作出特别的解释和说明。

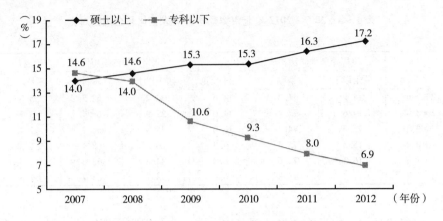

图 1 - 6   2007～2012 年全国律师学历构成变化

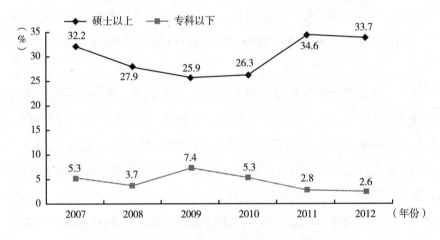

图 1 - 7   2007～2012 年北京律师学历构成变化

进一步的分析发现，北京律师学历构成的特殊变化体现了北京律师行业发展的某些状况，也在一定程度上解释了北京严格执业准入的缘由，并展示了该措施带来的一种效果。从表 1 - 3 中我们可以看出，在 2007 年时，北京律师的文化素质不仅处于一个较高的水平，而且相对全国而言，具有最大的优势。然而，由于当时北京律师在全国同行中具有较高的业务收入，加上律师执业不受户籍限制，导致大量的外地户籍律师转入北京执业。由于当时全国律师文化素质的总体水平显著低于北京，所以，大量外地律师转入北京执业的结果是拉低了北京律师的文化素质。可能更让北京律师忧虑的是，律师人数的增长和文化素质的降低，加剧了北京法律服务市场的竞争，尤其是加剧了低价竞争等损害律师行业利益的现象。当然，作为最终的后果，也是北京律师行业最不满意的一点，是律师的人均业务收入也在 2009 年创下新低：从 2007 年的 48.7 万元下降到 2009 年的 43.2 万元。在物价上涨、人均 GDP 上涨、各行各业的工资上涨的情况下，律师人均业务收入却出现下降，这是让北京律师难以接受的。

（四）实习律师人数下降

在近年来的律师工作统计中，律师辅助人员划分为实习律师和其他辅助人员。如图 1 - 8 所示，自 2010 年以来，北京律师辅助人员的数量变化具有两个显著特点。

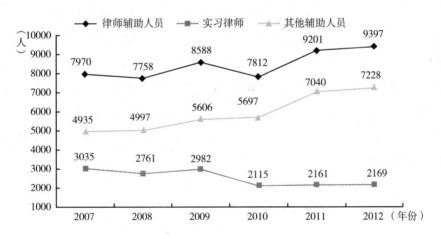

图 1 - 8　2007 ~ 2012 年北京律师辅助人员数量变化

数据来源：（1）《中国律师年鉴》2007 ~ 2010 年相应年份的版本；（2）从北京市司法局有关部门调研获得的资料。

第一，实习律师人数显著下降后缓慢增长。在 2009 年之前的三年中，实习律师人数波动较小，总人数在 3000 人左右。然而，在 2010 年时，实习律师人数出现了显著下降，从 2009 年的 2982 人下降到 2010 年的 2115 人，下降了 29.1%。2011 年以后，实习律师人数有所增长，但是增幅微小，其中 2011 年增长了 2.2%，2012 年增长了 0.4%。所以，从总体上看，2010 年以来的三年中，实习律师人数稳中有升，但是显著低于 2009 年以前的水平。

第二，其他辅助人员人数继续增长，使得律师辅助人员的总数继续保持增长趋势。如图1-8所示，自2010年以来，北京律师其他辅助人员人数继续增长，其中，在2010年增长了1.6%，在2011年增长了23.6%，在2012年增长了2.7%。由于其他辅助人员人数继续增长，律师辅助人员的总数只在2010年出现了短暂的下滑，2011年随即恢复增长，直到2012年。

二 北京律师事务所规模"大的更大，小的更小"

（一）律师事务所数量继续增长

近两年来，虽然北京律师的数量出现了负增长，但是律所数量仍然呈增长的趋势。如图1-9所示，尤其是在2011年，北京律师人数出现了3.6%的下降，但律所数量仍然从1486家增加到了1609家，增幅达到8.3%。在2012年，律师数量有3.1%的增幅，律所数量则增加了3.9%，略高于前者。如图1-10所示，在过去10年中，多数情况下律师人数的增长速度高于律所，而在最近3年中，律所的增幅总体上高于律师人数的增幅，其中蕴涵着怎样的信息，需要进一步探究。

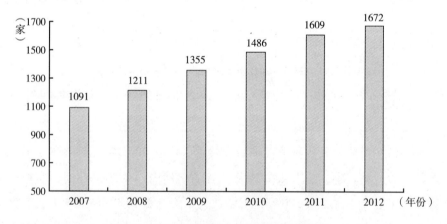

图1-9 2007~2012年北京律所数量变化

数据来源：（1）2002~2010年的数据来源于《中国律师年鉴》相应年份的版本；
（2）2011~2012年的数据来源于北京市司法局提供的统计报表。

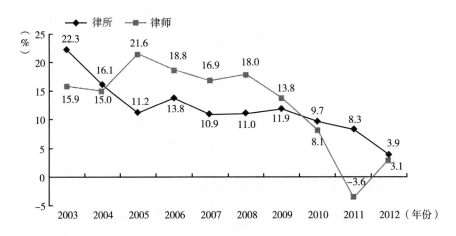

图 1-10 2003～2012 年北京律师和律所年增长率变化对比

（二）平均规模逆向变化

一个不平常的变化，必然会带来另一个不平常的变化。在过去较长的一个时期内，北京律所的平均执业律师数量规模是呈逐步增长的趋势的。然而，在最近三年中，由于律所数量的增幅高于律师数量的增幅，使得律所的平均规模出现了少有的下降。如图 1-11 所示，在 2009 年时，北京平均每家律所有 15.7 名律师，这也是北京历史上的最大值，然而在 2010 年，平均规模出现了下跌，降为15.4 人；而在 2011 年，降幅更为显著，律所平均规模降为 13.7 人；2012 年则是微

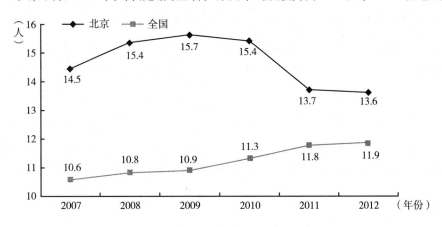

图 1-11 2007～2012 年北京和全国律所平均律师人数规模变化

降，平均规模减至 13.6 人。与此不同的是，全国律所的平均规模一直呈增长趋势，这种趋势也体现在最近三年中。由于这种此消彼长的变化，截至 2012 年，北京律所的平均规模虽然仍显著地高于全国的总体水平，但是差距大幅缩小。

律所平均规模逐步扩大被认为是现代社会中律师行业发展的一个具有一定共性的趋势，北京律师行业在过去的发展中也体现了这一趋势，① 但是最近两年出现了逆向变化，其中的原因，下文将逐步进行分析和探讨。

（三）大型以上律所的数量有所增加

虽然近两年来北京律所的平均规模在下降，但是在 2012 年，大型以上律所的数量仍有所增长。在这里，为了表述方便，将执业律师人数在 51～100 人的律所称为大型律所，将执业律师人数在 101 人及以上的律所称为特大型律所，将大型律所和特大型律所合称为大型以上律所。从有关部门发布的统计数据来看，2012 年大型以上律所的数量增长明显。

如图 1－12 所示，在 2010 年以前，北京大型律所的数量比较稳定，但是特大型律所数量持续增长。然而，2011 年出现了不寻常的变化：特大型律所数量下降，从 25 家变成了 24 家，而大型以上律所数量保持不变，还是 67 家。之所以出现这样的变化，可能和北京律师人数下降、大型以上律所不容易扩大规模有关。但是，2012 年的情况有所改观，大型以上律所数量恢复增长。如图 1－12 所示，在 2012 年虽然大型律所减少了 2 家，但是特大型律所增加了 7 家，使得大型以上律所的总数从 67 家增加到 72 家。

虽然北京大型以上律所数量在 2012 年有所增长，但是和 2010 年相比，在全国的领先优势有所下降。首先，北京大型以上律所的数量占全国的比例下降。在 2010 年时，北京有 25 家特大型律所，占全国的 45.5%；大型以上律所有 67 家，占全国的 22.7%。而在 2012 年时，北京有 31 家特大型律所，只占全国的 39.7%；大型以上律所有 72 家，占全国的比例降为 18.4%。其次，北京大型以上律所的数量和其他省级地区相比优势缩小。无论是 2010 年，还是 2012 年，全国各省级地区在大型以上律所数量前五位的排名没有什么变化，都是北京第一、广东第二、上海第

① 参见王隽、周塞军主编《北京律师蓝皮书 2011》，社会科学文献出版社，2011，第 42～43 页。

三、四川第四、河南第五。然而，和 2010 年相比，在 2012 年时北京和后面四个地区的差距有所缩小。以和第二位的广东的对比为例：（1）在 2010 年时，北京有 25 家特大型律所，广东只有 7 家，前者是后者的 3.6 倍；而在 2012 年时，北京有 31 家特大型律所，广东有 9 家，前者是后者的 3.4 倍。（2）在 2010 年时，北京大型以上律所有 67 家，广东只有 52 家，前者是后者的 1.3 倍；而在 2012 年时，北京大型以上律所有 72 家，广东有 60 家，比例降为 1.2 倍。由此可见，虽然北京现在的大型以上律所的数量仍然是第一，但是在全国的领先优势有所缩小。

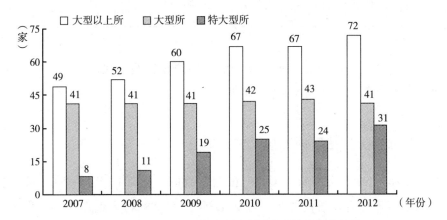

图 1 - 12   2007 ~ 2012 年北京大型特大型律所数量变化

数据来源：（1）2007 ~ 2010 年的数据来源于《中国律师年鉴》相应年份的版本；（2）2011 ~ 2012 年的数据来源于北京市司法局提供的统计报表。

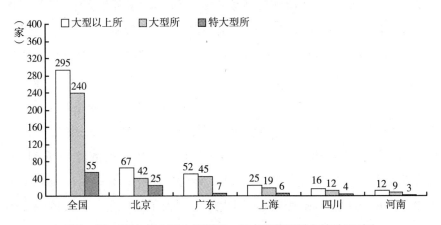

图 1 - 13   2010 年全国大型律所、特大型律所最多的地区对比

数据来源：《中国律师年鉴 2010》，第 338 ~ 339 页。

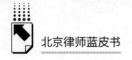

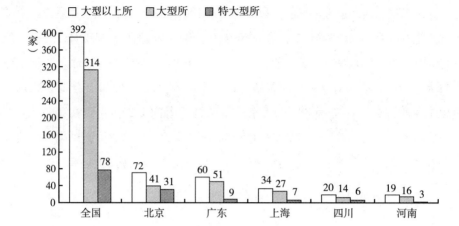

图 1-14　2012 年全国大型律所、特大型律所最多的地区对比

数据来源：北京市司法局提供的统计报表。

（四）特大型律所规模继续扩大

在 2011 年时，北京特大型律所虽然在数量上比 2010 年减少了一家，但是律所的规模仍有显著的扩大。在 2012 年，北京的特大型律所不仅数量增加了 7 所，而且规模也在快速扩张。这种趋势可以通过三方面的指标变化予以说明。

第一，原有特大型律所规模继续扩大。如果跟踪考察 2010 年北京规模最大的 10 家律所，按照规模由大到小排列依次是大成所、金杜所、德恒所、盈科所、中银所、君合所、中伦所、中伦文德所、隆安所和金诚同达所。那么，我们发现，首先，如表 1-4 和图 1-15 所示，在 2011 年时，除了排名第十的金诚同达所有 8.4% 的降幅以外，其余 9 家律所规模都扩大了，而且是大幅度地扩大。其中，变化最大的盈科所的规模竟然在一年之中扩大了356.2%；而把 10 家律所作为一个总体来看，则律师人数增加了 61.6%，增长是显著的、快速的。其次，在 2012 年时，同样只有一家律所规模下降了 5.0%，其余 9 家律所规模都不同程度地扩大了。但是，扩大的幅度不及2011 年，10 家律所律师人数总共只增加了 24.7%（见表 1-5）。当然，即便是这个幅度，增加仍然是显著的。

表 1-4　北京 2010 年规模十强律所近两年来的规模变化

律所名称	2010 年规模		2011 年规模变化			2012 年规模变化		
	名次	人数	人数	年净增长	年增长率（%）	人数	年净增长	年增长率（%）
大成所	1	1406	2027	621	44.2	2676	649	32.0
金杜所	2	830	990	160	19.3	1018	28	2.8
德恒所	3	685	798	113	16.5	1106	308	38.6
盈科所	4	347	1583	1236	356.2	1820	237	15.0
中银所	5	346	594	248	71.7	960	366	61.6
君合所	6	343	399	56	16.3	482	83	20.8
中伦所	7	331	621	290	87.6	747	126	20.3
中伦文德所	8	317	440	123	38.8	418	-22	-5.0
隆安所	9	310	656	346	111.6	873	217	33.1
金诚同达所	10	237	217	-20	-8.4	271	54	24.9
合　计			5152	8325	3173	61.6	10371	2046	24.6

数据来源：隆安所 2012 年的数据来自隆安网站，http://www.longanlaw.com/u/cms/www/201212/101816349or4.pdf，《隆安期刊》第 3 期，2013 年 9 月 14 日；其他数据来源于《亚洲法律杂志》（英文网页版）（*Asia Legal Business*）。

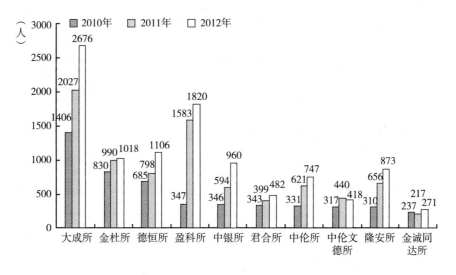

图 1-15　北京 2010 年规模十强律所近两年来的执业律师人数变化

　　第二，前 10 名律所律师人数大幅增加。如表 1-5 所示，将 2010 年、2011 年、2012 三年各自的前十强律所的规模进行对比，可以发现：一是名次相同的律所之间，除了 2011 年的第十名金诚同达所外，其余的律所规模每年都有增长。比如，2010 年排名第四的盈科所是 347 人，2011 年排名第四的德恒所是 798 人，2012 年排名第四的金杜所是 1018 人，每年都有增长，且增幅是显著的。二是将各年份的前十强作为一个总体来看，合计律师人数增长也十分显著。如图 1－16 所示，在 2010 年时，前十强的律所律师人数是 5152 人，在 2011 年时，当年的前十强律所律师人数合计增加到 8325 人，增加了 61.6%；再到 2012 年时，前十强律所的律师人数又增加到 10379 人，增加了 24.7%。

表 1－5　2010～2012 年北京规模十强律所排名变化和规模对比

执业律师人数规模排名	2010 年北京规模十强		2011 年北京规模十强		2012 年北京规模十强	
	律所名称	律师人数	律所名称	律师人数	律所名称	律师人数
1	大成所	1406	大成所	2027	大成所	2676
2	金杜所	830	盈科所	1583	盈科所	1820
3	德恒所	685	金杜所	990	德恒所	1106
4	盈科所	347	德恒所	798	金杜所	1018
5	中银所	346	隆安所	656	中银所	960
6	君合所	343	中伦所	621	隆安所	873
7	中伦所	331	中银所	594	中伦所	747
8	中伦文德所	317	中伦文德所	440	君合所	482
9	隆安所	310	君合所	399	中伦文德所	418
10	金诚同达所	237	金诚同达所	217	竞天公诚所	279
	合计	5152	合计	8325	合计	10379
	年增长率		年增长率	61.6%	年增长率	24.7%

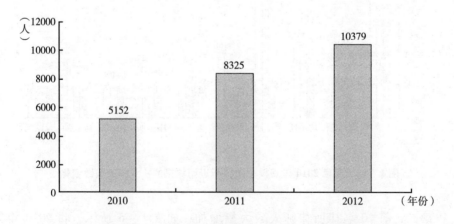

图 1－16　2010～2012 年北京规模十强律所执业律师总数对比

第三，超大型律所排名略有前移。在特大型律所的基础上，这里再引入"超大型律所"这一概念，称谓那些处于全国规模排名前 20 强的律所。从表 1 - 6 来看，北京的超大型律所在全国律所中的排名基本稳定，略有前移。具体来看：（1）在全国规模最大的 5 家律所中，2010 年有 3 家是北京的律所，而且是前三名。三家分别是大成所（排名第一）、金杜所（排名第二）、德恒所（排名第三）。在 2011 年和 2012 年这两年，这个数据变为 4 家，即在全国规模最大的 5 家律所中，有 4 家是北京的律所。（2）在全国规模最大的 10 家律所中，2010 年有 8 家是北京的律所，在此后的 2011 年还是 8 家，但是 2012 年降为 7 家。（3）在全国规模最大的 20 家律所中，2010 年有 13 家是北京的律所，在 2011 年时，北京的律所上升到 15 家，但是 2012 年又减少为 14 家。总体来看，北京律所在全国规模 20 强中的数量和排位基本稳定，略有前移。之所以基本稳定，其实是因为领先太大，几乎已到极限，很难再有大的提升。比如，以 2011 年为例，前五名中有四家是北京律所，而且这四家分属前四名，仅有第五名的国浩所不是北京的律所，而其中的原因，还在于国浩所是跨地域律所，不属于任何一个地区。如果扣除国浩所的话，实际上前五强全是北京的律所，领先已到极限了。同样，在前十强中，如果因为国浩所是跨地域所而扣除的话，实际上在 2011 年，外地律所只有上海的锦天城律所一家闯入十强，其余的都是北京的律所。而在 2012 年，则有上海的锦天城律所和广东的广和所两家闯入十强。

表 1 - 6 2010 ~ 2012 年北京律所在全国超大型规模律所中的数量

年份	全国规模 5 强中北京律所数量	全国规模 10 强中北京律所数量	全国规模 20 强中北京律所数量
2010	3	8	13
2011	4	8	15
2012	4	7	14

（五）个人所数量增长变缓

最近几年来，北京律师行业在大型律所的数量和规模都增长的同时，还有另外一个现象，就是规模最小的个人开业律师事务所（以下简称"个人所"）

也以一定的规模存在和一定的速度增长。在 2007 年以前，个人所并不是《律师法》所规定的律师事务所的组织形式之一，但是一些地区制定了相应的规定进行试点，这其中就包括北京市司法局 2001 年发布《北京市个人开业律师事务所试点办法》，在北京地区试点个人所。所以，我们看到，在北京地区，个人所实际上在 2007 年以前就有一定数量的存在。但是，如图 1 - 17 和图 1 - 18 所示，由于是试点，个人所的增长并不快，截至 2007 年，只有 53 家，只占北京律所总数的 4.9%。2007 年《律师法》修改调整了法定的律师事务所组织形式，允许符合一定条件的律师开办个人所。《律师法》修正案于 2008 年 6 月 1 日起施行，在新的制度条件下，北京个人所的增长速度明显加快。如图 1 - 17 和图 1 - 18 所示，在 2008 年、2009 年、2010 年这三年中，个人所均有较大的增幅。截至 2010 年，个人所数量达到 257 家，占北京律所总数的 18.4%。从比例上看，这是北京历史上的最大值。然而，在 2011 年时，个人所的绝对数量下降，从 257 家减为 240 家，所占比例则从 18.4% 降为 14.9%。在 2012 年时，个人所的数量恢复增长，并一举超过 2010 年的水平，达到 282 家，这是迄今为止北京历史上个人所的最大数量。但是，在北京律所总数中所占的比例仍不及 2010 年，只有 16.9%。

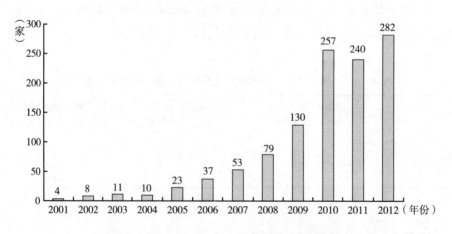

图 1 - 17　2001 ~ 2012 年北京个人所数量变化

数据来源：（1）2001 ~ 2010 年的数据来源于《中国律师年鉴》相应年份的版本；（2）2011 ~ 2012 年的数据来源于北京市司法局提供的统计报表。

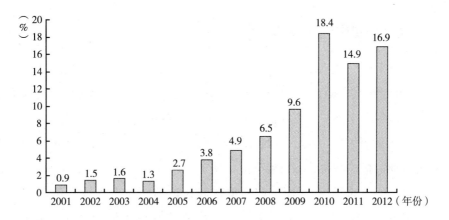

图 1 – 18　2001～2012 年北京个人所所占比例变化

　　2011 年以来，北京的个人所之所以绝对数量增长放缓，而所占比例甚至有所下降，其原因在于两个方面。一方面，自 2011 年以来，北京律师人数总体上有所下降，而大型律所又处于规模扩展之中，律师加入合伙所的机会增加，而且条件也会更好，于是削弱了开办个人所的激励；另一方面，如图 1 – 19 所示，到 2012 年时，北京律所中个人所的比例低于全国的总体水平，这也说明北京律师行业的特殊性，即相较其他地区而言，北京律师行业更多地面向高端的、复杂的业务，专业化的、有一定规模的律所可能竞争优势更突出。

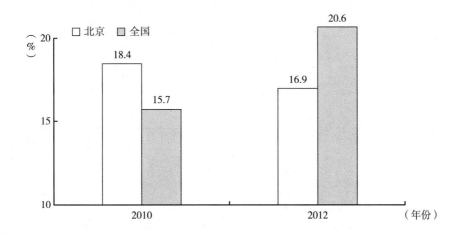

图 1 – 19　2010 年、2012 年北京和全国个人所所占比例对比

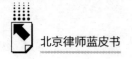

（六）大的更大，小的更小

截止到 2010 年，北京律所的规模发展已经出现了"大的更大，小的更小"的趋势，① 而最近两年来，这种趋势继续延续：出现了更多的、更大的超大型律所，但是小型律师更加流行。

在"大的更大"方面，前面关于大型以上律所数量增加、特大型律所规模扩大方面的描述和讨论，已经充分说明了这一点。

而在"小的更小"方面，前面描述和讨论的两点也可以从逻辑上予以支持。这两点是：（1）2011 年以来，律所的平均规模总体上是下降的。（2）大型以上律所聘用了更多的律师。这几个方面结合起来，逻辑上的必然结果是出现了更大比例的小型律所。除此之外，"小的更小"还有两点更直观的体现：一是相比 2010 年，北京 2012 年的个人所从 257 家增加到了 282 家；二是如图 1 - 20 和图 1 - 21 所示，自 2011 年以来，北京的小型律所（30 名律师以下的律所）无论是绝对数量，还是所占的比例都是逐年上升的。

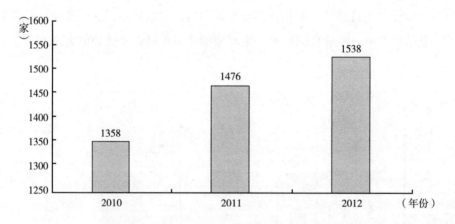

图 1 - 20　2010 ~ 2012 年北京小型律所数量变化

数据来源：（1）2010 年的数据来源于《中国律师年鉴 2010》；（2）2011 ~ 2012 年的数据来源于北京市司法局提供的统计报表。

---

① 王隽、周塞军主编《北京律师蓝皮书 2011》，社会科学文献出版社，2011，第 42 ~ 43 页。

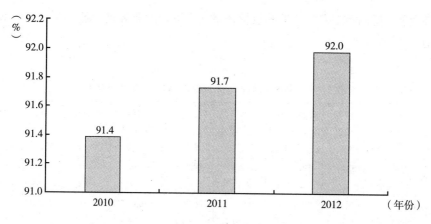

图 1-21 2010~2012 年北京小型律所所占比例变化

　　为什么会出现"大的更大，小的更小"的变化？主要是因为规模的大和小，对于律所的经营和竞争而言，各有优缺点。大型律所虽然在高端业务竞争、降低运营成本、加强品牌宣传和推广等方面有一定优势，但是也存在如何有效地整合和管理、如何保证服务质量、如何健全风险控制机制等方面的问题。相对而言，小型律所具有运营成本较低、律师间关系相对紧密、利益冲突的审查方便迅速、决策和议事机制灵活等优势，当然，也存在缺乏分工和合作优势、凝聚力和团队精神不足、执业风险防范能力薄弱等方面的不足。基于不同规模律所的不同特点，尽管许多律所不断做强、做大，但是仍有不少律所固守"船小好掉头"的经营策略。关于这方面的深入考察和分析，请参看本书的分报告《北京律师事务所的人员规模状况》。

三　北京律师业务数量总体增长

（一）多数法律业务数量增长

　　在当前的律师工作统计中，律师的法律业务被划分为八种类型，分别是法律顾问、刑事诉讼辩护及代理、民事诉讼代理、行政诉讼代理、非诉讼法律事务、咨询和代书、调解成功和仲裁业务。从表 1-7 来看，在 2011 年和 2012 年这两年中，各项业务数量有升有降，上升和下降的幅度也存在较大的差异。但是总体上看，这两年中多数业务的数量在增长，下降的业务是少数，存在总的增长趋势。

表 1-7　2008~2012 年北京律师各项业务数量变化

年份	项目	法律顾问（家）	刑事诉讼辩护及代理（件）	民事诉讼代理（件）	行政诉讼代理（件）	非诉讼法律事务（件）	咨询和代书（件）	调解成功（件）	仲裁业务（件）
2008	数量	15824	17120	79666	1880	56664	181431	3606	4087
	变化(%)	-3.3	-20.3	53.7	-7.7	-3.1	-14.8	-17.0	+31.0
2009	数量	17890	22224	61939	2643	53638	347469	4907	6411
	变化(%)	+13.1	+29.8	-22.3	+40.6	-5.3	+91.5	+36.1	+56.9
2010	数量	17529	15334	69024	2167	62722	636289	7130	4324
	变化(%)	-2.0	-31.0	+11.4	-18.0	+16.9	+83.1	+45.3	-32.6
2011	数量	22171	15631	79172	3424	68749	179010	5620	5484
	变化(%)	+26.5	+1.9	+14.7	+58.0	+9.6	-71.9	-21.2	+26.8
2012	数量	21907	18174	69649	4031	73352	235158	13372	6501
	变化(%)	-1.2	+16.3	-12.0	+17.7	+6.7	+31.4	+137.9	+18.5

数据来源：（1）2007~2009 年的数据来源于《中国律师年鉴》相应年份的版本；（2）2010~2012年的数据来源于北京市司法局提供的统计报表。

具体来说，在 2011 年，8 种业务中 6 种有不同程度增长，只有两种业务数量下降。数量增长的六种业务是：（1）行政诉讼代理，在 2010 年有 2167件，2011 年上升到 3424 件，增长了 58.0%，是 2011 年增幅最大的业务类型。（2）仲裁业务，在 2010 年有 4324 件，2011 年上升到 5484 件，增长了26.8%，增幅排第二。（3）法律顾问业务，在 2010 年有 17529 家，2011 年上升到 22171 家，增长了 26.5%，增幅排第三。（4）民事诉讼代理业务，在2010 年有 69024 件，2011 年上升到 79172 件，增长了 14.7%，增幅排第四。（5）非诉讼法律事务，在 2010 年有 62722 件，2011 年上升到 68749 件，增长了 9.6%，增幅排第五。（6）刑事诉讼辩护及代理，在 2010 年有 15334 件，2011 年上升到 15631 件，增长了 1.9%，增幅排第六。与此同时，有两种业务的数量出现了程度不同的下降：（1）咨询和代书业务，在 2010 年有 636289件，2011 年下降到 179010 件，降幅达 71.9%，是当年降幅最大的业务类型。（2）调解成功业务，在 2010 年有 7130 件，2011 年下降到 5620 件，降幅达

21.2%，下降明显。

而在 2012 年，8 种业务中同样是 6 种有不同程度增长，两种业务数量下降，但是，在具体的业务类型和变化的幅度上，则和上一年存在一定的差异。具体来说，2012 年数量增长的六种业务是：（1）调解成功业务，在 2011 年有 5620 件，2012 年上升到 13372 件，增长了 137.9%，是 2012 年增幅最大的业务类型。（2）咨询和代书，在 2011 年有 179010 件，2012 年上升到 235158 件，增长了 31.4%，增幅排第二。（3）仲裁业务，在 2011 年有 5484 件，2012 年上升到 6501 件，增长了 18.5%，增幅排第三。（4）行政诉讼代理业务，在 2011 年有 3424 件，2012 年上升到 4031 件，增长了 17.7%，增幅排第四。（5）刑事诉讼辩护及代理业务，在 2011 年有 15631 件，2012 年上升到 18174 件，增长了 16.3%，增幅排第五。（6）非诉讼法律事务，在 2011 年有 68749 件，2012 年上升到 73352 件，增长了 6.7%，增幅排第六。同样，有两种业务的数量则出现了程度不同的下降：（1）民事诉讼代理业务，在 2011 年有 79172 件，2012 年下降到 69649 件，降幅达 12.0%，是当年降幅最大的业务类型。（2）法律顾问业务，在 2011 年有 22171 家，2012 年下降到 21907 家，降幅为 1.2%，略有下降。

（二）法律顾问业务先增后降

在最近两年中，法律顾问业务数量变化的总体特点是先增后降。如表 1 - 8 所示，在 2011 年时，北京律师法律顾问数量增长了 26.5%，增长显著，而在 2012 年则下降了 1.2%，略有下降。

根据委托人的类别，法律顾问可以划分为多种类别。在当前的律师统计工作中，法律顾问可具体划分为政府法律顾问、企业法律顾问、事业单位法律顾问、社会团体法律顾问、公民个人法律顾问和其他法律顾问。在这些具体类型中，企业法律顾问所占比例最大，从表 1 - 8 中所列举的近 5 年来统计数据看，每年企业法律顾问所占比例都超过了 80%。由于所占比例大，企业法律顾问数量的变化将对法律顾问总数的变化产生重大影响。又由于企业法律顾问中的聘用单位——企业是经济活动的主体，其数量、类型、支付能力、聘用愿望等都和经济形势密切相关，所以，在政治、法律、文化等大环境变化不大的情况下，经济形势的变化会在企业法律顾问的数量变化中直接体现出来。

具体来看，在 2011 年，法律顾问增长了 26.5%，增长的原因在于两个方面：首先，企业法律顾问的数量增长了 28.9%，这是法律顾问总数增长的主要来源，而这种增长又主要是经济形势变化的结果。其次，当年所有类型的法律顾问数量都有了一定程度的增长，这是法律顾问总数增长的次要来源。如表 1－8 所示，除了企业法律顾问外，政府法律顾问增长了 14.2%，事业单位法律顾问增长了 9.7%，社会团体法律顾问增长了 5.4%，公民个人法律顾问增长了 8.5%，其他法律顾问增长了 44.2%，这种全面的增长是国家的法治建设不断推进、社会各界的法治观念不断提升、北京律师业务不断拓展的结果。

在 2012 年，法律顾问总数下降了 1.2%，这是一些类型的法律顾问数量增长、一些类型的法律顾问数量下降的合力所致。如表 1－8 所示，数量继续增长的法律顾问类型包括：事业单位法律顾问增长了 15.5%，社会团体法律顾问增长了 17.3%，公民个人法律顾问增长了 18.8%，其他法律顾问增长了 10.9%。这些增长表明国家法治进步的大环境仍在促进法律顾问的增长和普及。数量下降的法律顾问类型包括：政府法律顾问下降了 9.7%，企业法律顾问下降了 3.7%。在这两种类型中，企业法律顾问下降的绝对数量最大，而下降的原因，主要是经济形势的变化。

表 1－8　2008～2012 年北京律师担任法律顾问数量变化

年份	项目	合计	政府法律顾问	企业法律顾问	事业单位法律顾问	社会团体法律顾问	公民个人法律顾问	其他
2008	家数（家）	15824	391	13307	1106	288	357	375
	变化（%）	－ 3.3	－ 21.5	＋ 1.4	－ 8.3	－ 17.2	－ 22.9	－ 48.4
2009	家数（家）	17890	495	14438	1220	366	572	799
	变化（%）	＋ 13.1	＋ 26.6	＋ 8.5	＋ 10.3	＋ 27.1	＋ 60.2	＋ 113.1
2010	家数（家）	17529	634	14190	1143	390	564	608
	变化（%）	－ 2.0	＋ 28.1	－ 1.7	－ 6.3	＋ 6.6	－ 1.4	－ 23.9
2011	家数（家）	22171	724	18293	1254	411	612	877
	变化（%）	＋ 26.5	＋ 14.2	＋ 28.9	＋ 9.7	＋ 5.4	＋ 8.5	＋ 44.2
2012	家数（家）	21907	654	17623	1448	482	727	973
	变化（%）	－ 1.2	－ 9.7	－ 3.7	＋ 15.5	＋ 17.3	＋ 18.8	＋ 10.9

数据来源：（1）2008～2009 年的数据来源于《中国律师年鉴》相应年份的版本；（2）2010～2012 年的数据来源于北京市司法局提供的统计报表。

（三）刑事诉讼辩护及代理业务止跌回升

北京律师业务中的刑事诉讼辩护及代理业务（本节以下正文中简称"刑事业务"）数量在 2010 年出现了 31.0% 的大幅度下降，成为近年来的最低水平，但是在 2011 年止住了下降的趋势，出现了 1.9% 的小幅回升，2012 年则有 16.3% 的显著增幅。尽管连续两年增长，但是 2012 年的刑事业务数量仍不及 2009 年的水平（见表 1-9）。

在当前的律师统计工作中，刑事业务划分为九种类型，具体包括：（1）公诉案件辩护；（2）自诉案件辩护；（3）提供咨询，代为申诉、控告；（4）申请取保候审；（5）死刑案件辩护；（6）被告人委托辩护；（7）法律援助辩护；（8）公诉案件附带民事诉讼代理；（9）自诉案件代理。在这些类型中，"（3）"存在于公诉案件的侦查阶段，"（6）"存在于公诉案件的审查起诉阶段，"（1）"、"（7）"存在于公诉案件的审判阶段，"（5）"存在于死刑复核阶段。这些具体的刑事业务的数量变化不仅本身具有一定的指标意义，而且也是解释刑事业务总数变化的重要指标。

表 1-9　2008~2012 年北京律师刑事诉讼辩护及代理业务数量变化

年份	项目	合计	公诉案件辩护	自诉案件辩护	提供咨询，代为申诉、控告	申请取保候审	死刑案件辩护	被告人委托辩护	法律援助辩护	公诉案件附带民事诉讼代理	自诉案件代理
2008	件数	17120	2849	427	3578	722	93	3980	4567	615	289
	变化(%)	-20.3	+1.0	-33.7	-58.6	-28.6	-42.6	-5.1	58.7	-4.4	-37.8
2009	件数	22224	3429	681	5073	1221	130	4609	5394	1056	631
	变化(%)	+29.8	+20.4	+59.5	+41.8	+69.1	+39.8	+15.8	+18.1	+71.7	+118.3
2010	件数	15334	3091	479	4349	451	71	3558	2679	482	174
	变化(%)	-31.0	-9.9	-29.7	-14.3	-63.1	-45.4	-22.8	-50.3	-54.4	-72.4
2011	件数	15631	3627	628	3071	602	125	3919	2641	694	324
	变化(%)	+1.9	+17.3	+31.1	-29.4	+33.5	+76.1	+10.1	-1.4	+44.0	+86.2
2012	件数	18174	4032	1574	4126	730	126	3991	2515	725	355
	变化(%)	+16.3	+11.2	+150.6	+34.4	+21.3	+0.8	+1.8	-4.8	+4.5	+9.6

数据来源：（1）2007~2009 年的数据来源于《中国律师年鉴》相应年份的版本；（2）2010~2012 年的数据来源于北京市司法局提供的统计报表。

（四）民事诉讼代理业务数量先升后降

2011年以来北京律师民事诉讼代理业务数量变化的总体特点和法律顾问类似，都是先升后降，有所不同的是，民事诉讼代理在2011年的增长和2012年的下降都是10%以上的幅度，上升和下降都十分显著。如表1-10所示，在2011年，民事诉讼代理业务从2010年的69024件，上升为79172件，增长14.7%；在2012年，则出现了12.0%的降幅，业务数量减少为69649件。

表1-10　2008~2012年北京律师民事诉讼代理业务数量变化

年份	项目	合计	合同纠纷案件	侵权纠纷案件	婚姻家庭纠纷案件	继承权纠纷案件	劳动纠纷案件	其他	涉及农民工案件	知识产权案件
2008	件数	79666	53828	5828	4802	2273	4879	8056	742	1474
	变化(%)	+53.7	+119.3	-0.4	-5.9	-8.6	+15.0	-16.0	+24.1	-7.2
2009	件数	61939	27465	8327	6033	3207	6778	10129	833	1923
	变化(%)	-22.3	-49.0	+42.9	+25.6	+41.1	+38.9	+25.7	+12.3	+30.5
2010	件数	69024	27382	8577	5450	2882	6049	18684	665	1962
	变化(%)	+11.4	-0.3	+3.0	-9.7	-10.1	-10.8	+84.5	-20.2	+2.0
2011	件数	79172	39979	9652	7415	3977	7009	11140	1058	2238
	变化(%)	+14.7	+46.0	+12.5	+36.1	+38.0	+15.9	-40.4	+59.1	+14.1
2012	件数	69649	30574	8926	6840	3605	7107	9289	1037	2271
	变化(%)	-12.0	-23.5	-7.5	-7.8	-9.4	+1.4	-16.6	-2.0	+1.5

注：在原统计数据中，2008~2011年"民事诉讼代理业务数量合计"等于"合同纠纷案件"，"侵权纠纷案件"，"婚姻家庭纠纷案件"、"继承权纠纷案件"、"劳动纠纷案件"、"其他"之和，但是在2012年，"民事诉讼代理业务数量合计"却等于"合同纠纷案件"、"侵权纠纷案件"、"婚姻家庭纠纷案件"、"继承权纠纷案件"、"劳动纠纷案件"、"其他"、"涉及农民工案件"、"知识产权案件"之和。原统计数据出现了统计口径不统一的情况。

数据来源：（1）2007~2009年的数据来源于《中国律师年鉴》相应年份的版本；（2）2010~2012年的数据来源于北京市司法局提供的统计报表。

在当前的律师统计工作中，民事诉讼代理业务按照诉讼案件的不同被划分为六种类型：合同纠纷案件代理业务、侵权纠纷案件代理业务、婚姻家庭纠纷案件代理业务、继承权纠纷案件代理业务、劳动纠纷案件代理业务和其他案件代理业务等。除此之外，还单独统计了涉及农民工案件的代理业务和知识产权案件的代理业务。在这些业务类型中，合同纠纷所占的比例最大，在表1-10所列的年份中，具有超过或接近一半的份额。

具体来看，在 2011 年，除了"其他"外，各类民事诉讼代理业务全面增长，具体包括：合同纠纷案件增长了 46.0%，侵权纠纷案件增长了 12.5%，婚姻家庭纠纷案件增长了 36.1%，继承权纠纷案件增长了 38.0%，劳动纠纷案件增长了 15.9%，涉及农民工案件增长了 59.1%，知识产权案件增长了 14.1%。在这些业务中，合同纠纷案件不仅增幅大，而其比重也大，成为促进民事代理业务总数增长的最重要因素。由于民事案件的数量和支付能力和经济形势具有比较密切的关系，尤其是合同纠纷案件类型，因此，2011 年民事代理业务的全面增长的最主要原因是当年经济形势的好转。

而在 2012 年，各类民事诉讼代理业务数量的变化几乎和 2011 年完全相反。如表 1－10 所示，在 2012 年，除了劳动纠纷案件和知识产权案件外，其余民事诉讼代理业务全面下滑，具体包括：合同纠纷案件下降了 23.5%，侵权纠纷案件下降了 7.5%，婚姻家庭纠纷案件下降了 7.8%，继承权纠纷案件下降了 9.4%，其他下降了 16.6%，涉及农民工案件下降了 2.0%。而劳动纠纷案件和知识产权案件虽然保持了增长，但是增幅非常小，分别仅仅增长了 1.4% 和 1.5%，而且，两类案件比重较小，对民事诉讼代理业务总数的影响甚微。因此，各类案件代理数量变化综合作用的结果，是民事代理业务出现了 15.5% 的较大幅度下降。而导致这种下降的原因，也和 2011 年一样，都是受经济形势的影响。所不同的是，2011 年经济形势相对较好，2012 年经济形势相对较差。

（五）行政诉讼代理连续两年保持增长

自 2011 年以来，行政诉讼代理业务连续两年实现了较大幅度的增长。具体来看，如表 1－11 所示，行政诉讼代理业务在 2011 年增长了 58.0%，在 2012 年增长了 17.7%，显示了不断增长的趋势。

表 1－11　2008～2012 年北京律师行政诉讼代理和仲裁业务数量变化

年份	项目	行政诉讼代理			仲裁业务			
		合计	代理原告	代理被告	合计	国内仲裁	劳动争议仲裁	涉外仲裁
2008	件数	1880	1238	642	4087	1346	2579	162
	变化(%)	-7.7	-8.4	-6.1	+31.0	+7.6	+51.4	-3.0
2009	件数	2643	1771	872	6411	2213	3987	211
	变化(%)	+40.6	+43.1	+35.8	+56.9	+64.4	+54.6	+30.2

续表

年份	项目	行政诉讼代理			仲裁业务			
		合计	代理原告	代理被告	合计	国内仲裁	劳动争议仲裁	涉外仲裁
2010	件数	2167	1584	583	4324	1024	3150	150
	变化(%)	−18.0	−10.6	−33.1	−32.6	−53.7	−21.0	−28.9
2011	件数	3424	2260	1164	5484	1735	3545	204
	变化(%)	+58.0	+42.7	+99.7	+26.8	+69.4	+12.5	+36.0
2012	件数	4031	2876	1155	6501	1561	4748	192
	变化(%)	+17.7	+27.3	−0.8	+18.5	−10.0	+33.9	−5.9

数据来源:(1)2008~2009 年的数据来源于《中国律师年鉴》相应年份的版本;(2)2010~2012年的数据来源于北京市司法局提供的统计报表。

从具体的构成来看,在 2011 年,代理原告的业务和代理被告的业务都有显著的增长,其中增幅最大的是代理被告的业务,增加了 99.7%,接近于翻倍的变化;代理原告的业务增幅小一些,但是也达到了 42.7%。两类业务综合起来,导致行政诉讼代理业务的总数增长了 58.0%。

而在 2012 年,行政诉讼代理业务虽然继续增长,但是增幅减小了许多。从具体的业务类型来看,代理原告的业务增长了 27.3%,增幅小于前一年的 42.7%;而和前一年翻倍的变化比较起来,2012 年代理被告业务不仅没有增长,反而有 0.8% 的跌幅。两类业务的变化综合起来,形成了行政诉讼代理业务总数 17.7% 的增幅。

(六)劳动争议仲裁连续增长

在当前的律师工作统计中,仲裁业务可划分为国内仲裁、劳动争议仲裁和涉外仲裁。从涉及社会领域的角度看,国内仲裁和涉外仲裁同属于经济活动领域的仲裁,受经济形势的影响更大、更直接;劳动争议仲裁属于劳动关系方面的仲裁,虽然也受经济形势的影响,但是影响更间接一些。另外,经济形势对两类仲裁的影响的方向也不一致。一般来说,经济形势较好时,经济活动领域的仲裁业务会更多,但是对于劳动争议来说,经济形势恶化时可能产生更多裁员、欠薪事件,因而会出现更多的劳动争议仲裁。

从实际的统计数据来看,两类仲裁数量变化的方向不一致,体现了经济形势所产生的不同影响。如表 1-11 所示,国内仲裁和涉外仲裁数量变化的方向完全相同，都是在 2011 年出现了大幅度的增长，其中，国内仲裁增长了 69.4%，涉外仲裁增长了 36.0%；而在 2012 年，二者又同时下降，其中，国内仲裁下降了 10.0%，涉外仲裁下降了 5.9%。

劳动争议仲裁的变化则正好相反。在 2011 年时，劳动争议仲裁出现了增长，但是增幅只有 12.5%，而在 2012 年，增幅更大，达到 33.9%，显示和经济形势相反的变化方向。

（七）非诉讼法律事务持续增长

对于律师行业发展来说，非诉讼法律事务的数量和比例具有重要的指标意义。[①] 单从业务数量上看，自 2010 年以来，北京律师的非诉讼法律事务保持了连续多年的增长。如表 1-12 所示，在 2010 年，非诉讼法律事务增长了 16.9%，2011 年增长了 9.6%，2012 年增长了 6.7%，虽然增幅逐年有所减少，但是持续增长的趋势还是十分明显。

表 1-12　2008~2012 年北京律师非诉讼法律事务数量变化

年份	项目	合计	知识产权	房地产	公司业务	金融	证券	期货	税务代理	其他
2008	件数	56664	29552	9557	10078	1767	1560	48	132	3970
	变化(%)	-3.1	+11.1	-20.2	-9.2	-2.1	-16.2	+9.1	+428.0	-21.8
2009	件数	53638	28736	5304	9736	3870	1909	114	164	3805
	变化(%)	-5.3	-2.8	-44.5	-3.4	+119.0	+22.4	+137.5	+24.2	-4.2
2010	件数	62722	27702	5557	19384	2994	2462	51	78	4494
	变化(%)	+16.9	-3.6	+4.8	+99.1	-22.6	+29.0	-55.3	-52.4	+18.1
2011	件数	68749	33896	6389	15644	3037	4317	66	119	5281
	变化(%)	+9.6	+22.4	+15.0	-19.3	+1.4	+75.3	+29.4	+52.6	+17.5
2012	件数	73352	39061	10239	12748	2842	2747	66	125	5524
	变化(%)	+6.7	+15.2	+60.3	-18.5	-6.4	-36.4	0.0	+5.0	+4.6

数据来源：（1）2007~2009 年的数据来源于《中国律师年鉴》相应年份的版本；（2）2010~2012 年的数据来源于北京市司法局提供的统计报表。

在当前的律师工作统计中，非诉讼法律事务又可具体划分为多种类型，具体包括：知识产权、房地产、公司业务、金融、证券、期货、税务代理和其他

---

① 参见王隽、周塞军主编《北京律师蓝皮书 2011》，社会科学文献出版社，2011，第 43~45 页。

非诉讼法律事务。总的来说，这些业务的服务对象本身就是经济活动，因此，这类业务的数量变化都和经济形势密切相关。总体来说，2011年的经济形势较好，而且在经济指标上略好于2012年，这种差异在实际的非诉讼法律事务的数量变化中也体现出来了。

具体来看，在2011年，多数非诉讼法律事务类型都保持了增长，具体包括：知识产权增长了22.4%，房地产增长了15.0%，金融增长了1.4%，证券增长了75.3%，期货增长了29.4%，税务代理增长了52.6%，其他非诉讼法律事务增长了17.5%。唯一的例外是公司业务下降了19.3%。由于多数业务均保持增长，导致2011年非诉讼法律事务的总数实现了9.6%的增幅。

然而在2012年，非诉讼法律事务中保持增长的业务类型减少为4种，下降的业务类型则增加为3种。如表1-12所示，保持增长的业务类型是：知识产权增长了15.2%，房地产增长了60.3%，税务代理增长了5.0%，其他非诉讼法律事务增长了4.6%；出现下降的业务类型是：公司业务下降了18.5%，金融下降了6.4%，证券下降了36.4%。除此之外，期货维持在2011年的水平，没有增减。由于更多类型的非诉讼法律事务的数量下降，导致2012年非诉讼法律事务的总数的增幅从前一年的9.6%下降为6.7%。

（八）咨询和代写法律事务数量波动较大

在律师工作统计中，咨询和代写法律事务具体可划分为口头咨询、书面咨询和代写法律文书三种类型。无论是哪种类型，相对来说，都是律师服务中相对比较简单的业务。这类业务数量比较大，但是其变化也受偶然因素影响比较大，同时，在律师事务所的登记和汇总工作也不如其他业务严格和严谨。所以，实际中这类数据常常"大起大落"。

从表1-13来看，北京律师咨询和代写业务在2011年出现了大幅度的下滑，下降幅度达到71.9%。从具体的业务类型看，三种业务同时下降，但是，口头咨询下降幅度最大，达到74.4%，成为咨询和代写法律事务总数下降的主要原因。口头咨询之所以下降幅度大，和当年律师广泛开展公益法律咨询有关。

表 1 – 13　2008～2012 年北京律师咨询和代写法律事务、调解成功等业务数量变化

年份	项目	咨询和代写法律事务				调解成功			
		合计	口头咨询	书面咨询	代写法律文书	合计	非诉讼调解	庭前调解	庭审中调解
2008	件数	181431	145816	14246	21369	3606	1062	820	1724
	变化(%)	– 14.8	– 12.8	– 46.4	12.0	– 17.0	– 24.3	– 32.7	– 0.1
2009	件数	347469	282485	35680	29304	4907	1726	1481	1700
	变化(%)	91.5	93.7	150.5	37.1	36.1	62.5	80.6	– 1.4
2010	件数	636289	611015	12402	12872	7130	3806	2161	1163
	变化(%)	83.1	116.3	– 65.2	– 56.1	45.3	120.5	45.9	– 31.6
2011	件数	179010	156293	11179	11538	5620	1808	1664	2148
	变化(%)	– 71.9	– 74.4	– 9.9	– 10.4	– 21.2	– 52.5	– 23.0	+ 84.7
2012	件数	235158	200156	21516	13486	13372	9801	1704	1867
	变化(%)	+ 31.4	+ 28.1	+ 92.5	+ 16.9	+ 137.9	+ 442.1	+ 2.4	– 13.1

　　数据来源：(1) 2007～2009 年的数据来源于《中国律师年鉴》相应年份的版本；(2) 2010～2012 年的数据来源于北京市司法局提供的统计报表。

　　在 2012 年，各类咨询和代写法律事务都较 2011 年有回升，其中，口头咨询增长了 28.1%，书面咨询增长了 92.5%，代写法律文书增长了 16.9%。增幅虽然都不算小，但是增长之后仍然显著低于 2010 年的水平。之所以如此，这和北京律师在 2012 年仍然开展了广泛的公益法律咨询有关。

(九)调解成功业务数量 2012 年快速增长

　　在当前的律师工作统计中，调解成功可划分为非诉讼调解、庭前调解和庭审中调解三种类型。从表 1 – 13 来看，近年来，北京律师调解成功数量变化最显著的特点，是 2012 年实现了 137.9% 的增幅，尤其是其中的非诉讼调解实现了 442.1% 的增幅。

　　结合律师工作实际来看，调解成功的数量之所以在 2012 年出现了如此大幅度的增长，主要是党和政府重视发挥律师在化解社会矛盾方面的作用，律师行业管理部门对律师的工作进行有效的指导和鼓励的结果。而体现这种指导和鼓励作用的一个重要举措，是 2011 年 11 月 25 日，北京市律协成立了涉法涉诉信访与调解工作领导小组。该小组由 33 名政治素质高、业务精湛、执业纪律优良的律师组成，会长张学兵担任领导小组组长，副会长巩沙担任副组长，业务指导与继续教育委员会庞正中主任担任秘书长，委员则由副会长、监事长以及各专业委员会的主任和副主任共 30 人担任。正是在党和政府有关政策的指引下，在各项具体措施的保障下，北京律师在 2012 年实现了调解成功业务数量的大幅增长。

四　北京律师业务收入增长变缓

（一）北京律师业务收费总额增长放缓

改革开放以来，北京律师业务收入一直呈快速增长的趋势。如图 1-22 和图 1-23 所示，在 2005～2010 年之间，律师业务收入继续保持持续、快速增长的势头。在这 6 年中，年增长率最大时在 2006 年达到 34.2%，最小是在 2009 年也有 8.4%，平均年增长率达到 18.6%。然而，在 2011 年，现有的统计数据表明，北京律师业务收入增长放缓，年增长率只有 4.0%。在 2012 年，增长速度进一步放慢，增长率只有 1.5%，为改革开放以来的最低值。如果考虑到物价指数的变化，实际上是负增长。这意味着，快速增长了 30 多年的业务收入，在 2011 年突然放缓，连续两年低增长。

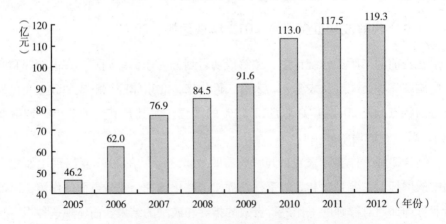

图 1-22　2005～2012 年北京律师年度业务收入总额变化

数据来源：（1）2005～2009 年的数据来源于《中国律师年鉴》相应年份的版本；（2）2010～2012 年的数据来源于北京市司法局提供的律师业务收入情况年度报告。

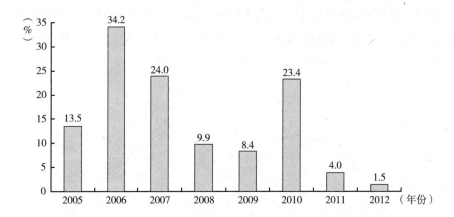

图 1 - 23　2005 ~ 2012 年北京律师业务收入年增长率变化

数据来源：（1）2005 ~ 2010 年北京律师业务收入的数据来源于《中国律师年鉴》相应年份的版本；（2）2011 ~ 2012 年的北京律师业务收入数据来源于司法部有关部门提供的统计报表。

北京律师收入增长放缓的原因，主要在于三个方面：（1）收入转移登记。由于税制改革导致全国各地律师的实际税负存在一定差异，一些大型律所将部分业务收入转入了税率较低或税制相对宽松的外地分支机构结算，从而使得北京地区律师的实际业务收入水平和统计结果之间，存在一定的偏差。（2）经济形势变化。经济形势的变化是 2011 年以来北京律师业务收入增长放缓的最根本因素。从国内生产总值、采购经理人指数等经济指标来看，2011 年以来经济形势出现了产能过剩、增速变缓的问题，从总体上减少了法律服务的潜在需求。（3）律师人数下降。由于律师行业的特点，律师人数的减少意味着北京律师人力资源的减少，意味着获取外地业务资源的渠道减少，进而导致北京律师业务占全国法律业务的份额减少。上述三个因素是结合起来发挥作用的，正是三个因素的共同作用，决定了 2011 年来北京律师行业发展的大势，导致了北京地区律师业务收入增长放缓的结果。[1]

（二）律师业务收入占地区生产总值的比例缩小

由于 2011 年以来北京律师业务收入增长放缓，律师业务收入占北京地区

---

[1]　关于 2011 年以来北京律师业务收入增长放缓的深入分析，请参见本书的分报告《北京律师 2011 ~ 2012 年业务收入增长放缓原因分析》。

生产总值的比例也逐步缩小。如图 1 - 24 所示，在 2010 年时，北京律师业务收入总额占地区生产总值的 0.80%，但是 2011 年以后逐年下降，在 2011 年时只占 0.73%，在 2012 年时只占 0.67%。

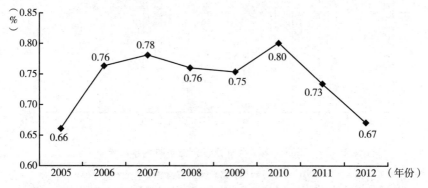

图 1 - 24　2005 ~ 2012 年北京律师业务收入总额占地区生产总值比例变化

说明：2005 ~ 2012 年北京地区生产总值来源于《北京统计年鉴 2013》。

从产值的角度看，律师业务收入占地区生产总值的比例缩小表明，北京律师行业的发展速度落后于北京各行业发展速度的平均水平。

（三）北京律师收入占全国律师收入的比例略有下降

北京作为全国的一个省级地区，其律师业务收入在全国律师业务收入总额中占有最大的比例，显著高于任何其他省级地区。然而，由于 2011 年以来北京律师业务收入增长放缓，北京律师的业务收入占全国律师业务收入的比例有所下降。如图 1 - 25 所示，在 2010 年时，北京律师业务收入占全国的比例是 28.4%，2011 年和 2012 年占 28.3%，虽然只是微小的下降，但是仍体现了一个值得注意的趋势。

（四）律师人均业务收入先增后降

虽然 2011 年北京律师业务收入增长放缓，但是由于北京律师人数出现了负增长，所以，北京律师的人均业务收入仍显著增长。如图 1 - 26 所示，在 2010 年时，北京律师人均业务收入为 49.3 万元，2011 年时增长为 53.2 万元，增长了 7.9%，增幅明显。

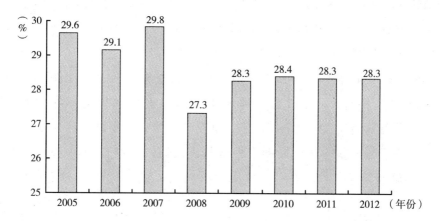

图 1－25　2005～2012 年北京律师业务收入占全国律师业务收入总额比例变化

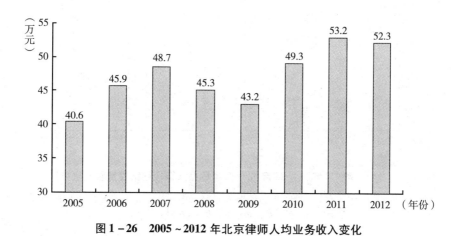

图 1－26　2005～2012 年北京律师人均业务收入变化

然而，在 2012 年时，北京律师业务收入只有 1.5% 的增长，但是律师人数增幅达 3.1%，高于业务收入的增幅，所以，律师人均业务收入出现下滑，降为 52.3 万元，降幅为 1.7%。

五　北京律师积极参加社会公益活动

（一）承办较大比例的法律援助案件

在公共财政提供补贴经费的情况下，法律援助案件可以由多种主体承担，包括社会律师、法律援助律师、基层法律服务工作者等。在北京，社会律师每年都要承办大量的法律援助案件。2011年以来，北京律师承办法律援助案件的数量具有三个特点。

第一，北京律师承办法律援助案件的数量先降后升。如图1－27所示，在2011年时，北京社会律师承办了7114件法律援助案件，较2010年下降了17.5%，自2007年以来，这是连续第四年下降。然而，在2012年，社会律师承办的法律援助案件数量出现回升，增长到8927件，增幅达到了25.5%。

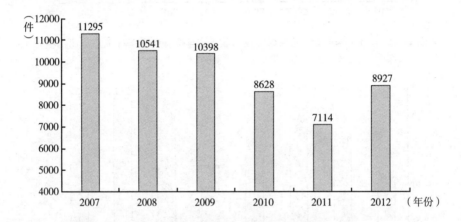

图1－27　2007～2012年北京律师承办法律援助案件数量变化

数据来源：(1) 2007～2009年的数据来源于《中国律师年鉴》相应年份的版本；(2) 2010～2012年的数据来源于北京市司法局提供的统计报表。

第二，北京律师办理法律援助案件的比例高于全国的平均水平。如图1－28所示，在2011年，北京社会律师承办了全部法律援助案件的47.2%，而在全国，社会律师仅承办了34.7%的法律援助案件，北京显著高于全国。在2012年时，北京社会律师承办了更多的法律援助案件，占全部法律援助案件的51.2%。相反，在全国，社会律师承办法律援助案件的比例进一步下降为29.4%，和北京相比差距扩大。

第三，北京律师人均办理法律援助案件数低于全国平均水平。尽管北京的社会律师每年承办了更大比例的法律援助案件，但是由于北京律师人数多，所以平均每位社会律师承办的法律援助案件数反而低于全国的平均水平。如图

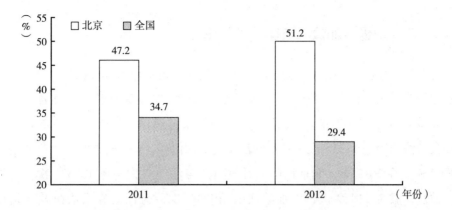

图 1-28 2011~2012 年北京和全国社会律师承办法律援助案件的比例对比

数据来源：（1）2011 年、2012 年北京和全国律师承办法律援助案件数量来自北京市司法局提供的统计报表；（2）2011 年、2012 年北京法律援助案件总数来自《北京统计年鉴 2012 年》、《北京统计年鉴 2013》；（3）2011 年全国法律援助案件总数来自《中国法律年鉴 2012》；（4）2012 年全国法律援助案件总数来源于周斌《去年全国法律援助案首破百万》，《法律日报》2013 年 2 月 20 日，根据报道的增长幅度推算。

1-29 所示，在 2011 年时，北京平均每位社会律师仅承办了 0.32 件法律援助案件，但是在同期的全国，平均每位社会律师承办了 1.36 件。到 2012 年时，北京平均每位社会律师承办的法律援助案件数增长为 0.39 件，同期全国平均每位社会律师承办的法律援助案件减少为 1.31 件，北京和全国的差距有所缩小，但是仍然处在不同的水平。

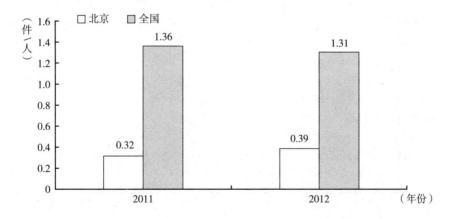

图 1-29 2011~2012 年北京和全国律师人均承办法律援助案件数对比

（二）积极参加公益法律服务活动

参加公益法律服务活动是律师的社会责任，也是律师提升社会形象、拓展法律业务的重要机会。2011年以来，北京律师一如既往地积极参加各种公益法律服务活动。2011年，北京律师共计进行义务法律咨询服务116885次，参加公益法律服务11315次，参加涉法信访3698次，为社会提供法律业务培训3703次。在2012年，北京律师共计进行义务法律咨询服务167377次，参加公益法律服务11469次，参加涉法信访2803次，为社会提供法律业务培训4044次。

（三）积极为公益事业捐款

对于贫困山区，对于重大自然灾害，对于弱势群体，北京律师总是慷慨解囊、积极捐款，体现出律师作为一个公民的热情和爱心。如图1-30所示，在2007~2012年，北京律师捐款最多时达1661万元，最少时也有265.79万元。之所以年度之间差距较大，是因为自然灾害具有偶发性，在发生较大自然灾害的年份，捐款数额就比较多；在风调雨顺的年份，捐款数额就比较少。比如在2008年之所以捐款达到1661万元，是因为当年发生了罕见的汶川大地震。

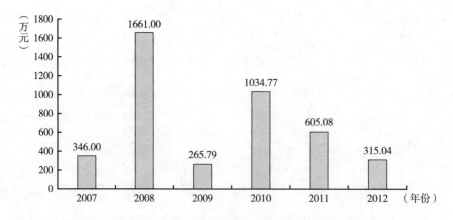

图1-30 2007~2012年北京律师为公益事业捐款数额变化

（四）积极参政议政

积极参政议政，为社会各项事业的发展献计献策，一直是北京律师形象的重要特色。近年来，北京律师在参政议政方面的主要特点包括：

第一，在北京律师队伍中，拥有数量较多的人大代表和政协委员。截至2012 年 12 月，北京市律师担任各级人大代表及政协委员的人数达 94 人次。其中：全国人大代表 2 人，市人大代表 8 人，区县人大代表 16 人，全国政协委员 3 人，市政协委员 9 人，区县政协委员 56 人。

从全国的对比来看，北京律师担任人大代表和政协委员的人数是比较多的。如图 1－31 所示，北京律师担任全国人大代表 2 人，高于全国各省级行政区的平均人数 1.1 人；北京律师担任市人大代表 8 人，高于全国平均数的 4.1人；北京律师担任全国政协委员 3 人，高于全国平均数的 1.1 人；北京律师担任市政协委员 9 人，高于全国平均数的 6.3 人。

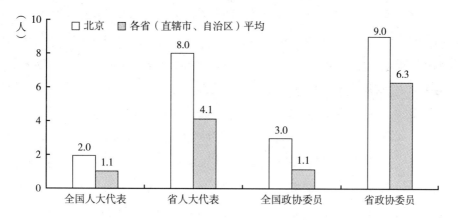

图 1－31　2012 年北京律师人大代表、政协委员人数和各省
（直辖市、自治区）平均人数对比

数据来源：北京市司法局提供的统计报表。

从全国各省级地区的排名来看，北京律师在担任人大代表和政协委员方面也处于前列。从表 1－14 来看，在 2012 年，上海市律师担任市以上人大代表和市以上政协委员人数是 26 人，全国排名第一；北京市和重庆市律师担任市以上人大代表和市以上政协委员人数都是 22 人，全国排名并列第二。

表1-14　2012年全国各省级地区律师担任省级以上人大代表
和省级以上政协委员人数排名

排名	当选人大代表		当选政协委员		人大代表和政协委员之和
	全国人大代表	省(直辖市)人大代表	全国政协委员	省(直辖市)政协委员	
上海	1	13	1	11	26
重庆	1	8	0	13	22
北京	2	8	3	9	22
山东	2	3	0	13	18
广东	2	6	2	8	18
四川	0	6	1	9	16
河北	0	5	0	10	15
山西	0	4	0	8	12
湖北	0	4	2	6	12
天津	0	5	1	5	11

数据来源于北京市司法局提供的统计报表。

第二，北京市律师协会重视和支持律师参政议政。为了支持律师参政议政，北京市律协成立了人大代表与政协委员联络委员会，为人大代表和政协委员的参政议政活动提供支持。此外，市律协也经常组织律师为国家的制度建设和法律修改献言献策。比如，2011年9月22日，市律协业务指导与继续教育委员会召开"《刑事诉讼法修正案（草案）》专题研讨会"，与会律师分别就起诉卷宗移送的范围问题、当事人阅卷权问题及秘密侦查、技术侦查程序启动限制及证据采纳限制问题、非羁押强制措施的条件设置、权利救济措施的保障问题进行了理论分析，还就《刑事诉讼法修正案（草案）》中证据制度、辩护制度、侦查措施、审判程序等热点问题进行了交流。会后，市律协向全国人大常委会法制工作委员会递交了刑法、刑事诉讼法专业委员会经研讨后起草的"《刑事诉讼法修正案（草案）》修改建议"。该建议涉及约39个条文，共约23000字。

六　北京律师行业自律积极主动

（一）严格律师执业准入

2010年以来，北京采取了多项措施，严格律师执业准入。这些措施在

2011 年和 2012 年得到了更加全面的实施，实现了制度设立的初衷和目标。2010 年 3 月，北京市律师协会成立了申请律师执业人员管理考核工作委员会，实行申请执业考核制度。该制度设立以后，申请人必须通过律师执业人员管理考核工作委员会的考核，才能在北京执业。具体来说，下列申请执业人员需要通过考核：（1）申请从实习律师转为执业律师的；（2）外地律师申请加入本地律师机构的；（3）重新申请律师执业的。

为了落实考核措施，市律协进行了大量的工作。以 2011 年为例，市律协组织重新申请律师执业人员和异地变更执业机构人员面试考核工作 11 期，243 人参加，184 人考核合格；组织申请律师执业人员面试考核工作 35 期，1500 名实习律师参加，1328 人考核合格。

由于这些措施的确立和实施，北京市降低了律师队伍增长的速度，提高了律师队伍的素质，保证了北京律师行业更加稳健、有序的发展节奏。

（二）组织和引领律师从事公益活动

2011 年以来，北京律师行业管理部门设计和组织了大量的公益活动项目。这些项目取得了良好的社会效果，提升了执业律师的社会责任感，改善了执业律师的社会形象。这些活动是大量的，其中影响比较大的主要有：

第一，组织了 2012 年北京地区"1+1"中国法律援助志愿者行动。2012 年 5 月，市律协根据司法部要求，启动了北京地区 2012 年度"1+1"中国法律援助志愿者行动。经过志愿申报、材料初审、提交审核、健康体检和签订协议等环节，最终共有 10 名志愿律师完成签约，他们成为 2012 年度北京地区"1+1"中国法律援助志愿者。7 月 13 日，北京市律师协会召开会议欢送马兰等 10 名 2012 年"1+1"中国法律援助志愿者行动北京地区志愿律师。根据项目办的安排，志愿者将在项目地开展为期一年的志愿服务。这是北京律协首次牵头组织的招募活动，除了积极动员全市律师参加，还承担了 10 位律师的体检费用，并将免去他们服务期间的会费。

第二，组织律师参与法律服务"三进"活动。2011 年 2 月，为更好地服务首都经济社会发展大局，更好地体现司法行政工作便民、利民、为民的宗旨，北京市司法局决定在全市范围内开展"围绕中心服务重点保障民生，法

律服务进企业进社区进村庄"活动（以下简称法律服务"三进"活动）。北京律师积极参与了法律服务"三进"活动，努力向各类企业和基层群众提供全方位、面对面、零距离的法律服务，并取得了显著成效。

第三，组织律师全面开展"法律服务村居行"活动。为进一步深化法律服务"三进"活动，落实市委、市政府为民办实事计划，北京市司法局在全市范围内开展了"法律服务村居行"活动，组织全市律师和公证员等法律服务行业人员进一步深入基层，切实解决远郊区县法律服务力量匮乏问题。2012年2月6日在"法律服务村居行"启动仪式上，"法律服务村居行"服务总队正式成立，刘敬民副市长为服务总队授旗。

市司法局自2012年开展法律服务"村居行"活动以来，统筹调配资源，截至2013年1月，为全市6166个村（居）委员会配备了"一对一"结对服务律师等法律服务人员，全市631家律师事务所与村居签订了服务协议，5015名律师直接参与法律服务，实现了全市村庄和社区基本公共法律服务的全覆盖。全年的法律服务"村居行"活动共为群众提供法律咨询服务110039人次，举办法律讲座4585场次，发放各类法律宣传资料372381份，代写法律文书6893份，参与各类纠纷调解8851件次，提供法律援助4454件，各类法律服务人员共担任法律顾问3265家，签订法律服务协议850份。2013年7月，北京市律师协会举办了"情系百姓　法暖万家——法律服务村居行优秀公益律师颁奖典礼"。首批100名"优秀公益律师"受到了表彰。

（三）努力改善律师执业环境

近两年中，在现有的制度和政策环境下，北京律师行业管理部门主动走出去或者请进来，与有关的执法单位进行沟通和协调，以期改变律师的执业处境，取得了良好的效果。这方面的主要工作和成绩主要包括：

第一，2011年4月2日和2012年3月28日，北京市律师协会与北京市检察院先后两次就建立律师执业权利受到侵害时的沟通机制和投诉机制等议题进行座谈，双方就律师在执业过程中发生违规行为时和律师执业权利受到侵害时，检察机关与律师协会沟通机制、投诉机制的建立，各级检察院网上案件查询和阅卷系统的建立，以及如何进一步加强检察机关对法院民事审判的监督工作等进行了探讨。

第二，2012 年 8 月 9 日，北京市律协权益保障委员会和最高人民检察院、北京市人民检察院、北京市人民检察院第二分院的检察官们就新刑事诉讼法中律师在审查起诉阶段的相关权益的若干问题进行了座谈。与会人员结合司法实践，就审查起诉阶段律师会见权、阅卷权、辩护权保障及规范等相关问题进行了充分而深入的探讨，并对最高人民检察院正在修订的《人民检察院刑事诉讼规则》中涉及律师权益保障的相关条款提出了建议性意见。

第三，2012 年 10 月 24 日，为了加强律师协会与工商行政管理部门的沟通和交流，北京律协邀请市工商局相关领导到律师协会进行座谈。双方就北京律师查询企业工商登记档案、律师介入企业工商注册代理业务以及为消费者维权领域提供法律服务等业务中遇到的问题与困难展开了深入的互动交流，并就北京律协与北京市工商局建立长效沟通、合作机制达成了初步共识。2013 年 2 月 4 日，市工商局和市律协共同签署了《北京市工商局、北京市律师协会合作协议》，为北京市律师协会律师查询和利用工商企业档案争取了更为便利的条件。

第四，2012 年 11 月 22 日，为保障律师和诉讼当事人的合法权益，规范律师从事法律服务，监督、查处和杜绝违法、违规从事法律服务行为，北京律协与东城区人民法院共同签署了《北京市律师协会与北京市东城区人民法院关于保障律师合法权益规范法律服务市场秩序的协议》。

七 北京律师年度发展的总结和展望

（一）北京律师 2011～2012 年度发展总结

综合前面各项指标的考察，并结合本书各分报告的专题分析，归纳起来，北京律师 2010 年以来的年度发展，具有四个显著的特点。

1. 一些指标历史对比反向变化

在 2011～2012 年，北京律师行业发展的一些指标变化和过去长期以来的历史趋势不一致，出现了反向变化。最主要的几个反向变化，一是律师人数增

长放缓，甚至在 2011 年出现了 3.6% 的负增长；二是律所的规模延续了"大的更大，小的更小"的既有趋势，但是律所的平均规模自 2010 年以来逆向变化，从 2009 年平均每家律所 15.7 名律师逐年下降为 2012 年 13.6 名律师；三是北京律师业务收入总额增长放缓，在 2011 年时增幅只有 4.0%，在 2012 年时只有 1.5%，低于全国的总体水平，也低于北京地区生产总值的增速。

这些反向变化都事出有因，而且有些原因还具有根本的、多方面的影响。对于这些反向变化，不能简单地说是好还是不好，但是应当引起有关方面的关注，需要从理论上对其原因进行分析，对其利弊进行评估，对其相应措施进行探讨。

2. 一些指标在全国的领先优势有所缩小

截至 2012 年，北京律师行业发展的各项指标仍然保持在全国的显著的领先优势，但是和前面提及的一些指标反向变化相关，一些指标在全国的领先优势有所缩小。比如北京律师的人数，不仅占全国的比例从 1/8 降为 1/10，而且在 2012 年将头把交椅拱手让给了广东。对于这些领先优势的缩小，也要理性看待。一是要看到，过去由于北京各项指标的优势太大，不容易保持，在全国的行业竞争中排名位置有所不同应属正常。二是要看到，北京缩小的优势主要是数量、规模上的，北京律师在高端业务的竞争能力和占有份额方面，目前的优势依然保持着，而且，牺牲一些数量和规模优势，反而有利于保持扩大质量上的、结构上的优势。三是要看到，失之东隅，收之桑榆，律师人数优势的缩小，可以带来人均业务收入增长和律师文化素质提高等更为可观的收益。

3. 行业自律积极主动

近两年来，北京律师以市律协为首的行业自律能够开动脑筋、积极主动、务实进取，影响深远。北京市律协的积极主动主要体现在四个方面：一是主动走出去或请进来，与有关机关或部门协商保障律师权益，改善律师执业环境；二是主动采取措施，实施更严格的执业准入，平衡北京律师行业发展规模和质量之间的冲突；三是积极主办各类学术或业务研讨会，提高北京律师的专业化水平；四是组织和引领律师开展多种形式的公益活动，既达到了改善和塑造律师形象、培养律师社会责任感的目的，客观上也有利于改善律师的执业环境，有利于律师的执业推广。

4. 公益服务扩大化

把公益活动和政府中心工作结合起来，集中地、有组织地开展公益活动，是近两年来北京律师从事公益活动的一个显著特色。比如，北京律师积极参与进企业、进社区、进村庄的"三进"活动，积极参加政府组织的"法律服务村居行"活动，参与政府组织的"1+1"法律援助活动，到市高院从事涉法信访接待工作等，都鲜明地体现了这一特色。

（二）北京律师发展前景展望

北京律师行业今后的发展取决于国家经济、政治、文化和法治环境的变化，也受到北京各项具体措施的直接影响。综合这两方面的发展，本报告对北京律师未来几年的发展，做出七点展望。

1. 律师人数小幅稳步增长

为认真贯彻《国家中长期人才发展纲要（2010~2020 年）》和《司法部关于进一步加强和改进律师工作的意见》精神，切实落实北京市"十二五"人才发展规划，进一步发展壮大适应国家法治进程和经济社会发展需要的首都律师队伍，2013 年初，北京市律师协会与北京双高人才发展中心签订了合作协议。

协议内容主要包括四个方面：一是双方建立长期合作关系，进一步将律师行业人才队伍建设融入北京市"十二五"人才发展规划之中；二是根据首都律师行业发展的实际需求，逐步完善首都律师行业优秀人才引进机制，促进律师行业人才流动的良性循环；三是认真落实北京市提出的"十二五"期间打造世界高端人才聚集之都的总体目标，积极为北京市引进紧缺的法律服务人才；四是根据律师行业优秀人才引进的需要，按照有关规定逐步完善人事档案接转的相关程序和标准，规范工作流程，提高律师人事档案管理的服务水平。

该协议的实施，将对北京律师队伍的发展产生重要影响。影响将体现在两个方面：一是北京律师队伍的人数将保持小幅的但是持续稳定的增长。增长的具体幅度，结合 2012 年的数据来看，估计在 3%~5% 之间。二是由于引进的都是高学历人才，所以北京律师队伍的总体素质将有更明显的提升。

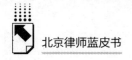

2. 大型所和小型所各得其所

在未来几年中，除了已有的超大型律所外，估计还有一些律所要走规模扩张的路线，所以未来会出现更多的千人大所。然而，这些千人大所如何创新管理体制，整合庞大规模，将理论上的专业、信息、人脉优势转化为现实的竞争力，还需要实践中继续摸索。与此同时，估计继续走中小所经营战略的也不在少数。这是因为，一方面，不是每家律所都有扩大规模的能力和条件；另一方面，中小所确实也存在自己的特色和优势，加上行业管理部门目前对中小所还有一定的鼓励和扶持力度。所以，在未来几年中，大型所和小型所将各得其所，他们将以不同的策略和风格进行经营，并专注于不同的细分市场。

3. 律师业务数量总体增长

之所以说律师业务数量将在总体上保持增长，是因为律师业务被划分为多种类型，不同类型之间由于性质不同，不能简单地相加求和。此外，不同业务类型数量变化的影响因素也不相同，在同样的社会条件下，有的业务会增长，有的则会下降。所以，不管什么样的社会形势，都会出现有的业务增长，有的业务下降。但是，在这一前提下，有些年份，尤其是经济形势较好的年份，可能会有多数业务类型保持增长趋势；在另外一些年份，则可能相反。

在未来几年中，一方面，尽管存在诸多不尽如人意的地方，但是法治建设总体上还是在不断推进的，这会产生越来越多的、潜在的法律服务需求；另一方面，经济形势虽然是最不稳定同时又是影响最直接、最大的社会因素，但是本报告作者还是对未来经济的稳健发展持乐观的态度。基于这些依据，本报告预测：在未来几年中，律师业务的数量会在总体上将保持增长的趋势。

4. 律师人均业务收入将稳步增长

律师人均业务收入稳步增长是比较确定的趋势。这是因为，一方面，基于和律师业务数量总体增长相同的依据，未来几年中律师业务收入总额也将保持增长，但是增幅可能存在显著的波动；另一方面，由于实行严格的职业准入，律师人数将是稳定但缓慢的增长，两方面因素综合起来的结果，必然导致律师人均业务收入稳步增长。

5. 通过互动推动执业环境改善

在过去的两年中，北京律师一方面通过参与政府组织的公益活动树立形象，另一方面通过走出去或请进来和执法机关沟通协商，在改善律师执业环境方面取得了令人瞩目的成效。这些方式之所以比较有效，是因为一方面，从文化和制度上根本改善律师的执业环境需要假以时日；另一方面，上述两种措施比较切合现实中资源配置、权力结构和文化传统。在未来的几年中，社会环境仍然大体上属于这样的情形，所以，接下来若要继续推进北京律师执业环境的改善，通过与执法机关的互动和通过公益活动展示形象仍然是现实可行的途径。

6. 实现公益法律服务和执业推广的统一

律师毕竟是法律服务市场的主体，单纯的公益服务，单纯的理想和信念的提倡，对律师的激励不会非常充足。如果公益服务和执业推广能够结合起来，更能提高广大律师的积极性。从最近两年的公益活动方式中，已经可以看到这种结合的可能性。比如，在法律服务"三进"服务、"法律服务村居行"、信访接待等活动中，一方面，律师可以近距离了解社会各个层面的法律服务需求，这些活动相当于进行了一定的市场调查；另一方面，律师也可以展示自己的业务专长，可以积累口碑声誉，增加业务的来源。此外，政府对一些公益活动会提供一些经费补贴，甚至还推出了政府购买社会组织服务项目的政策，为律师将公益服务和获得报酬结合起来。当然，未来如何实现二者的结合而不妨害公益活动自身的公益属性，还需要在实践中不断探索和总结。

7. 行业自律在推动行业发展中发挥越来越大的作用

从最近几年来看，北京市律师协会通过各种措施，推动律师行业发展，成效十分显著。这些措施包括严格执业准入、与执法单位协调和沟通、举办专题研讨会、发布执业指引、维护市场秩序、法律业务范围拓展、律师形象塑造和推广等。对于这些措施的运用，北京市律师协会可以说已经驾轻就熟。未来几年中，我们有理由相信，律师协会将更恰当地运用这些措施，更有效地推进律师行业发展。

B.2

北京律师 2011～2012
年度重大事件述评

陈 宜*

摘 要：

在 2011～2012 年，北京律师行业发生的重大事件主要包括：（1）北京律师紧紧围绕党和政府中心工作，为经济社会发展提供优质高效的法律服务；（2）北京律师行业以刑诉法的修订为契机，积极推动改善执业环境；（3）北京律协公益法律咨询中心被评为首届北京市社会组织公益服务十大品牌，并获得市政府专项拨款；（4）北京律师行业不断推出优秀典型，积极弘扬"正能量"；（5）青年律师的培养和成长受到行业的关注和重视；（6）北京市律师协会积极推动中小所创新发展；（7）北京市律师协会支持和引导律师积极拓展跨境法律服务；（8）北京市第九次律师代表大会隆重召开，选举产生新一届领导班子；（9）市、区两级律协加强分工合作，两级架构逐步完善；（10）全国首家律师党校——北京市律师业余党校成立。

关键词：

北京律师 重大事件 评述 2011 年 2012 年

一 北京律师紧紧围绕党和政府中心工作，为经济社会发展提供优质高效的法律服务

北京律师长期致力于服务政府决策，提供优质高效的法律服务，为推动首都经济社会发展提供智力支持和保障。2011～2012 年，北京律师主要有下列活动体现了这种努力。

---

* 陈宜，中国政法大学律师学研究中心副教授。

（一）积极参与"进社区进企业进乡村"活动

2011 年 2 月，为了更好地服务首都经济社会发展大局，更好地体现司法行政工作便民、利民、为民的宗旨，北京市司法局决定在全市范围内开展"围绕中心服务重点保障民生，法律服务进企业进社区进村庄"活动（以下简称法律服务"三进"活动）。北京律师积极参与了法律服务"三进"活动，努力向各类企业和基层群众提供全方位、面对面、零距离的法律服务，并取得了显著成效。

1. 律师参与"三进"活动的实践扩展

2011 年，自北京市司法局法律服务"三进"活动启动以来，全市律师积极参与"三进"活动，从指导思想、工作目标、活动内容、方式步骤、工作要求等方面进行了全面的部署和安排，并取得显著成效。

（1）积极参与"法律服务团"，提供专业法律服务

以法律服务团的方式，整合法律服务力量，提供专业法律服务，为推动首都经济社会发展提供智力支持和保障，是北京市司法局长期以来的重要举措，北京律师作为法律服务的主力军积极参与了这项活动。

早在 2006 年 12 月，北京市侨办就与市司法局合作，成立了"北京市为侨服务法律顾问团"，开展了系列活动，为各类涉侨事务提供了优质高效的法律服务。2010 年，为贯彻落实中央综治委关于深入推进社会矛盾化解、社会管理创新、公正廉洁执法三项重点工作和首都综治委《关于进一步加强社会治安重点地区排查整治的工作意见》精神，充分发挥司法行政职能作用，全力做好为全市"50 个市级挂账重点村整治督办工作"的法律服务和保障工作，北京市司法局在担负城中村改造任务的朝阳、海淀、丰台、石景山、大兴、房山、通州、顺义、昌平等 9 个区县成立"重点地区排查整治工作法律服务团"，为城中村改造提供全方位的法律服务，开展社区矫正和帮教安置工作，满足"城中村"改造地区群众的法律服务需求，维护人民群众合法权益，维护地区和谐稳定。

2011 年，北京市司法局与中关村管委会签订了长期战略合作协议，成立了"中关村国家自主创新示范区法律服务团"，对园区企业提供专业化、系统

化、全方位的法律服务。2011年底，首都文化五大联盟①正式成立，成为首都加快推进文化体制机制改革创新的一项重要成果。为切实推动五大联盟的发展，进一步促进首都文化大发展大繁荣，北京市司法局决定成立"首都文化五大联盟法律服务团"，服务团成员来自北京市律师协会下属的20个专业委员会，以及市公证协会和司法鉴定业协会。法律服务团通过普法宣传、专题培训、诉讼与非诉讼代理等方式，在文化创意产业发展、文化企业转制改革、打造大型文化企业集团等领域，为五大联盟及所属单位提供了全方位、精细化的法律服务。

此外，各区县还根据辖区的情况成立法律服务团，服务区域经济文化发展。2011年，西城区成立了"政府信访法律服务团"、"金融街法律服务顾问团"、"中小企业法律服务团"、"女律师公益团"和"重大工程法律服务团"；平谷区成立了"法律援助律师团"、"疑难纠纷评理团"和"拆迁工作法律顾问团"，进企业、进社区、进村庄，为群众排忧解难；丰台区成立了"花乡城乡一体化建设法律服务团"，为正在进行城乡一体化改造的广大农村地区经济发展营造优良的法制环境；海淀区由北京中洲律师事务所组建了海淀总工会职工法律服务律师志愿者团队；等等。

（2）签订战略合作协议，提供法律服务

2011年2月，北京市司法局与中关村管委会签订长期战略合作协议，成立"中关村国家自主创新示范区法律服务团"，对园区企业提供专业化、系统化、全方位的法律服务。朝阳区律协围绕政府中心工作，组织和引导律师为朝阳经济社会发展提供服务。经北京市朝阳区北京商务中心区工作委员会（CBD管委会）、北京市朝阳区司法局、北京市朝阳区律师协会共同发起，协会与CBD管委会签订了战略合作协议，在北京商务中心区开展"法律服务进企业"活动。

此外，还有不少律师事务所与街道、社区、乡村签订法律服务协议，把"三进"工作落到实处。

---

① 2011年12月17日，首都剧院联盟、首都博物馆联盟、首都出版发行联盟、首都影院联盟、首都影视产业联盟正式成立，被称为首都文化五大联盟。2012年3月，首都图书馆联盟正式成立，与之前的五大联盟统一称为首都文化六大联盟。

（3）积极申报政府购买法律服务项目，推进"三进"活动的开展

昌平区律师协会积极组织律师开展"和谐之声——以法律服务促进和谐项目"活动，该项目被评为2011年度全市政府购买社会组织服务活动优秀项目。

西城区律协根据西城区域特点，结合政府购买法律服务的契机，向区社工委成功申报了"法律服务进楼宇"项目。

（4）律师积极参与调解活动

近年来，北京市着力加强社会矛盾纠纷排查化解组织网络建设，先后建立起区县、街乡、社区（村）、楼门院（小组）四级较为完善的调解组织，形成了纵向的组织网络；在企事业单位、建筑工地、旅游景区、集贸市场、大型商场流动人口集中的区域等矛盾纠纷多发的地点建立人民调解组织，形成了横向的组织体系。为充实组织网络的力量，北京市还把队伍业务能力培养摆在突出位置。截至2010年5月，全市共有2000多名律师通过各种形式参与人民调解工作。①

（5）开展多种形式的法律服务

各区县律师在参与法律服务"三进"的活动中，不断完善工作机制，开展多种形式的法律服务。

丰台区建立了完善的司法所与律师事务所联系机制，将全区律师事务所进行划片，分配到全区21个街道、乡（镇），由司法所协调安排对应的律师事务所和律师到社区、村提供服务。在此基础上，2011年为每一个社区、村配备一名律师提供法律服务，并建立完善的工作机制。依托已建立的298个社区（村）法律服务站，组织律师通过固定值班、讲座和专场咨询、网络服务等方式开展人民调解、法律宣传、法律援助、法律咨询等方面的服务，就近满足群众法律需求。②

昌平区则加大律师进社区的工作力度，确保每个社区都有一名律师提供定向服务。区律协每季度至少组织一次与企业发展相关的法律服务知识讲座。

---

① 王斗斗：《北京2000名律师参与人民调解》，2010年5月14日，http：//www.legaldaily.com.cn/bm/content/2010-05/14/content_2139646.htm? node＝20729，2013年7月22日最后访问。

② 《丰台区司法局举行"法律服务村居行"启动仪式》，http：//www.ftlx.org/new_c.asp? id＝2297&i＝268&bigId＝5，2013年7月16日最后访问。

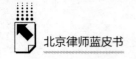

延庆县开展了"聚焦延庆'十二五'产业布局、法律服务、'三进'助推产业发展"主题活动，成立了北京律师法律服务团，为延庆县构建"一城一川两园四带"的产业空间布局，提供专业化的法律服务。该县积极整合资源，形成了"村、社区有法律服务室，乡镇、街道有公益法律服务中心，律师、公证员分片包所，县外有律师网络远程支援"的覆盖全县的法律服务网络。此外，全县律师、公证员通过为联系对象提供法律咨询、签订法律服务协议、担任法律顾问、开展各类法律服务、开展法制宣传活动、调解纠纷等方式，将法律"三进"活动落到实处。

2. 律师服务"三进"活动的重要意义

（1）满足人民群众对法律服务日益增长的需求

当前，随着经济社会的快速发展和改革开放的不断深化，企业、社区、村庄的涉法问题和涉法矛盾大量增加，社会各类组织和广大人民群众对法律服务的需求日益增长。一是社会经济发展水平的提高带动了法律服务需求的增长，对传统的法律服务制度和法律服务方式提出了严峻的挑战；二是社会基层民主法制建设的发展带动了法律服务需求的增长；三是个人现代意识的逐渐增强带动了法律服务需求的增长。随着社会结构的调整和普法工作的深入，个人的视野逐渐扩大，权利意识逐渐树立，依法维权的自觉性和主动性也随之增强。

虽然我国的法制建设取得了巨大成效，但是区域法律服务资源不均衡的状况依然存在。因此，律师积极参与"法律服务进企业、进社区、进村庄"的公益法律服务活动，将免费的法律服务带到千家万户，在一定程度上满足了人民群众对免费律师服务的需要。

（2）律师积极参与"三进"活动，体现了律师的社会责任感

"三进"活动对维护社会和谐稳定、促进社会公平正义、保障人民群众合法权益具有重要的现实意义。"三进"活动同时也是广大律师发挥自身专业优势、改进服务方式、扩大服务范围、创新服务手段的一种有效途径，有利于为企业和群众提供更加便捷、高效、专业的法律服务，体现了律师维护社会正义的责任感。

3. 律师参与"三进"活动存在的不足

首先，律师参与"三进"活动的机制有待完善。目前，各区县律师协会在组织律师参与"三进"活动方面做了许多工作，但相关服务制度、监管制度尚未健全，运作机制有待完善，尚存在服务规划和目标不够明确，服务仍呈分散性的现象。

其次，律师在"三进"活动中的主力军作用发挥尚不够充分。

再次，探索实践的广度和深度存在不足。在基层法律服务方面，通过"所所结对"活动引入的社会律师为基层社区提供的公益法律服务大多停留在标的额小、权利义务关系简单的法律事务层面，比如法律咨询和纠纷调解、参加街道举办的零散性法制宣传活动等，开展公益诉讼方面的服务甚少。

此外，目前律师参与法律服务"三进"活动主要是公益性的，显示了律师承担社会责任的担当，但律师的生存需要依靠提供有偿服务收取律师费，非营利性、公益性的服务让一些尚未解决温饱问题的律师难以投入较多的时间和精力。

4. 推进法律服务"三进"活动的深化发展

结合各区县律协组织律师参与法律服务"三进"活动的实践，总结成功的经验，笔者认为，有必要从以下方面推动"三进"活动的发展。

（1）应使律师参与"三进"活动进一步制度化、规范化

律师为基层群众提供法律服务早已付诸实践，比较多地表现为律师、律师事务所的自觉行动。有关法律服务"三进"活动的规定主要以政府文件的形式出现，律师在市区县律师协会的推动下参与法律服务"三进"活动，应将法律服务"三进"活动作为律师为基层提供法律服务的一部分，加以制度化、规范化，而不应局限于法律服务"三进"活动。

（2）积极申请政府购买法律服务的项目

近年来，政府根据公民公益法律服务需求量、经济发展状况等综合因素确定公益法律服务的经费预算，逐步增加资金投入，用于扶持公益法律服务工作。2012 年，北京市向社会组织购买服务的资金首次超过 5000 万元。为低收入城乡居民、外来务工人员等提供免费法律咨询、诉讼代理等法律援助服务是政府购买服务的一项内容。成功申报政府购买法律服务项目能有效地解决律师

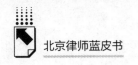

投入公益服务的待遇问题，从而使律师服务公益的热情得以维持。

（3）建立健全律师调解中心，让律师调解从配角向主角转变

随着社会矛盾纠纷大调解工作的推进，律师调解开始从配角向主角转变，不少地方相继成立了律师调解中心，并取得了良好的社会效果。2009 年，人力资源和社会保障部、司法部、中华全国总工会、中国企业联合会/中国企业家协会联合下发了《关于加强劳动人事争议调解工作的意见》，提出要促进具有调解职能的其他社会组织、律师、专家学者开展工作，形成开放式的调解网络。2012 年，北京赵天庆律师事务所在全国设立了首家劳动人事争议预防调解中心。在调解相关纠纷中，律师有专业性较强、社会公信力较高的优势。建立健全律师调解中心的做法十分必要。

（4）举办培训，提升法律服务人员的业务素质

当前，开展公益法律服务的主要力量是基层司法所、律师、公证员、基层法律服务工作者，律师是公益法律服务的主力军，具有其他法律从业人员不可比拟的专业优势，实践中一些区县律师协会、律师事务所注重与结对单位进行法律培训活动，提升相关人员的业务素质，收到了较好的社会效果，值得在全市范围内加以推广。

（5）大力表彰律师参与公益法律服务的行动

北京市司法局、北京市律师协会历来重视对先进典型的表彰。2010 年12 月，北京市司法局下发了《关于开展向刘凝同志学习的决定》，肯定了北京市易行律师事务所刘凝律师在法律宣传和法律服务上做出的突出贡献，号召全市司法行政机关和律师事务所向刘凝律师学习。2010 年底，北京律协组织开展了"北京律师行业 2010 年度公益大奖"的评选工作。其中，"年度公益大奖"包括社区服务、法律援助、信访接待、农民工维权等 16 类，涵盖了首都律师从事公益活动的不同方面。2012 年 10 月，北京市律师协会印发了《关于开展向马兰律师学习活动的决定》，号召全市律师向马兰律师学习。表彰先进，树立典型，有助于充分调动广大律师参与公益法律服务的积极性和创造性，大力弘扬新时期律师的社会责任和精神风貌，树立律师的正面形象，进一步增强律师行业的凝聚力、吸引力和战斗力。但现有的表彰人数与参与公益活动律师的人数相比只能是极少数。扩大表彰的范围，对律师参与

公益法律服务给予精神上的肯定和鼓励，将有利于吸引更多的律师参与到公益法律服务活动中来。

（二）组建"首都文化六大联盟法律服务团"

为积极服务"首都文化六大联盟"，全力助推首都文化大发展、大繁荣，2012 年 2 月，北京律协组建了"首都文化六大联盟法律服务团"，由 20 个相关专业委员会的近千名律师组成。服务团为首都博物馆联盟、首都剧院联盟、首都出版发行联盟、首都影院联盟、首都影视产业联盟、首都图书馆联盟等文化单位提供全方位、精细化的法律服务。

自成立以来，服务团大力拓展服务领域、深化服务内容、创新服务手段，通过开展普法宣传、组织专题培训、提供法律咨询服务、出具法律意见书、担任法律顾问等多种方式，为首都相关文化单位提供优质高效的法律服务，充分发挥了律师法律服务的专业支撑作用。

1. "首都文化六大联盟法律服务团"成立

为深入贯彻落实党的十七届六中全会精神以及市委市政府关于首都文化大繁荣大发展和加快建设中国特色社会主义先进文化之都的战略部署，充分发挥北京法律服务资源的优势，北京市司法局于 2012 年 2 月成立了"首都文化六大联盟法律服务团"。服务团成员的来源为：30 家律师事务所、知识产权领域相关的专业委员会、公证处和司法鉴定中心；服务对象包括：首都博物馆联盟、首都剧院联盟、首都出版发行联盟、首都影院联盟、首都影视产业联盟、首都图书馆联盟等文化单位。服务团通过与六大联盟的对接与合作，在文化创意产业发展、文化企业转制改革、知识产权保护、打造大型文化企业集团、引导优秀文化品牌走出国门等领域全面提供相关法律服务。具体服务措施包括：结合六大联盟及其成员的需求，举办大型的系列法律知识讲座，对相关单位人员进行法律知识培训；对具体的项目进行法律论证，出具相关法律意见；有针对性地开展法制宣传教育活动，积极推进首都法治文化建设；为文化企业提供优惠代理诉讼和非诉讼业务等。通过全方位的、精细化的法律服务，服务团为推动六大联盟的发展、打造北京文化品牌、促进首都文化大发展大繁荣提供了坚实的法律保障。

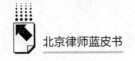

2. 意义评述

组建"首都文化六大联盟法律服务团",不仅使广大律师树立了深入基层、服务基层、积极参与社会公益活动、化解社会矛盾的理念,而且有利于社会公众了解律师,树立首都律师良好的社会形象,为律师开拓业务领域搭建了平台,具有重大意义。

首先,有利于发挥律师的专业特长,助推文化产业发展。北京市律协20个专业委员会参与到文化联盟法律服务团,它们各具专业特长,能够为首都文化产业提供多元化、差异化的法律服务。

其次,有利于律师深入基层、服务社会,树立良好的社会形象。文化联盟法律服务团通过自身专业化的法律服务,能够获得当事人对其业务水平的认可;通过勤勉尽职的工作态度,能够彰显积极敬业的人格魅力。律师参与法律服务团,规范企业合法经营,控制企业经营风险,维护企业合法权益,有利于企业发展和律师业务的提升,实现律师行业和文化产业的互动共赢。

最后,有利于发挥律协的指导作用,不断开拓律师的业务范围。通过组建文化联盟法律服务团,北京市律师协会加强与文化产业的联系,拓展了律师的业务范围,增加了律师的社会影响,有利于推进律师行业的健康发展。

(三)全面开展"法律服务村居行"活动

为进一步深化法律服务"三进"活动,落实市委、市政府为民办实事计划,北京市司法局在全市范围开展了"法律服务村居行"活动,组织全市律师、公证等法律服务行业人员深入基层,切实解决远郊区县法律服务力量匮乏问题。在2012年2月6日"法律服务村居行"启动仪式上,"法律服务村居行"服务总队正式成立,刘敬民副市长为服务总队授旗。

市司法局自2012年开展法律服务"村居行"活动以来,统筹调配资源,截至2013年1月,为全市6166个村(居)委员会配备了"一对一"结对服务律师等法律服务人员,全市631家律师事务所与村居签订了服务协议,5015名律师直接参与法律服务,实现了全市村庄和社区基本公共法律服务的全覆盖。全年的法律服务"村居行"活动共为群众提供法律咨询服务110039人次，举办法律讲座 4585 场次，发放各类法律宣传资料 372381 份，代写法律文书 6893 份，参与各类纠纷调解 8851 件次，提供法律援助 4454 件，各类法律服务人员共担任法律顾问 3265 家，签订法律服务协议 850 份。① 2013 年 7 月，北京市律师协会举办了"情系百姓　法暖万家——法律服务村居行优秀公益律师颁奖典礼"。首批 100 名"优秀公益律师"受到了表彰。

1. "法律服务村居行"活动的实践扩展

昌平区司法局制定了《昌平区司法局"法律服务村居行"实施方案》，组建了"法律服务村居行"服务总队，由昌平区律师协会会长吴晓刚任队长，通过律师事务所与基层司法所、社区、村签订法律服务合作协议的形式，以结对支援的具体方式，完成了全区所有社区、村与律师等法律服务人员的一对一衔接工作，保证全区 303 个村、177 个社区都有相应的法律服务人员提供点对点的法律服务。昌平区律师积极参与律师法律服务进农村宣传活动，面对面为老百姓提供免费法律咨询，发放涉及征地拆迁、婚姻家庭、教育医疗等领域的法律知识读本。② 昌平区司法局在全区范围内组织开展了"围绕中心，服务重点，保障民生，法律服务进企业进社区进村庄"系列活动，努力为各类企业和基层群众提供更加便捷、高效、精细的法律服务。③ 对于这些活动，区律师协会及各律师事务所都认真组织、积极参与。

顺义区司法局在全区 13 家律师事务所中精选 30 名业务骨干组建了"法律服务村居行法律服务团"，并开辟了专门的"公益律师法律服务站"，引导村（居）委会与律师事务所签订法律服务协议，公益律师采取定期和不定期相结合的方式到辖区提供法律服务，参与法律咨询、矛盾化解、法律援助等工作，将专业的法律服务送到群众的家门口。截至 2012 年 9 月，顺义区司法局在 25 个社区建立了"公益律师服务站"，以点带面，辐射全区 76 个社区居委会，同时依托 19 个镇级法律服务中心、426 个农村法律服务室，选派律师入村开

---

① 安力：《2012 年北京 5000 名律师无偿服务法律"村居行"》，http：//report. qianlong. com/33378/2013/01/16/118@8451709. htm#blz-insite，2013 年 7 月 16 日最后访问。

② 《昌平区司法局 2012 年上半年工作总结》，2012 年 9 月 17 日，http：//cpsfj. bjchp. gov. cn/tabid/1948/InfoID/160111/frtid/1940/Default. aspx，2013 年 7 月 16 日最后访问。

③ 《北京市昌平区律师协会第六次理事会会议》，http：//www. bjchplawyer. org/News/2011/4/y5ghbw18rs. htm，2012 年 9 月 8 日最后访问。

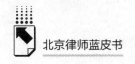

展公益法律服务，实现了"一村一名律师"的农村法律服务全覆盖格局。①

平谷区采取律所统一包乡镇、律师包村等方法，推动本区律师"村居行"活动全面铺开，确保每一个乡镇为一个点，每一个点由一个律所负责，每一名律师服务到该乡镇的每一个村庄、社区，以此覆盖全区 16 个乡镇、2 个街道的所有村庄、社区。

怀柔区"法律服务村居行"活动为全区 284 个村委会、28 个居委会定向配备 1 名专业法律服务工作者（包括律师、公证员或公益法律服务人员），建立"一对一"的结对模式，提供"点对点"的法律服务。依照双方签订的法律服务协议，每名专业法律服务工作者每年要到其负责的村（居）委会开展法律服务不少于 3 次，对行动不便的村（居）民要提供上门服务。同时，针对所负责地区的村民（居民）的法律咨询，可利用个人电话、邮箱、网站、微博等各种联系方式及时予以解答。② 怀柔区 2012 年全年累计开展"村居行"活动 207 次，参与律师 99 人次，提供法律服务 3000 余人次。③

延庆县充分统筹本县、市区、网络等多层面的法律专业资源，为全县 736 个村、26 个社区各配备一名律师或公证员，"一对一"面对面服务，通过全面推进将"法律服务村居行"活动做成实打实的惠民工程。

海淀区司法局制定了《2012 年度海淀区律师行业"法律服务村居行"活动指导意见》和《实施方案》。截至 2012 年 4 月，全区 677 个社区（村）已基本完成各社区、村与律师的"村居行"法律服务协议签订工作。海淀区开展的"十五分钟生活圈"活动受到了《人民日报》和《北京日报》的关注，律师行业"村居行"活动作为海淀"十五分钟生活圈"的重要举措，使海淀居民不用出本辖区，就能获得优质律师资源提供的义务法律服务。

房山区成立了由区律师协会会长刘德诸任团长，北京市恒信公证处主任姚

---

① 王春光：《法律服务村居行 律师送法到家门》，2012 年 9 月 7 日，http：//jjrb. bjd. com. cn/html/2012 -09/07/content_ 134451. htm，2013 年 7 月 16 日最后访问。

② 王利军、曹宇坤：《怀柔区所有行政村获"点对点"法律服务》，2012 年 3 月 10 日，http：//www. chinadaily. com. cn/hqgj/jryw/2012 -03 -10/content_ 5371502. html，2013 年 7 月 16 日最后访问。

③ 《怀柔区公益法律服务实行"AB"角》，2013 年 6 月 24 日，http：//www. bjwmb. gov. cn/xxgk/xcjy/t20130624_ 527863. htm，2013 年 7 月 16 日最后访问。

严奎任副团长，成员为北京市恒信公证处、北京太行律师事务所、北京博维律师事务所等 11 个单位的法律服务村居行服务团，为每个村庄和社区配备一名律师或者公证员等专职法律工作者，实现全区村庄和社区法律服务全覆盖，确保全区所有社区、村都有相应的律师等法律服务人员提供点对点法律服务，对行动不便的村（居）民提供上门服务。在村居行活动中开展"四个一"法律服务，即开展一次主题明确的"普法讲座"，一次面对面的法律咨询，一次参与化解矛盾纠纷的调解工作，一次针对基层人民调解员和法律工作者的培训。此外，还建立了由专人负责管理的"房山区法律服务村居行"博客和微博，通过网络平台积极解答民众关注的法律问题，充分体现了司法行政工作关注民生、服务民生的功能。①

2. 律师参与"法律服务村居行"活动的未来展望

律师是法律服务工作的主体力量。中共中央《关于构建社会主义和谐社会若干重大问题的决定》把律师纳入社会组织的范畴，提出要充分发挥律师作为社会组织参与社会管理的作用。因此，应该重视发挥律师作为社会组织提供法律服务、反映民生诉求、规范社会行为的作用，把律师工作的重心向参与社会管理、服务民生转移，更充分地展现律师的社会属性，更好地发挥社会律师在首都"法律服务村居行"活动中的重要作用。接下来应当着力做好以下工作：

（1）探索建立和完善相关的运作机制

应建立社会律师参与公益法律服务的引入和激励机制，探索建立实习律师、新执业律师开展公益法律服务的制度；探索把律师参与公益性法律服务的数量和质量作为对律师进行考核评价的重要依据，作为对律师和律师事务所评优奖励的重要条件；鼓励律师事务所对参加公益法律服务的律师发放补贴和奖励，等等。

（2）探索把公益意识作为律师行业文化建设的重要内容

在律师行业文化建设中，要倡导广大律师始终坚持律师的社会主义属性，

---

① 房山区司法局：《我区全面推进法律服务村居行工作》，2012 年 3 月 14 日，http：//www.bjfsh.gov.cn/zwgk/xzwbj/90398.html，2013 年 7 月 16 日最后访问。

增强律师职业使命感和社会责任感；要倡导律师把社会效益放在第一位，克服片面追求经济效益的倾向；要营造以奉献、互助、进步为主要内容的公益服务意识和氛围，增强社会律师关注公益、投身公益的自觉性和积极性。

（四）北京市律协组建中关村国家自主创新示范区法律服务团

2011年，北京市司法局与中关村管委会签订了长期战略合作协议，成立了"中关村国家自主创新示范区法律服务团"，包括律师事务所、公证处、司法鉴定所等十余家司法机构对园区企业提供专业化、系统化、全方位的法律服务。市司法局牵头，整合北京市优质法律服务资源，尤其是市律师协会企业法律风险管理专业委员会、公司法专业委员会、并购与重组法律专业委员会、专利法律专业委员会等九个专业委员会联合为中关村示范区中的企业提供强大的法律支持。

1. 中关村国家自主创新示范区的兴起

中关村国家自主创新示范区起源于20世纪80年代初的"中关村电子一条街"。党中央、国务院高度重视中关村的发展建设，国务院曾多次做出重要决定。中关村国家自主创新示范区是我国第一个国家自主创新示范区，经过20多年的发展，已经聚集了以联想、百度为代表的高新技术企业近2万家，形成了以下一代互联网、移动互联网和新一代移动通信、卫星应用、生物和健康、节能环保以及轨道交通等六大优势产业集群以及集成电路、新材料、高端装备与通用航空、新能源和新能源汽车等四大潜力产业集群为代表的高新技术产业集群和高端发展的现代服务业，成为首都跨行政区的高端产业功能区。中关村每年发生的创业投资案例和投资金额均占全国的1/3左右。①

2. 北京市司法局与中关村管委会签订长期战略合作协议

2011年，北京市司法局与中关村管委会签订了长期战略合作协议，成立了"中关村国家自主创新示范区法律服务团"。法律服务团协调组织知识产权保护、企业并购与重组、改制上市、创业投资等方面的专业机构，为中关村国家自主创新示范区40多个专业协会和商会、2万多个园区企业提供相关咨询

---

① 《示范区介绍》，http://www.zgc.gov.cn/sfqgk/56261.htm，2013年7月16日最后访问。

和法律服务。中关村示范区法制环境建设专题调研、根据企业法律需求定期组织的专家专题讲座也相继推出。与此同时，法律服务团成员单位还全面公开各自的基本情况，各成员单位通过电话咨询、走访企业、接待来访、签订服务协议、代理诉讼和非诉业务、发放宣传资料、办理公证和鉴定业务等多种形式，为中关村的企业提供周到、高效的法律服务。

3. 首批法律服务团成员在中关村示范区提供法律服务

截至 2011 年 11 月，首批法律服务团成员在中关村示范区提供的法律服务已经惠及百度、搜狐、联想等 600 多家国内知名企业和 IBM、丰田、松下等跨国公司，以及众多具有发展潜力的中小型企业。493 名律师参与中关村法律服务，代理各类案件 110 余件，为企业挽回经济损失 14509 万元。办理公证 34件，办理司法鉴定 15 件。法律服务团举办的一些公益性法律专题讲座特别受到了中小企业的欢迎。①

（五）组建市高院信访接待律师团

2012 年 9 月，为更好地发挥律师在涉法涉诉信访工作中的作用，北京律协组建了一个由专业精通、经验丰富的律师组成的"市高院信访接待律师团"，统一安排律师在市高院信访接待室值班，免费受理来访群众的法律咨询，引导群众通过法律途径依法解决矛盾纠纷，受到了来访群众的欢迎和好评。截至 2012 年 12 月底，共有来自 20 余家律师事务所的 100 余名律师参与了信访接待工作。

2013 年，北京律协申报的"北京律师参与市高院信访接待项目"入选 2013 年度政府购买服务项目，并获得了政府专项资金支持。

（六）为"7·21"特大自然灾害善后处理提建议

2012 年 7 月 21 日，一场 61 年不遇的特大暴雨导致北京山区出现泥石流，城市遭受内涝灾情，市区路段积水，交通中断，市政水利工程多处受损，众多

---

① 赖臻：《中关村法律服务团 10 个月为企业挽回 1.4 亿余元经济损失》，2011 年 11 月 27 日，http：//news. xinhuanet. com/fortune/2011 - 11/27/c_ 111197621. htm，2013 年 7 月 16 日最后访问。

车辆被淹。截至 7 月 26 日，北京市区域内共发现 77 具遇难者遗体。在"7·21"暴雨发生后，北京市律协及时组织交通、保险、刑法、劳动、医药卫生等领域律师，就灾情涉及的法律问题，从社会和法律角度进行研究并提出了促进依法行政、解决纠纷的建议和对策，向市有关部门上报了近 4 万字的《关于"7·21"特大自然灾害相关法律问题及建议的报告》，为市委、市政府开展有关善后工作提供了有益参考。与此同时，针对京港澳高速公路善后处置的具体工作，协会选派业务指导与继续教育委员会副主任兼合同法专业委员会副主任毕文胜律师和消费者权益法律专业委员会秘书长李伟民律师参加了市政法委组织的专项工作会议。两位律师发挥法律特长，针对赔偿方案提出了专业意见和建议，为市交通委顺利开展善后工作提供了帮助，受到市委政法委和市交通委的一致肯定和好评。①

北京律师致力于为政府决策提供优质高效的法律服务，一则体现了北京律师过硬的业务能力，再者展现了北京律师具有高度的社会责任感和使命感。律师为政府决策提供法律服务意义重大。政府决策特别是政府的重要决策，关系到社会公共利益，决策科学与否对社会的稳定与和谐具有重要的影响力。律师从专业角度出发，分析政府决策过程中存在的法律风险及如何防范规避法律风险，为政府决策提供合理化的建议，有助于政府在决策过程的合法化与合理化，降低法律风险，提高决策的科学性。

二　北京律师立足社会现实，积极推动律师执业环境改善

（一）以《刑事诉讼法》的修订为契机，积极改善律师执业环境

为了保障律师执业活动的正常进行，我国有关的法律法规对律师的权利作了明确规定，其中阅卷权、调查取证权、会见权、依法执行职务受法律保障权

---

① 《北京市交通委感谢律协参与"7·21"特大自然灾害善后工作》，http：//news. 9ask. cn/Article/lsj/201209/1722074. shtml，2013 年 7 月 17 日最后访问。

在律师的权利体系中有着举足轻重的作用，而实践中阅卷难、调查取证难、会见难一直困扰着律师的执业活动。近年来，国家立法部门启动了《刑事诉讼法》的修订工作，以期在基本的制度层面平衡有效追诉犯罪和保护犯罪嫌疑人、被告人权利两方面的价值追求，而进一步加强辩护律师的权利保障、改善律师刑事辩护与代理的执业环境，也是其中的重要目标之一。以《刑事诉讼法》的修订为契机，北京律师积极作为，在加强律师权利保障、改善律师执业环境方面，做出了大量的、富有成效的工作。

2012 年刑事诉讼法修正案对刑事辩护制度进行了多方面修改完善，特别是困扰律师进行刑事辩护的几个突出问题得到了一定程度的解决。《刑事诉讼法》修订后，北京市律师协会积极组织律师认真学习贯彻新刑事诉讼法的规定，结合刑诉法修正案的颁布实施，协会先后与公、检、法等相关部门，就学习贯彻刑诉法修正案、律师辩护权的行使、律师如何参与检察院民事行政案件抗诉程序等议题进行多次座谈；向市司法局提交了《关于修订后的刑诉法需要公检法机关协调事项汇总情况》等有关书面建议；组织权益保障委员会、刑法专业委员会、刑事诉讼法专业委员会的资深律师参与了《关于保障和规范律师刑事诉讼辩护的若干规定》的起草工作以及其他配套文件的征求意见工作；与东城区人民法院、西城区人民法院分别签署了《保障律师合法权益 规范法律服务市场秩序的协议》，就聘请法院工作人员作为北京律协的行业监督员、建立案件信息查询系统、为律师开辟绿色通道、竖立电子显示屏等作出了具体的规定。

1. 积极参与刑诉法的修订，举办专题研讨会并提交书面建议

北京律师改善律师执业环境的努力，首先体现在《刑事诉讼法》修订过程中。2011 年 8 月，全国人大法工委向社会全文公布了刑事诉讼法修正案的草案，并公开征集修改意见。北京律师积极参与刑事立法工作，深入开展了《中华人民共和国刑事诉讼法修正案（草案）》的相关研究。为此，北京律协组织了近百名律师召开专题研讨会，中国政法大学教授樊崇义等嘉宾应邀到会并作主题发言。与会律师就起诉卷宗移送的范围等问题进行了深入分析和广泛交流，并于 9 月 30 日向全国人大常委会法制工作委员会递交了涉及 39 条23000 余字的修改建议。

2. 认真学习宣传贯彻新刑诉法

新刑事诉讼法颁布后，北京市律师协会和区（县）律师协会积极组织全市律师认真学习宣传贯彻。

第一，积极参加或举办贯彻新刑事诉讼法座谈会。2012 年 8 月，市司法局法制处召开"律师辩护工作中会见及阅卷相关问题"座谈会。

2012 年 9 月，市司法局、市律协召开了贯彻落实新修订的刑事诉讼法座谈会。市委政法委法制处、市公安局法制办、市检察院研究室、公诉一处、市高级法院刑二庭和刑一庭、市安全局预审处、市司法局法制处、律师监管处、市法援中心相关人员及市律师协会领导、专业委员会主任近 30 人参加了会议。与会人员就《关于律师刑事辩护工作的若干规定》（草稿）、《关于办理刑事法律援助案件的工作规定》（草稿），以及在刑事诉讼工作中如何有效保障律师执业权利等议题进行了认真的讨论和沟通。

第二，举办学习新刑事诉讼法专题讲座，组织落实律师进行刑事辩护业务的培训。自培训活动开展以来，市律协组织开展修改后的刑事诉讼法学习培训活动共 13 次，培训律师和实习人员 1400 余人次。

3. 对新刑事诉讼法实施相关问题组织专题研讨，并提交书面修改意见

2012 年 6 月，应市司法局法制处要求，市律协结合刑诉法修正案调研研讨情况提交了《关于修订后的刑诉法需要公检法机关协调事项汇总情况》，内容包括完善辩护律师凭"三证"会见在押犯罪嫌疑人相关制度等。

2012 年 12 月，市律协刑法专业委员会、刑事诉讼法专业委员会组织律师对《关于办理刑事案件排除非法证据有关问题的解答》、《关于简易程序适用问题的若干规定》（司法机关会签文件讨论稿）、《关于对市检察院牵头调研的三个课题研提意见的通知》、《关于对刑事案件的证人、鉴定人、被害人等有关人员采取保护措施的实施办法（试行）》（12 月 13 日修改稿）等文件，进行了专题研讨并提交了书面修改建议。

4. 加强与公、检、法等有关部门的沟通联系，推进律师执业环境的改善

以新《刑事诉讼法》的实施为契机，北京律师加强与公检法等有关部门的交流与沟通，增进了解，更好地保障律师在刑事诉讼中的各项执业权利，推进律师执业环境的改善。

第一，与检、法等部门就新刑诉法的实施进行座谈。新修订的刑事诉讼法实施在即，为了共同探讨律师在审查起诉阶段执业权利的保障问题，2012 年 8 月，北京市律师协会权益保障委员会与最高人民检察院、北京市人民检察院、北京市人民检察院二分院的检察官们就新刑事诉讼法中律师在审查起诉阶段的相关权益的若干问题进行了座谈，与会人员结合司法实践就审查起诉阶段律师会见权、阅卷权、辩护权保障及规范等相关问题进行了充分而深入的探讨，并对最高人民检察院正在修订的《人民检察院刑事诉讼规则》中涉及的律师权益保障的相关条款提出了富有建设性的意见和建议。2012 年 11 月，北京律协组织权益保障委员会、刑事诉讼法专业委员会、刑法专业委员会部分委员共 11 名律师参加了市公安局监管总队在海淀看守所召开的监管系统落实新修订的刑事诉讼法征求律师意见座谈会。与会人员就律师在看守所会见过程中如何落实新刑事诉讼法，保障被告人、犯罪嫌疑人及律师的合法权利，以及律师在会见过程中遇到的困难和问题进行了交流，并提出了意见和建议。

第二，与公检法等部门签署协议，保障律师合法权益。2012 年 11 月，为保障律师和诉讼当事人的合法权益，规范律师从事法律服务，监督、查处和杜绝违法、违规从事法律服务行为，北京市律协与东城区人民法院共同签署了《北京市律师协会与北京市东城区人民法院关于保障律师合法权益、规范法律服务市场秩序的协议》。

2012 年 12 月，为了保障律师和诉讼当事人的合法权益，规范律师从事法律服务，监督、查处和杜绝违反法律法规从事法律服务的行为，市律协与西城区人民法院签订了《北京市律师协会与北京市西城区人民法院关于保障律师合法权益规范法律服务市场秩序的协议》。双方就聘请西城区人民法院工作人员为协会行业监督员、建立律师代理案件查询系统、为律师安检开辟绿色通道、建立市律协电子显示屏等事项进行了约定。

第三，北京律师执业保障与执业监督顾问团成立。为加大社会监督力度，完善律师执业权益保障体系，与相关部门建立长效的沟通协调机制，2013 年 7 月，北京市律师协会成立了北京律师执业保障与执业监督顾问团。顾问团负责研究、解决律师执业过程中遇到的困难和问题，收集社会各界对律师工作的意见和建议，对北京律师的执业行为进行监督。

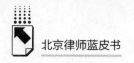
（二）与市工商局就律师查询利用企业工商档案签订合作协议

针对律师查询企业工商登记档案、律师介入企业工商注册代理业务等问题，市律师协会与市工商局进行了多次的协商沟通和座谈，并于2013年2月4日正式签订了合作协议，制定出台了律师查询利用工商企业档案操作指引，解决了律师查询企业工商档案的实际困难，并就律师介入企业工商注册代理业务、规范化合同文本的起草、建立律师参与市场监管重大行政决策专家论证和咨询机制、加强消费者权益保护法律服务工作等方面达成了具体合作意向，为拓展律师业务领域与服务范围搭建了平台。

1. 合作协议的签署过程

2012年10月24日，市律协邀请市工商局相关领导召开座谈会，与会人员围绕北京律师查询企业工商登记档案、律师介入企业工商注册代理业务以及为消费者维权领域提供法律服务的相关情况展开了深入的互动交流，就双方建立长效的沟通、合作机制达成了初步共识。

2012年11月8日，市律协第十五次会长会议召开。会议讨论了《律师查询企业工商档案操作指引（草案）》和《北京市工商局、北京市律师协会合作协议（草案）》。

2013年2月4日，市工商局、市律协共同签署《北京市工商局、北京市律师协会合作协议》。

2. 合作协议的主要内容

为进一步发挥律师的专业优势，深入推进"服务型"、"法治型"工商行政管理机构建设，不断加强工商行政管理部门与市律师协会在行政执法与法律服务专业领域的沟通与合作，促进律师行业健康发展，2013年2月，市工商局、市律协共同签署了《北京市工商局、北京市律师协会合作协议》。协议的主要内容包括：（1）在维护市场公平竞争秩序和交易安全、推进现代企业制度建立与完善等方面加强法律专业合作，积极开展商事登记、公平竞争、规范化合同文本、消费安全法律实务与理论研究；（2）组织律师积极参与"为企业送法律、送服务"活动，发挥律师的专业优势，促进企业诚信自律；（3）组织律师积极参与人民调解和行政调解，建立律师协助消费者申诉调解工作机制，妥善处理重大群体性消费纠纷事件，促进社会矛盾化解；（4）加强消费者权益保护法律服务工作，组织律师开展志愿服务和法律援助，结合百姓需求不断拓展法律服务范围，提高服务水平；（5）组织律师为工商行政管理机构工作人员依法行政提供专业法律咨询服务；（6）对律师查询企业工商登记档案资料流程和查询内容加强管理，依法为律师查询企业工商登记档案资料提供便利。

3. 合作协议的意义

合作协议的签订，是工商行政管理系统贯彻落实中共十八大精神、转变职能、转变观念、推进社会管理创新的一项重要举措。合作协议的签署，有助于拓展北京律师与工商局的合作领域，以整合更多的资源，为律师服务基层服务百姓提供更大的政策支持。

（三）针对行业税收政策调整对律师事务所进行培训

2012 年 12 月，国家税务总局发布了《关于律师事务所从业人员有关个人所得税问题的公告》（以下简称"53 号公告"）。根据 53 号公告的要求，各地税务机关应自 2013 年 1 月 1 日起，对律师事务所合伙人严格按照《个体工商户个人所得税计税办法》计算、征缴个人所得税。针对国家税务总局关于律师行业税制有关政策的调整，协会与市地税局联合组成"北京律师税收调研工作小组"，赴上海、广州和深圳进行了调研，为北京律师行业有效应对税收政策的调整提供了参考依据。为引导律师事务所准确把握相关政策规定、合理设置会计账目及成本列支，维护广大律师、律师事务所的合法权益，协会举办了 2 次培训，邀请市地税局工作人员和税务师事务所、会计师事务所的专业人士对政策条目和实务操作进行了详细讲解。

2013 年 3 月，朝阳区司法局、区律协召开了税务工作研讨会。辖区内 9 家律师事务所的主任、合伙人及财务人员应邀参会。与会人员学习了律所"营改增"及律所从业人员个税新规定，针对新税制下律师行业遇到的问题，进行了广泛的探讨并提出了解决意见和建议。同月，丰台区律协举办了"新税收政策解读"讲座，特邀北京律协副会长周塞军和税法专业委员会副主任王朝晖主讲，辖区内各律所主任、财务主管共 90 余人参加了培训。

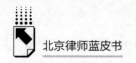

2013 年 7 月 16 日，市地税局与市律师协会召开律师税收工作座谈会。与会人员结合律师行业目前的税收征管制度及其实施情况，围绕如何完善律师行业税收征管工作以及增强税收征管工作的可操作性等问题进行了深入的交流与探讨。

1. 北京市律师协会高度重视有关律师税收政策的调整

2010 年 4 月，第八届北京市律师代表大会第三次会议召开的分组讨论中，代表们比较关注的问题就包括税收政策调整。2010 年 11 月，北京市律协律师税收制度研究课题组召开第一次工作会议，会议讨论确定了工作安排，并作了工作分工。

在 2010 年"两会"上，第十三届北京市人大代表、北京市金台律师事务所朱建岳律师提出《从税收政策上继续支持北京市律师业发展》的建议：为扩大法律服务业发展空间，给北京律师提供更为优良的执业环境，应从税收政策上继续支持北京市律师业的发展。2011 年 3 月 26 日，第八届北京市律师代表大会第四次会议召开，在分组讨论会上，全体代表围绕《北京市律师协会理事会 2010 年工作报告》等五份文件的内容，就贯彻落实中办 30 号文件精神、行业税收制度、会费预算执行、市区两级律协工作衔接、律师人才流动和整顿法律服务市场等广大律师关心的问题展开了热烈讨论。

2. 相关专门委员会、专业委员会专题研究律师行业税收制度

2011 年 5 月 17 日，律师行业发展研究委员会召开律师行业税收制度研究课题组工作会议，讨论了课题组近期的工作安排。

第九届北京律协律师行业发展研究委员会将律师税收制度作为北京律师行业发展中面临的急需研究和解决的突出问题，在行业发展研究工作中予以重点关注。解决好行业的税收问题是第九届律师协会财务委员会的工作内容之一。2012 年 9 月，税务法律专业委员会召开业务工作交流会，会上主任王朝晖就营改增涉及的律所纳税处理、税务查账征收等热点问题作了主题发言。

3. 开展调研工作，与兄弟律师协会交流律师税收制度相关事宜

2011 年，深圳市律师协会副会长蔺晓青等一行四人拜访北京市律协并作专题调研，双方就律师协会行业管理模式、税收改革、律师事务所会计核算办法等内容进行了探讨和交流。

2012 年 8 月，天津律协会长韩刚等一行五人到北京律协调研律师行业税收征管问题。与会人员着重围绕律师行业税收征收方式的调整展开了热烈讨论。

2012 年 9 月 17 日至 23 日，"北京律师税收调研工作小组"赴上海市、广州市和深圳市就有关律师行业的税收问题进行了调研。在调研过程中，上海、广州、深圳律师协会及地税局主管律师税收的部门领导向调研组介绍了律师税收征管现状、查账征收方式下律师行业成本认定以及查账征收前后的税赋对比情况。与会人员还围绕律师行业目前的税收征管制度、税收征管改革与探索等问题进行了深入的交流与探讨。通过本次调研，调研小组对上海、广州、深圳律师行业有了更为深入的了解，对律师查账征收实施过程中遇到的问题有了更加具体的认识，为制定出台既符合上级对北京市税收制度改革的要求，又能切实维护行业稳定发展的律师行业税收征管办法提供了基础保障。

三 北京市律协公益法律咨询中心被评为首届北京市社会组织公益服务十大品牌并获得市政府专项拨款

2011 年 10 月 18 日，北京市律师协会公益法律咨询中心（以下简称"咨询中心"）作为"公益律师进基层"项目被评为首届北京市社会组织公益服务十大品牌之一。该项评选活动由市社会建设工作领导小组办公室组织开展。最初共有 300 余个公益服务项目申报，结果有 40 个通过初审并向市民展示，最终 10 个项目赢得殊荣。与此同时，咨询中心还向北京市申报了政府购买社会组织服务项目，最终获得政府支持性专项拨款 40 万元。

（一）成立背景：构建平台，用服务回报社会

在新的历史时期，司法制度不断完善，法律知识不断普及，人民群众的法律意识日渐增强；与此同时，由于市场经济飞速发展，人民群众运用法律手段解决实际问题的需求也越来越多。然而现实生活中，法律咨询服务机构种类繁多，普通群众难以选择；专业咨询服务收费较高，低收入群体望而却

步。为解决这一矛盾,北京市律协决定建立一条免费的咨询热线,向全社会开放,使它成为律师回报社会的一个载体,拉近律师与市民的关系。

协会对具体的方案进行了充分的讨论和论证,并先后克服了资金、场地、设备及专用电话号段等困难。2009年10月26日,"北京市律师协会公益法律咨询中心"正式成立,咨询热线800-810-0789(被叫方付费电话)开通运行。为了扩大咨询中心的知名度,北京市律协先后投资170万元用于中心的宣传与推广。通过电视、广播、报刊、公交和地铁等媒介的宣传,越来越多的市民了解并记住了中心的名称和咨询热线,中心随之成为普通市民寻求法律帮助的快捷通道。

2011年5月,公益法律咨询中心又成功地与首都政法网合作开通了网上法律咨询论坛,建立起接听热线电话、接待现场咨询和接受网上咨询的全方位服务体系。

(二)实践运行:规范管理,用专业铸就品牌

咨询中心设在市律师协会一层北门,由3名律师值班,其中2名坐镇接待室,1名接听热线电话。律协对中心的日常值班工作规定了严格的管理制度,制定了详细的工作规范,对律师在排班、值班时的着装、接听电话的声音、语气等细节,都作了明确规定。目前咨询中心的服务时间为周一至周五(国家法定节假日除外)上午9:30~12:00,下午1:30~5:00。

为了保证咨询中心法律咨询服务的专业性,北京市律协加强了志愿律师的招募、选拔和培训工作的力度。按照规定,接听热线电话和接待现场咨询的律师必须是执业3年以上、品行良好、志愿服务社会的执业律师。协会每年安排一至两日由专人对入选律师进行值班工作的相关培训。志愿律师还需要签署承诺书,保证尽职、诚信地履行志愿服务工作。

根据中心管理办法的规定,值班律师的主要工作是为市民解答法律疑惑,提出法律建议。根据规定,值班律师在现场接待和电话接待中不能透露自己的姓名和所在律所的名称,不能私自承接案件以牟取利益。为了使公益咨询中心的法律服务成为长效机制持续稳步地开展下去,北京律协每年支出20余万元向参加志愿服务的律师发放补贴,保证律师为咨询者提供最公正、最准确的法

律意见。

公益中心成立两年多以来，截至 2012 年底，已经拥有 63 家律师事务所的 400 余名执业律师承诺加入，已经建立了热线接听、现场接待和网上咨询的全方位服务体系，成为北京律师行业的公益品牌。截止到 2011 年底的统计显示，中心共接听市民咨询电话 24480 个，接待来访 4365 人次，通过首都政法网接受网络咨询 2400 人次。咨询对象不仅有本市市民，还包括外地市民，甚至是外籍人士。前来现场咨询的人员主要是城镇居民，其次是外来务工人员和郊区农民。咨询的内容主要涉及民事和劳动人事方面的相关法律问题，主要集中在房屋拆迁、买卖以及承租所带来的法律纠纷，基于继承、婚姻产生的财产分割纠纷、医疗事故和交通事故引起的纠纷，以及劳动人事关系引起的法律纠纷等方面，几乎涵盖了市民日常生活的各个环节。经过值班律师的不懈努力，公益法律咨询中心的专业程度以及服务意识受到社会各界的肯定。公益法律服务中心的志愿律师以其专业的业务知识和良好的服务态度赢得了咨询者的广泛好评，从而提升了整个律师群体的社会形象，增强了广大志愿律师的使命感和成就感。

（三）社会意义：开展普法宣传，帮助弱势群体

公益法律咨询中心在开展普法、救助弱势群体方面发挥着重要作用。它弥补了社会公众法律知识的不足，宣传了法律法规，加快了法律信息的传播。中心在保障国家法律实施、预防和平息社会矛盾和纠纷、维护弱势群体合法权益等方面，发挥了积极的作用，成为政府提供公共服务的有力补充。

四　北京律师行业不断推出优秀典型，积极弘扬正能量

在 2011~2012 年，北京律师行业不断推出优秀典型，提升律师在人们心目中的正面形象。

（一）开展向刘凝同志学习的活动

2010 年 12 月 1 日，北京市司法局下发了《关于开展向刘凝同志学习的决

定》。该决定肯定了北京市易行律师事务所刘凝律师在法律宣传和法律服务上做出的突出贡献，号召全市司法行政机关和律师事务所工作人员向刘凝律师学习。

从业20余年来，刘凝律师牺牲自己的时间和精力，投入大量资金，致力于向公众普及法律知识、为公众提供免费法律咨询和优质低价的法律服务，在法律宣传和法律服务方面做出了突出贡献。他先后被中宣部、司法部评为"全国法制宣传教育先进个人"，被北京市司法局评为"北京市法律服务先进个人"，被北京市律师协会推选为"律师制度恢复重建三十周年律师公益之星"。

（二）开展"北京律师行业2010年度公益大奖"和"北京市百名优秀刑辩律师"的评选工作

2010年底，北京市律协组织开展了"北京律师行业2010年度公益大奖"和"北京市百名优秀刑辩律师"的评选工作。其中，"年度公益大奖"包括社区服务、法律援助、信访接待、农民工维权等16类，涵盖了首都律师从事公益活动的不同方面。经过两次集中评审，遴选出公益大奖得主28个，优秀刑辩律师106名，于2011年初通过业内外媒体对获奖名单进行公示，并在全市律师新春团拜会上对获奖者进行了隆重表彰。

（三）表彰优秀律师和优秀律师事务所

2011年4月27日，北京市第九次律师代表大会对优秀律师和优秀律师事务所进行了表彰，于君等100名律师荣获"2009～2011年度北京市优秀律师"称号，北京市万商天勤律师事务所等51家律所荣获"2009～2011年度北京市优秀律师事务所"称号。

2011年底，北京市律师协会在界内评选"北京市优秀留学归国律师"、"第一届北京市优秀青年律师"及"第一届北京市优秀女律师"。经过申报初评及面试复评，共产生了"北京市十佳留学归国律师"11名（含并列获奖）、"第一届北京市十佳青年律师"11名（含并列获奖）及"第一届北京市十佳女律师"10名。

2012年，北京市律师协会组织开展了"北京市优秀知识产权律师"和

"北京市优秀房地产律师"的评选活动，评选出了十佳和优秀知识产权律师各 10 名，十佳和优秀房地产律师各 10 名，对于引导北京律师队伍的专业化发展起到了积极的促进作用。

2012 年 6 月，市司法局和市律师协会共同开展了"北京市律师行业创先争优先进集体、先进个人"评选活动，并举办了"北京市律师行业创先争优活动颁奖典礼"。50 个集体、100 名个人和 11 家区县律师协会分别被评为北京市律师行业创先争优活动先进集体、先进个人和优秀组织。

（四）号召全市律师向马兰律师学习

2012 年 10 月，北京市律师协会印发了《关于开展向马兰律师学习活动的决定》，号召全市律师向马兰律师学习。马兰律师是高通律师事务所执业律师，因在"1＋1"法律援助行动中工作表现突出，荣获"'1＋1'中国法律援助志愿者行动优秀律师"、"2011 年度'1＋1'行动先进个人"、"十大优秀中国法律援助志愿者"、"北京市律师行业创先争优活动先进个人"等荣誉称号。

（五）举行首都律师先进事迹宣讲会

2013 年 2 月，北京市司法局和北京市律师协会联合举行了首都律师先进事迹宣讲会。副市长张延昆到会并讲话，市委政法委副书记刘大为，市司法局党委副书记、副局长郑振远出席会议。会上，北京市律师协会对蒲凌尘、马兰、李海珠、朱振武、王芳等 5 位律师进行了通报表扬。五位律师作为首都律师的优秀代表，他们在各自的工作岗位上兢兢业业、恪守职责，在各自的法律服务领域做出了突出成绩。

（六）众多律师获表彰

2013 年 1 月，司法部通报表彰了全国化解社会矛盾、维护和谐稳定成绩突出的 100 个律师事务所和 200 名律师。其中，北京市有 8 个律师事务所和 20 名律师受到表彰。2013 年 3 月 20 日，15 名北京律师被北京市劳动争议调处工作领导小组办公室评为"优秀劳动争议调解员"。2013 年，100 名在"法律服务村居行"活动中表现突出的优秀公益律师受到了北京市司法局的表彰。

2012年1月，北京市律协青年律师工作委员会对在"阳光同学汇"活动中表现突出的优秀志愿者及各期班的班主任进行了表彰。张学兵会长、白涛副会长、刘军副秘书长给授课律师颁发了阳光导师牌。

五 青年律师的培养和成长受到行业关注和重视

青年律师是律师队伍的生力军，代表了律师业的希望。截至2010年10月22日，北京市青年律师总数为12838人，占律师总数的56%。在青年律师中，25岁以下33人；26~30岁3642人，占28%；31~35岁4771人，占37%；36~40岁4392人，占34%。在年龄结构方面，中青年是律师队伍的主力，31~40岁的比例最高，为47.34%，20~30岁的律师占19.65%。①

北京市律师协会长期以来关注和重视青年律师的培养和成长。2007年，北京律协组建了青年律师联谊会，联谊会的工作重点是开展青年律师生存和发展现状调研，组织对青年律师的业务培训。2009年，北京律协启动了"北京青年律师阳光成长计划"，通过实施专项培训、专题交流、境外学习等有效途径，不断加大扶持青年律师的力度，加强对青年律师的业务指引与执业指引，帮助青年律师解决生存与发展问题。2010年4月12日，《北京市律师协会会费管理办法》公布实施。根据该管理办法，新入行律师首年免会费，次年会费减半。区县律师协会成立后，有条件的区县律师协会成立了青年律师工作委员会，没有成立青年律师工作委员会的区县律师协会也有专人负责青年律师的工作。

2011~2012年，北京市、区（县）律师协会继续关注和重视北京青年律师的成长。

（一）组织"Lawyers Wednesday"青年律师主题沙龙活动，丰富青年团员律师的精神生活

"Lawyers Wednesday"是2011年北京律协青年律师工作委员会和共青团

---

① 具体数据可参见杜福海《律师事务所非诉业务发展势头迅猛》，《法制日报》2008年9月14日。

北京律协工作委员会组织的周三青年律师主题沙龙活动，深受青年律师欢迎。

2011 年举办了多期"Lawyers Wednesday"沙龙，包括"Lawyers Wednesday——阳光五四·北京青年律师汇"、"Lawyers Wednesday——法律文书写作沙龙"、"Lawyers Wednesday——社交媒体与青年律师新浪微博沙龙"等，各区县律师协会青年律师工作委员会组织辖区内的青年律师积极参与，这些活动不仅丰富了青年团员律师的精神生活、增加了团组织的凝聚力，更展现了首都青年律师朝气蓬勃、昂扬向上的青春风貌。

（二）"青年律师阳光成长计划"提升青年律师素质

2011~2012 年度，"青年律师阳光成长计划"培训班在继续沿用前几期培训的成功经验和模式，保持以往灵活多样的授课方式的基础上，放宽了报名条件，扩大了培训面。课程设置由青年律师工作委员会精心安排，授课导师全部为业界资深律师，理论和实务经验丰富，课程内容深具实务代表性，在内容上进一步贴近青年律师需要，对青年律师今后的执业将起到积极的指导作用，受到了北京青年律师的广泛欢迎。

（三）组织青年律师开展公益活动，展现北京青年律师们的专业素质和精神风貌

2011 年 4 月，北京市律师协会开展了"了解律师，走近律师——北京市律师协会开放日"活动。六名英姿飒爽的青年团员律师参加了此次开放日活动。青年律师们顶着烈日，不辞辛苦地为前来咨询的群众认真解答他们关心的法律问题并向群众发放宣传材料。青年团员律师们认真、专业、热情的解答充分展现出北京青年律师们的专业素质和精神风貌，赢得了在场领导嘉宾以及群众的一致认可。

（四）加强调研工作，与青年律师代表面对面沟通、交流

为深入了解中小律师事务所的发展需求及开辟青年律师的培养路径，2011 年 7 月，北京市律师协会会长张学兵、副会长周塞军一行 6 人赴朝阳区律师协会，与来自朝阳区 12 家律师事务所的青年律师代表进行了面对面的

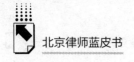

北京律师蓝皮书

沟通和交流。

2012年2月7日上午，共青团北京市朝阳区委书记王洪涛、副书记金华民等赴朝阳区律师协会调研团组织建设工作。

（五）区县律师协会为青年律师成长创造条件

2011年，为了进一步培养和提高青年执业律师的综合素质和能力，凝聚青年律师力量，展现新时代青年执业律师的风采，使其快速成长，发挥他们在促进经济社会发展、维护社会稳定中的积极作用，昌平区律师协会成立了"北京市昌平区律师协会团支部"。

2011年10月，为全面落实市司法局关于在律师队伍中开展执业纪律和组织观念专项教育活动的安排，不断增强青年律师的纪律意识和组织观念，西城区律师协会举办了为期两天的"青年律师执业纪律培训"。此次培训的目的是在全区青年律师中率先开展执业纪律和组织观念专项教育活动，进一步规范会员执业行为，保障会员的合法权益，关心青年律师成长，弘扬西城律师精神。西城律协青年律师工作委员会秉持"授之以鱼，不如授之以渔"的培训理念开设的"青年律师集训营"培训活动，引导青年律师发现自我、融入团队、释放热情、发掘潜能，旨在关注青年律师成长、关心青年律师生活，加强本区青年律师之间的相互交流和学习，指导青年律师提升执业综合能力。

（六）第九届北京市律师协会青年律师工作委员会继往开来

2012年7月5日，第九届北京市律师协会青年律师工作委员会第一次全体会议在市律协召开。会上，董刚主任对第八届青工委的工作进行了详细的总结，特别是对阳光小班、沙龙活动、公益律师团培训工作向大家做了介绍，他要求新一届青工委成员充分吸收上一届青工委的工作经验，群策群力，以新的视角、新的思路继续为青年律师服务，让青年律师真真切切地感受和享受到律师协会对他们的扶持和帮助。刘军副秘书长也对新一届的青工委提出了工作要求：一是最大限度关注青年律师的需求，努力工作，为青年律师服务；二是胸怀公益心，全身心投入工作中；三是青工委必须与其他工作委员会做好对接，共同开展好各项活动。周塞军副会长对第八届青工委的工作给予了充分的肯定，对于新一届青工委的工作，周塞军副会长要求市律协青工委与各区县青工委多方面沟通、大面积联动，让青工委真正变成"青年律师之家"，最大限度地为青年律师服务；青工委的所有工作都要以"提高青年律师业务能力及水平"为中心，关注和关心律师行业的发展和未来，通过组织活动培养出一支优秀的青年律师队伍，为整个律师行业的发展贡献自己的最大力量。

六　北京市律师协会积极推动中小所创新发展

自第七届北京市律师代表大会以来，历届北京市律师协会都关心和支持中小律师事务所的发展，都在探索中小律师事务所的规范管理、推动中小律师事务所的创新发展方面，做了大量卓有成效的工作。

（一）第七届律师协会关注中小所的问题

2007 年，面对律师行业的现实情况，北京市律师协会开始关注中小律师事务所的发展，协会恢复组建了律师行业发展研究委员会，在广泛征求意见的基础上，选定了行业关注度较为集中的五个课题作为律师行业发展研究委员会的首批调研课题，其中就包括北京中小律师事务所发展问题研究。

（二）第八届律师协会重视中小所发展

1. 选举小组的划分强调中小所的利益

2009 年，北京市律师协会进行了换届选举，第八届北京市律师代表大会代表选举办法在选举小组划分上强调了中小所的利益。据统计，第八届律协228 名代表中，中小所律师代表 177 名，占代表总数的 77.6%，其中个人所律师代表 5 名。[①] 北京市司法局局长吴玉华在第八届北京市律师代表大会第一次

---

① 高凌燕：《走在成熟的路上——北京市律师协会换届选举纪实》，北京市律师协会网站，http://www.beijinglawyers.org.cn/cac/578.htm，2013 年 1 月 14 日最后访问。

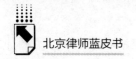

会议开幕式上的讲话中讲道：一部分律师事务所，尤其是中小规模律师事务所面临着业务少、生存能力脆弱的问题，希望新一届律师协会努力解决年轻律师、老律师、郊区律师和中小规模律师事务所的生存问题。律师、律师管理部门都意识到中小律师事务所的发展是与律师行业发展紧密联系、亟待解决的问题。

2. 探索中小所党建工作

2009年9月，全市各律师事务所党支部在区县司法局的组织领导下，集中开展了"五好"党支部的创建活动。

根据市司法局的工作部署，2010年3月9日，律师行业"五好"党支部评选活动正式启动。在这项活动中，市律协党委重点开展了以下三个方面的工作：一是发挥各类典型的示范、带动和辐射作用，全面推进律师行业党的建设；二是大力加强对律师行业的正面宣传，为律师事业的发展营造良好的社会和舆论氛围；三是重点研究和探索中小律师事务所党组织职能作用的发挥，借鉴吸收规模较大的律师事务所较为成熟的党建成果，逐步形成适合中小规模律师事务所党建工作的模式和做法。

2011年8月，市律师业余党校举办了主题为"联合支部建设与中小律师事务所发展"的培训课程，来自全市五个区的14位律师联合党支部书记参加了培训。

3. 市司法局、市律师协会领导调研、走访中小所

2010年2月，北京市司法局副局长、市律师协会党委书记董春江在西城区司法局局长徐闻、北京市律师协会副秘书长刘军的陪同下，到北京市英岛律师事务所进行走访慰问，重点听取了有关中小律师事务所可持续发展及律师事务所党支部作用发挥情况的汇报。董春江指出，中小律师事务所是律师行业的主体，关注中小所的发展、研究中小所党组织职能作用的发挥，对于推动律师行业的科学发展、加强律师行业党的建设具有重要意义。董春江还提出，要借鉴吸收规模较大的律师事务所经过实践而形成的较为成熟的党建成果，逐步探索适合中小规模律师事务所党建工作的模式和做法，结合律师业务实际，把党建工作做实做细，进一步提升基层党组织的凝聚力和战斗力，带领广大律师特别是党员律师主动投入和参与社会建设的各个领域，为服务"三保"、满足社会日益增长的法律需求切实发挥出积极的作用。

2010 年 4 月，北京市司法局副局级领导李公田、北京市律师协会副会长张小炜前往大嘉、君本、华城和天兆雨田等律师事务所，向患有重病或因病死亡的律师家属发放互助金。李公田同志还就中小律师事务所的发展现状、劳动合同签订及保险规定的落实情况、律师权益保障等方面的问题进行了调研。

2011 年 7 月，北京市律师协会会长张学兵、副会长周塞军一行六人赴朝阳区律师协会，与来自朝阳区 12 家律师事务所的青年律师代表进行了面对面的沟通和交流，了解中小律师事务所的发展需求及青年律师的培养路径。张学兵指出，不同规模的律师事务所都各有特色，应当把精品所作为我们的办所目标，中小律师事务所要逐步向专业化方向发展，要有规划、有导向、有目标，要强化内部管理，以管理促业务、以管理促效益，市律协将在中小所规范化管理、业务拓展、专业化分工以及信息交流等方面搭建更多的平台。

4. 搭建平台，研讨、交流中小所的管理经验

（1）律师事务所管理人沙龙召开

随着律师业的迅猛发展，如何加强规范化管理已经成为北京 1400 余家律师事务所共同面对的问题。鉴于当前律师事务所发展极不平衡，且相互之间沟通渠道有限，为满足广大中小所和新建所在交流管理经验、沟通发展信息等方面的需求，2010 年 7 月，北京市律师协会举办了首期律师事务所管理人沙龙活动，就律所管理中大家关心的共性问题，以轻松平等的方式互相交流、取长补短，帮助中小所和新建所提高管理水平，更好地满足社会法律服务需求。

（2）举办"律师事务所规范化管理"研讨会

2011 年 11 月，市律师协会举办了"律师事务所规范化管理"研讨会，旨在通过对一些律师事务所违规行为的分析和研讨，总结和归纳律师事务所在管理中存在的带有普遍性的问题，并探讨解决问题的方法，帮助律师事务所提高管理水平。会上，北京市司法局行业监管处副处长柴磊认为，本次研讨会作为全市律师执业纪律和组织观念专项教育活动的一项具体举措，满足了广大中小律师事务所对于规范内部管理工作的需求，为大家搭建了共同交流和探讨律师事务所管理问题的平台。

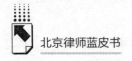

（三）第九届律师协会推动中小律师事务所创新发展

市律协自换届以来，一直把研究如何创新思路、开拓律师业务领域，尤其是广大中小型律所的发展问题作为一项重点工作。

1. 成立律师事务所管理指导委员会

2012 年 7 月，第九届北京市律协律师事务所管理指导委员会成立大会召开，市司法局律师行业综合指导处副处长栾淼淼到会祝贺，希望第九届律所管理指导委员会在历届工作积累的基础上，结合新时期全市律师事务所的实际情况，特别是中小所的发展，积极开展有针对性的调研与考察，建立健全律师事务所管理指导的规范体系，为全市律师行业均衡发展做出应有的贡献。市律协副会长庞正中对新一届律所管理指导委员会的工作提出了八点意见，其中强调"重点在中小所，重心立于指引"。

2. 加强中小所的调研工作

2012 年 6 月，市律协副会长庞正中带队赴西城和石景山，听取了西城区律协和石景山区律协对市律协工作的意见和建议，并就中小律所的发展方向、律师事务所质量风险控制及信息化管理等问题与西城区律协进行了热烈的探讨。

3. "赢在管理 胜在专业——中小律师事务所创新发展研讨会"召开

2012 年 9 月，为帮助广大中小所进一步明确发展方向、强化内部管理、提升服务能力，在激烈的市场竞争中立有一席之地，由北京市司法局、北京市律师协会共同举办的"赢在管理 胜在专业——中小律师事务所创新发展研讨会"举行。司法部律公司副巡视员丘征，中华全国律师协会副秘书长李海伟，北京市司法局局长于泓源、副局长李公田，北京市律师协会副会长王隽、庞正中以及来自东城、西城、朝阳、海淀、丰台律师协会的会长、主管副会长，部分中小规模律师事务所主任及代表等百余人参加了研讨会。此次研讨会以"赢在管理 胜在专业"为主题，对首都中小规模律师事务所专业化、精品化、品牌化的不同发展模式及成功经验进行总结、提炼与升华，引导广大中小规模律师事务所创新工作思路、强化内部管理、提升服务技能，根据法律市场的导向及法律服务多元化需求选择适合自身特色的发展道路，促进整个律师行业持续稳定健康发展。会议分别从社会管理创新、专业所主任的角色、委托人眼中的中小所发展、专业化精品所探索、税务律师发展新方向、中小所的专业化建设与合作等方面进行了主题研讨。会议促进了北京律师行业关于中小所发展的交流与探讨，为中小所发展提供了更开阔的视野、更清晰的思路、更明确的方向和更多元的选择，在行业内引起了强烈反响和普遍好评。

（四）事件评析

律师事务所是律师的执业机构，是律师管理的基本单元，律师事务所发展的稳定性、科学性和可持续性对整个律师行业的建设与发展具有重要而基础的作用。

现实中，绝大多数律所，特别是以提供基础法律服务为主营业务的中小律所存在无法形成有组织地开拓并获取案源、有组织地办理业务的真正紧密型配合的实体，不能实现分工协作、利益共享，而散兵游勇式、单兵作战式的作业模式，已经越来越难以满足法律服务市场的日新月异的精细化需求。[1] 北京市律师协会积极规范和加强中小律师事务所的管理、提高中小所法律服务的专业化水平、引导中小所提高专业化程度，这对于提升整个北京市律师事务所的管理服务水平具有十分重要的意义。

七　市律师协会支持和引导律师拓展跨境法律服务

（一）组织开展国别法律风险研究

由北京市律师协会组织，分别由北京市大成律师事务所杨贵生律师等负责编撰《东盟国家投资流程及国别法律风险评估报告》、中国政法大学俄罗斯研究中心王志华教授等编撰《中亚国家投资流程及国别法律风险评估报告》及共和律师事务所何军律师主持编撰《南美洲国别法律风险与投资流程专题研究报告》所组成的国别法律风险研究成果，结合中国的经济发展和资源利用

---

[1] 李海珠：《让我们为年轻律师共同撑起一片天空》，北京市律师协会网站，http://www.beijinglawyers.org.cn/cac/551.htm，2013 年 1 月 14 日最后访问。

情况，为我国引导政府企业走出去提供切实的指导，顺应了国内企业对外投资的态势。支持和引导中国律师事务所运用专业知识与自身优势，积极参与中国企业跨境业务，延伸中国律师事务所的执业领域和地域，扩大中国律师事务所在国际行业分工中的份额。此项工作有着服务中国企业业务发展、促进产业结构升级转型，以及提高民族律师产业竞争力的社会意义。

（二）开办国际法律业务高级研修班

为了培养从事国际业务的优秀律师，提升北京律师的国际竞争力，协会开办了国际法律业务高级研修班。50 余名北京律师参加了第一期研修班。研修班设置了国际投资保护协定（BITS）、《国际商事合同守则》、WTO 法律框架及争端解决、国际商事仲裁及法律英语写作等课程，邀请在国际法律业务相关领域方面的著名专家、学者和国际律师事务所的合伙人律师担任授课老师。

（三）与境外法学高校联合推出律师培训项目

北京市律师协会与美国芝加哥肯特法学院、美国明尼苏达大学蒙代尔法学院等境外法学院校加强合作，着力培养涉外高端业务律师人才。

八　北京市第九次律师代表大会召开

（一）北京市第九次律师代表大会代表选举

2012 年 4 月，第八届北京市律师协会理事会任期届满，根据八届北京律协理事会第十六次会议审议通过的《北京市第九次律师代表大会代表选举办法》，市律师协会下发了代表选举工作的通知。北京市第九次律师代表大会律师代表设定名额为 241 名，其中专职律师和兼职律师代表 237 名，公司和公职律师代表 4 名。各区县律师协会和律师工作联席会在本区/县司法局的监督指导下成立代表选举工作委员会，制定本区/县代表选举工作的具体实施方案，负责本区/县的市律师协会代表选举的相关工作。代表选举采用无记名投票方式，实行差额选举。成立律师协会的区/县通过召开律师代表大会，未成立律师协会的区/县通过召开律师大会，选举产生了北京市第九次律师代表大会代表。

（二）北京市第九次律师代表大会召开

2012 年 4 月 26 日至 28 日，北京市第九次律师代表大会召开。北京市委副书记、市政协主席、市委政法委书记王安顺，司法部副部长张苏军，北京市副市长刘敬民，司法部律师公证工作指导司司长杜春，中华全国律师协会会长王俊峰，北京市政府副秘书长周正宇，北京市司法局党委书记、局长于泓源等出席大会。市委统战部、市委社会工委、市公安局、市人民检察院、市高级人民法院、市民政局等单位的领导应邀出席会议。出席大会的还有市司法局副局长李公田、纪委书记邓建生、政治部主任郑寅以及历届市律师协会的老领导。

张苏军副部长在会上充分肯定了北京市的律师工作。他指出，近年来，首都律师紧紧围绕深入推进三项重点工作，认真贯彻落实中办 30 号文件精神，按照抓党建、促业务的总体要求，积极创新律师管理与服务，在律师党建、律师管理与服务等方面初步形成了具有首都特色的律师管理模式，有力地促进了首都律师行业的持续健康发展，在律师数量、队伍素质、律所建设、整体服务水平等方面，都走在了全国的前列。全市广大律师坚持围绕中心服务大局充分发挥职能作用，为服务经济社会发展、保障人民群众合法权益、维护社会公平正义、促进社会和谐稳定做出了积极贡献，彰显了律师工作重要的地位和作用，赢得了各级党委政府和广大人民群众的充分肯定。对于北京律师今后的工作，张苏军提出了五点意见：第一，要始终坚持律师工作正确的政治方向，忠诚履行中国特色社会主义法律工作者的神圣使命；第二，要把律师事业始终同党和人民的事业紧密结合，努力实现法律效果与政治效果、社会效果的有机统一；第三，要进一步发挥律师工作的职能作用，努力为经济社会又好又快发展提供优质法律服务；第四，要坚持不懈地加强律师队伍建设和律师行业党的建设，努力建设一支高素质的律师队伍；第五，要大力加强律师协会自身建设，不断强化律师协会的行业自律职能。

王安顺也对北京的律师工作表示了肯定。王安顺指出，近年来，在党中央、国务院和市委、市政府的正确领导下，首都律师工作坚持以邓小平理论和

"三个代表"重要思想为指导，深入贯彻落实科学发展观，围绕中心、服务大局，锐意进取、开拓创新，律师队伍不断壮大，行业党建全面加强，业务领域不断拓展，整体素质明显提升，职能作用日益凸显，在服务经济社会发展、维护群众合法权益、确保法律正确实施、捍卫社会公平正义、促进社会和谐稳定等方面做出了积极贡献，取得了显著成绩。王安顺要求，全市广大律师要始终坚持中国特色社会主义法律工作者的政治定位，积极发挥服务首都发展的重要作用，努力成为促进社会和谐的重要力量，主动担负维护社会公平正义的重要责任。王安顺希望新一届北京市律协领导班子团结带领广大律师锐意进取、开拓创新、扎实工作，不断开创首都律师工作新局面，为建设中国特色的世界级城市、建设"人文北京、科技北京、绿色北京"、建设安全稳定有序的首善之区做出新的更大的贡献。

大会审议通过了《第八届北京市律师协会理事会工作报告》、《第八届北京市律师协会监事会工作报告》和《第八届北京市律师协会会费收支情况报告》，表彰了"2009~2011年度北京市优秀律师事务所和北京市优秀律师"，并由全体律师代表投票选举产生了第九届北京市律师协会理事会和监事会。张学兵律师当选第九届北京市律师协会会长，张卫华律师当选第九届北京市律师协会监事长。市九届律协理事会聘任高鹏为秘书长。

九 市、区（县）两级律师协会加强分工合作，两级架构逐步完善

依据2009年10月16日北京市司法局《关于印发〈关于建立区县律师协会进一步完善我市律师管理和服务体制的工作意见〉的通知》（京司发〔2009〕323号），北京市成立了东城、西城、海淀、朝阳、丰台、石景山、通州、顺义、房山、大兴、昌平11家区县律师协会。2011年，北京市司法局制定了《关于加强区县律师协会建设的若干意见》（京司发〔2011〕148号），明确了区县律师协会的职能定位、机构设置、运行机制、党的建设等内容，强调"加强区县律师协会建设的工作目标是：通过建立市、区县的律师协会及其党组织，完善行业管理体制和工作机制，推进行业管理各司其职、优势互

补、形成合力，管理工作与党建工作有机结合、相互依托、相互促进，不断强化律师行业的整体性和统一性，进一步加强和改进律师管理和服务工作"，使"两结合"管理体制在区县层面落到实处。

各区县律师协会成立以来，通过市、区（县）两级协会及全体会员的共同努力，区县律协各项工作成绩显著，取得了积极的社会效果。由于没有先例可遵循，市、区（县）两级协会在探索中，紧紧围绕市、区（县）司法局和市律师协会的行业整体工作部署，相应开展各项工作。截至目前，各区县律协已经完成基础建设，初步建立起有效的工作机制和工作网络，各项具体工作有序展开。①

十　全国首家律师党校——北京市律师业余党校成立

2011 年 5 月 13 日，北京市律师业余党校成立。这是我国律师行业首个以思想政治教育培训为主要任务的培训机构，其宗旨是提升北京律师的思想政治素养，确保律师成为中国特色社会主义法律工作者。

（一）事件回顾

2011 年 5 月 13 日，北京市律师业余党校成立暨揭牌仪式在北京市律师协会隆重举行，这标志着北京律师行业党员教育培训工作迈上了制度化、规范化发展之路。北京市律师业余党校是全国律师行业成立的首个以政治思想教育工作为主要任务的培训机构。司法部律公司司长杜春，市政法委副书记李万钧，市委社会工委副主任陈建领，市委政法委组织处处长马可容，市委社会工委党建工作处处长赵济贵，市司法局党委书记、局长于泓源，市司法局纪委书记邓建生，市司法局政治部主任史立森，市司法局副局级领导李公田等领导出席并讲话，区县司法局主管领导、市区两级律师协会党组织代表及党校首批学员百余人等应邀出席了揭牌仪式。揭牌仪式后，业余党校第一

---

①　关于北京市两级律师协会行业自律实践的具体情况，请参见本书分报告《北京市两级律师协会的行业自律实践》。

期培训班开课，来自全市 40 家律师事务所的党支部书记参加了培训。北京市律师协会会长、市律师协会党委副书记张学兵主持了题为"党建促所建，创新谋发展——律师事务所管理若干问题的研究"的讲座。党课选择了《做最好的党员》、《北京律协党建巡礼》及《卓有成效的管理者》等管理类书籍作为课程教材。

北京市律师业余党校自成立以来，积极组织开展培训、调研等活动，受到了律师的广泛好评。

（二）事件评述

1. 律师业余党校是提高律师的思想政治觉悟的重要途径

我国律师是社会主义法律工作者，共产党员律师应当成为律师队伍中的中坚力量，必须拥护党的领导，遵守党的章程，履行党员义务，执行党的决定。律师业余党校把提高广大律师党员的党性修养为己任，使得党员律师和广大非党员律师可以通过党校拓宽视野和加强交流，各区县律师协会党组织可以通过党校培育骨干和锻炼队伍，切实通过党校培养，不断增强广大律师做中国特色社会主义法律工作者的政治信念，使广大律师自觉践行社会主义法治理念，维护当事人的合法权益，维护法律的正确实施，维护社会公平正义，为城市建设和首都经济社会发展、促进社会和谐稳定做出新的更大的贡献。

2. 律师业余党校为激发党组织和党员的活力提供了平台

律师业余党校现阶段的主要任务是组织开展律师事务所党支部书记年度培训、指导全市律师党员培训，通过开展形式多样的培训座谈会、调研等，把党组织和党员的积极性充分调动起来，开展丰富多样的活动，自觉提升思想政治素养，坚定做中国特色社会主义法律工作者的政治信念，自觉践行社会主义法治理念。

3. 律师业余党校能够实现把党的建设与律师个人的发展、律师事务所的发展、律师行业的发展紧密结合

律师作为中国特色社会主义法律工作者，不仅需要具备过硬的业务能力，同时需要具备坚定的政治立场和信念。律师事务所加强党的建设，发挥党员律师的先锋模范带头作用，积极服务社会公益事业，发挥律师深入基层化解矛盾纠纷的积极作用，以党建带动律师队伍的建设，推动律师行业的发展。律师业余党校以提升广大律师的党员党性修养、加强学习交流、提升业务和服务能力为己任，努力将自身打造成为促进律师个人发展、促进律师事务所发展、促进律师行业发展的基地。

分 报 告

B.3
北京律师事务所的人员规模状况

周 琰*

摘 要:

近年来,从执业律师人数多少来看,北京律师机构大型律所数量有所增加,但是律师机构的平均规模显著下降,由此出现了"大的更大,小的更小"的变化趋势。其具体特点是:一方面,一些律所坚持将机构做大做强,使得大型律所数量增加;另一方面,更多的律所维持了"船小好掉头"的小规模策略。大型律所通过强强联合、大量引进人才、设立国内分所、海外扩张等方式扩大规模。通过规模扩张,大型律所在一定程度上增强了高端业务的竞争能力,降低了律所运营成本,同时加强了律所品牌的宣传和推广。但是,规模扩大后,也带来了如何有效地整合和管理、如何保证服务质量、如何健全风险控制机制问题。相对而言,小型律所具有运营成本较低、律师间关系相对紧密、利益冲突的审查方便迅速、决策和议事机制灵活等优势。但是,当前的小型所也存在管理方式和手段

---

* 周琰,司法部司法研究所副研究员,法学博士。

简单落后、缺乏分工和合作优势、凝聚力和团队精神不足、发展战略不够清晰、执业风险防范能力薄弱等不足。此外，在当前的法律服务市场中，小型所普遍存在业务量少、资金和资源较少等生存压力。总体而言，不同规模的律所各有不同的优势和不足，所以可以肯定，各种规模的律所将长期共存。然而，未来北京法律服务需求的变化以及北京律师行业特有的定位，将促进北京律师行业产生更多的大型律所。

关键词：

　　律所规模　大型律所　小型律所

一　律师执业机构规模化的指标意义

律师执业机构的规模是衡量律师行业发展的一项重要指标。根据《律师法》的规定，在我国当前，律师的执业机构就是律师事务所，简称律所。而律所的组织规模，体现在多个方面，包括执业律师的人数、行政助理的人数、分支机构的数量、资金和设备的数量等。有律师提出，应参考企业五级划分的方法，将律师事务所更为详细地分为大型所、大中型所、中型所、中小型所、小型所。然而，在国际上，中小企业的划分并没有统一的标准。有的以企业的产值或者销售收入划分，有的以企业的人数划分。而且，不同发展程度的国家，对于中小企业的定义也有所不同。[①] 在这些参数中，对于律师机构组织规模的衡量来说，执业律师的数量是最重要的标准。这是因为，律师机构开展业务，主要依靠律师个人掌握的技能提供法律服务，而其他的条件，比如资金、设备、办公场所等，都是辅助性的。在各类人员中，只有执业律师具有资格和技能提供法律服务，其他人员也只是辅助性质的。因此，衡量律师机构组织规模最重要的法律指标，应是执业律师的数量。《亚洲法律事务》以及《美国律师杂志》等权威法律评论杂志，在每年的亚洲及全球律师事务所排名中均采用了职业律师人数来衡量律所的规模。

---

① 　陈宜：《我国中小型律师事务所发展初探——以北京地区律师事务所为蓝本》，《中国司法》2009 年第 11、12 期。

律所规模的大或小，各有利弊。但是从总体上看，律所规模扩大，优势更多：一是有利于塑造律所机构的品牌，律所可以以机构的品牌而不是律师个人的声誉获得案源；二是有条件在律师之间进行专业分工，而分工可以促进知识积累和技能钻研，形成各类高水平的专业律师；三是在专业化的基础上，律师之间的组合，可以整合各种知识，进行团队作战，从而更胜任大型的、复杂的业务；四是可以将多数律师从营销、应酬事务中解脱出来，专心于业务工作；五是律所提供的案源有利于青年律师的成长，克服他们执业初期的竞争劣势。律师规模扩大带来的问题则是，如何对专长、技能有所不同的律师进行整合，以及如何平衡能力超强的律师和律师机构之间的收益分配关系等。

从西方国家尤其是美国律师发展的经验来看，律师行业发展的一个重要趋势，就是大型律师机构的出现和增多，以满足法律服务做强、做大、做专的要求，满足高端法律服务和事务。而之所以出现这样的要求，是因为现代社会出现了越来越多的大型的、复杂的律师业务，这些业务部分是诉讼业务，但是更多的，是一些非诉讼法律事务，比如公司、金融、证券、知识产权等方面的业务。在很大程度上，律所规模扩张，大都是希望获得在非诉讼法律事务方面的竞争优势。从实际情况来看，目前国内规模排名靠前的律所，大多数是以非诉讼法律事务为主营业务。相反，对于以传统的诉讼案件为主营业务的律所，规模化经营的优点并不突出，这也是目前仍然有大量的律所维持在 10 人以下的原因。

由此观之，律师机构规模化程度的指标意义在于，一方面，反映了社会中企业的改制、上市、收购、兼并以及金融、证券、知识产权等需要专业团队合作完成的高端法律业务的需求状况，这种需求状况又折射了社会经济发展的规模和层次；另一方面，则反映了律师机构组织形式的发展在这类高端业务领域的竞争优势。同样的经济发展水平，一个地区如果发展出一批组织规模大、专业化程度高的律所，那么该地区的律师机构就在这类业务中具有竞争优势，这既可以在国内不同地区律师机构的竞争中获得优势，也是在国际竞争中保持优势所必需的。

我国自十四大确立社会主义市场经济的改革和发展目标以来，非诉讼法律事务需求日益增长，一些以非诉讼法律事务为主营业务的律师机构，开始有意识地扩大组织规模，尝试专业化的团队作战。自2001年以来，我国逐步融入世界经济体系，由此产生的变化是，一方面，非诉讼法律事务更加复杂和高端；另一方面，在一定程度上，律师业务的开展，面临着国际同行的竞争压力。鉴于这些变化，为了提高办理非诉讼法律事务的能力，迎接法律服务市场逐步开放带来的挑战，律师机构加速了规模化的扩展，一大批大型律师机构出现。在一定程度上我们可以说，出现了律师机构规模化的运动。当然，这种运动是在律师行业相对分化的情况下进行的，一大批以传统的诉讼案件为主营业务的律师机构，依然保持着"船小好掉头"的较小规模。尤其是2008年新律师法实施后，个人所的发展势头迅猛。新《律师法》第16条规定："设立个人律师事务所，除应当符合本法第十四条规定的条件外，设立人还应当是具有五年以上执业经历的律师。设立人对律师事务所的债务承担无限责任。"该条款的设立，从国内来看，为个人律师事务所的发展提供了法律依据，从而改变了合伙制律师事务所一统天下的局面；从全球来看，允许个人开办律师事务所也是一种与国际接轨的做法而值得肯定。据统计，新《律师法》颁布前，全国70%以上的律师事务所为合伙所；而新《律师法》颁布后，个人律师事务所在全国普遍呈现突飞猛进、雨后春笋般的发展态势。除了制度上的变革外，法律服务市场的现实需求也为个人所的发展提供了土壤。在法律服务市场上，除了大公司的特别法律需求要求有一个法律服务团队以外，大部分的个人和小商业者只需要一个或两个律师提供法律服务就可以了。尤其是在中小城市、乡镇、农村、社区，往往不需要大型律师事务所的专业分工与合作，而只需要一个负责任的律师为其服务即可。实际上，这些个人、小公司在有法律服务需求时，也只是与个别律师联系，即使先找到律师事务所，也只会选择其中的某一个律师。相对于合伙制律师事务所而言，个人律师事务所具有的形式灵活、高效快捷、相对价廉等优势更能适应个人、小公司的需求。因此，法律服务市场的实际情况为个人律师事务所的产生提供了充分的土壤。另外，律师对其执业的自由的追求为个人所提供了丰富的人力资源。

在律师机构规模化发展的这一运动中，北京律师事务所始终处于潮头地位，具有显著的领先优势。北京律所具有强势的资源、高端的业务、国际化的市场等诸多优势，这使得其在规模化发展中保持着一枝独秀的领军地位，而且近年来优势逐步扩大。北京以规模化发展为战略的律师事务所面对全国法律服务市场的"攻城略地"已经初现端倪。北京律师业新一轮的"跑马圈地"运动也首先在沿海和经济发达地区展开，并有向中西部省会城市和经济发达地区蔓延之势，甚至有些北京律师和律师事务所已经把触角伸入长三角和珠三角腹地，在中小城市安营扎寨，向北京源源不断地输送业务。北京律所规模化发展的优势体现为：全国规模最大的数十家律师机构，绝大多数在北京；北京的大型、特大型律所全国最多，北京律师机构的组织规模在亚洲地区也具有领先优势，甚至有的律所在全球排名取得了突破性进展。但是，由于采取了控制律师队伍规模增长的措施，律师队伍增速逐年放缓，2012年北京律师机构的平均组织规模在全国的排名有所下降。

但是，在强调北京律所规模化发展占据领先地位时，也应看到，北京律所人员规模发展两极分化状况同样存在。96%的律所还属于50人以下的中小型所，而且30人以下的小所年增长仍旧非常迅速。相对于大型、特大型律所而言，中小型律师事务所更多地立足本地法律服务市场，向专业化的精品所或者向规模化的综合所发展，律师个人服务的专业化或专门化进一步得以加强。

二 律师事务所规模变动的国际比较

（一）国际大型律师事务所规模化的基本情况

表3-1是2012年9月28日发行的《美国律师杂志》2011年统计的全球律师事务所根据规模确定的前100名律所的排位。

表3-1 全球律所人员规模100强

排名	律师事务所名称	注册地	律师数（人）	设立分支机构的国家数（个）	注册国以外律师比例（%）
	全球100强：按人员规模排名				
1	Baker & McKenzie	Verein	3805	41	83
2	DLA Piper	Verein	3348	29	65
3	Jones Day	National(U.S.)	2502	16	28
4	Clifford Chance	International(U.K.)	2466	23	70

续表

排名	律师事务所名称	注册地	律师数（人）	设立分支机构的国家数(个)	注册国以外律师比例(%)
全球 100 强：按人员规模排名					
5	Hogan Lovells	Verein	2363	17	63
6	Linklaters	International(U. K.)	2134	19	63
7	Allen & Overy	International(U. K.)	2112	25	64
8	Garrigues	Madrid	2037	8	8
9	Freshfields Bruckhaus Deringer	International(U. K.)	2034	15	69
10	Latham & Watkins	National(U. S.)	1931	12	30
11	Skadden, Arps, Slate, Meagher & Flom	National(U. S.)	1859	13	16
12	White & Case	International(U. S.)	1814	24	65
13	K&L Gates	National(U. S.)	1763	11	16
14	Greenberg Traurig	National(U. S.)	1721	4	6
15	Mayer Brown	International(U. S.)	1645	9	44
16	Sidley Austin	National(U. S.)	1538	9	17
17	Norton Rose	Verein	1477	19	70
18	Reed Smith	National(U. S.)	1449	7	30
19	Kirkland & Ellis	National(U. S.)	1379	4	8
20	Morgan, Lewis & Bockius	National(U. S.)	1239	7	7
21	Eversheds	National(U. K.)	1213	7	10
22	Fidal	National(France)	1176	5	4
23	Weil, Gotshal & Manges	New York	1152	9	25
24	Cleary Gottlieb Steen & Hamilton	International(U. S.)	1127	9	46
25	Minter Ellison	National(Australia)	1061	4	17
26	Herbert Smith	International(U. K.)	1060	11	41
27	Dewey & LeBoeuf	New York	1045	15	34
28	Gibson, Dunn & Crutcher	National(U. S.)	1029	9	11
28	Morrison & Foerster	San Francisco	1029	5	22
30	Orrick, Herrington & Sutcliffe	National(U. S.)	1022	8	35
31	McDermott Will & Emery	National(U. S.)	970	5	11
32	Freehills	National(Australia)	955	4	2
33	Ropes & Gray	Boston	928	4	4
34	Holland & Knight	National(U. S.)	910	3	<1
34	Paul Hastings	National(U. S.)	910	8	22
36	Bryan Cave	National(U. S.)	908	7	8
37	Bingham McCutchen	National(U. S.)	901	5	7

续表

全球100强:按人员规模排名				
排名	律师事务所名称	注册地	律师数（人）	设立分支机构的国家数（个）	注册国以外律师比例（%）
38	Foley & Lardner	Milwaukee	895	4	< 1
39	Wilmer Cutler Pickering Hale and Dorr	National（U. S.）	890	5	12
40	McGuireWoods	Richmond	886	3	6
41	Cuatrecasas	Barcelona（Spain）	885	9	18
42	O'Melveny & Myers	Los Angeles	884	6	15
43	Pinsent Masons	National（U. K.）	882	3	9
44	Winston & Strawn	National（U. S.）	868	6	11
45	Hunton & Williams	National（U. S.）	855	5	8
46	Fulbright & Jaworski	Houston	843	6	8
47	Mallesons Stephen Jaques	National（Australia）	841	3	12
48	Bird & Bird	International（U. K.）	812	15	70
49	Simpson Thacher & Bartlett	New York	810	5	13
50	Allens Arthur Robinson	National（Australia）	802	8	11
51	Shearman & Sterling	International（U. S.）	796	12	46
52	Alston & Bird	Atlanta	794	1	0
53	King & Spalding	National（U. S.）	793	8	8
54	Ashurst	International（U. K.）	788	12	48
55	Squire,Sanders & Dempsey	National（U. S.）	785	15	30
56	Akin Gump Strauss Hauer & Feld	National（U. S.）	784	6	9
57	Lewis,Brisbois,Bisgaard & Smith	Los Angeles	781	1	0
57	Loyens & Loeff	Amsterdam	781	12	30
59	Borden Ladner Gervais	Toronto	775	1	0
60	CMS Cameron	London	764	8	38
61	Clayton Utz	Sydney	759	2	1
62	Dechert	National（U. S.）	756	9	24
63	Littler Mendelson	National（U. S.）	755	1	0
64	Wilson Elser Moskowitz Edelman & Dicker	National（U. S.）	754	1	0
65	Sullivan & Cromwell	New York	749	7	19
66	Beachcroft	National（U. K.）	744	3	3
67	Davis Polk & Wardwell	New York	742	6	13
68	Goodwin Procter	Boston	741	3	1
69	Salans	International（France）	730	17	84

续表

全球100强:按人员规模排名					
排名	律师事务所名称	注册地	律师数（人）	设立分支机构的国家数(个)	注册国以外律师比例(%)
70	Vinson & Elkins	Houston	714	6	11
71	Paul, Weiss, Rifkind, Wharton & Garrison	New York	709	4	6
72	Baker Botts	Houston	703	6	9
73	Seyfarth Shaw	National(U. S.)	702	2	<1
74	Covington & Burling	Washington, D. C.	698	4	10
75	Perkins Coie	Seattle	693	2	<1
76	Simmons & Simmons	International(U. K.)	686	17	48
77	Blake Dawson	National(Australia)	683	6	7
78	Fasken Martineau DuMoulin	National(Canada)	677	4	13
79	Debevoise & Plimpton	New York	674	6	25
80	Gide Loyrette	International(France)	666	15	47
81	Proskauer Rose	New York	663	5	7
82	Arnold & Porter	Washington, D. C.	650	3	7
82	Nixon Peabody	National(U. S.)	650	4	5
84	Baker & Hostetler	National(U. S.)	645	1	0
85	Duane Morris	National(U. S.)	629	4	2
86	Willkie Farr & Gallagher	New York	624	6	21
87	Pillsbury Winthrop Shaw Pittman	National(U. S.)	621	4	4
88	Troutman Sanders	Atlanta	615	2	4
89	Jackson Lewis	National(U. S.)	614	1	0
90	Clyde & Co	International(U. K.)	613	9	45
91	Cooley	Palo Alto	604	1	0
92	Drinker Biddle & Reath	Philadelphia	602	1	0
93	Sonnenschein Nath & Rosenthal	National(U. S.)	600	3	<1
94	Katten Muchin Rosenman	National(U. S.)	597	2	2
95	Addleshaw Goddard	National(U. K.)	594	1	0
95	Berwin Leighton Paisner	London	594	5	16
97	Wilson Sonsini Goodrich & Rosati	Palo Alto	588	2	1
98	Milbank, Tweed, Hadley & McCloy	New York	574	7	21
99	Howrey	National(U. S.)	572	8	20
100	McCarthy Tétrault	Toronto	571	2	2

根据 2012 年 10 月《美国律师杂志》的分析，近两年来，随着国际市场的动荡，律师事务所并购活动明显加剧，在一定程度上使全球 100 强快速变化。新兴的特大型律师事务所联盟逐渐成为市场的主导，这得益于越来越多的律所采用松散的组织结构，这种组织结构有利于律所的组合和运营。目前全球最大的律师事务所是美国的贝克·麦肯思国际律师事务所。贝克·麦肯思国际律师事务所是一家合伙制律师事务所，由两名美国年轻律师 Rus SellBaker 和 John McKenzie 于 1949 年在芝加哥创立。至 2012 年，贝克·麦肯思律师事务所已发展成为拥有 3805 名律师的全球最大的国际化律师事务所。该所不仅规模大，而且国际化程度很高：其律师来自 30 多个国家；在全球 65 家办事处中，有 41 家位于美国之外；83% 以上的律师是美国以外的外国公民。因为国际化程度高，该所被国际律师界誉为由不同国籍、来自不同文化背景的律师组成国际化律师事务所的成功范例。贝克·麦肯思国际律师事务所一贯坚持全球化战略，通过在全球设立诸多办事处和代表的形式，将设于各国的办事处融合成一个统一的全球律师网络。基于全球经济一体化进程加快，大公司尤其是跨国公司的跨区、跨国法律服务需求不断增加的现实，贝克·麦肯思律师事务所利用其国际化网络和拥有众多既熟悉英美法系的律师，又熟悉当地法律的律师的优势，采用"一站式"服务的商业模式，通过紧密配合和协作，为客户提供全程、全方位的法律服务。在律师业内，有批评意见认为，贝克·麦肯思事务所分布在全球各地的代表处实际上是独立运作的机构，实质上是"特许经营制"或"代表处合伙制"，各个代表处保留大部分收入，相对独立，这必然会导致服务质量下降。但是，贝克·麦肯思律师事务所自大规模推行国际化战略以来，截至 2012 年事务所总收入年增长 2%，并且现在已经连续三年高居律师事务所收入榜首位。由此看来，贝克·麦肯思律师事务所的国际化战略还是比较成功的。①

在全球 100 强中，国际联盟或者跨国律师事务所占有 18 个席位，而大部分分布在美国和欧洲。值得注意的是，2011 年下半年，北京金杜律师事务所与位列全球 100 强律师事务所第 75 位的澳大利亚万盛达成合并协议，后者的

---

① 赖勇：《大型律师事务所组织创新和竞争优势问题研究》，西南财经大学 2006 年硕士毕业论文。

办事机构统一以金杜命名。合并后的金杜，在最近的排名中已经跻身全球律所40强。

（二）国际大型律师事务所规模化扩张的几种主要形式

第一种是核心竞争力上的强强联合。受国际兼并和重组浪潮的影响，许多外国大型律师事务所都制定了面向 21 世纪的发展规划，其主要内容是以提供一流的全方位的专业法律服务为宗旨，以组建大型国际化律师事务所为目标，以提高核心竞争力为目的，实行国内的多所合并或者实行跨国间的多所合并。例如，英国的高伟绅律师事务所和美国、德国的 2 家律师事务所合并后，成为拥有 3000 多名律师的国际化一流大所，业务覆盖全球 100 多个国家，核心竞争力得到极大增强。

第二种是核心竞争力上的关联性合作。所谓关联性合作，是指律师事务所和法律服务以外的，但是与法律服务有关联的机构合作，借以提供系统的、综合的法律经济服务，并提高律师事务所的竞争力。例如，1987 年成立于德国慕尼黑的德国联合律师事务所，就是一家由律师、会计师、税务顾问组成的综合律师事务所，为德国最大的律师事务所之一，有律师及专业人员 1000 余名，其中有 170 名合伙人。为提高会计、管理咨询的业务质量，该所的合伙人与其他会计师、税务师组建了法合管理咨询有限公司，加入了 RSM 国际（由各个独立的会计事务公司组成的联合机构）网络，与 60 多个国家的会计师事务所建立了业务联系。

第三种是核心竞争力上的协作性合作。律师事务所在核心竞争领域规模扩大过程中，各类为事务所提供辅助和配套服务的机构也应不断地剥离，相应的辅助性或配套性服务可以通过契约性的协作，由外围的律师事务所提供，这就是所谓的协作性合作。这种合作体制缩小了事务所的内部边界，扩大了事务所的外部边界范围。这类似于西方企业界在 20 世纪 80 年代末开始迅速兴起的"业务外包"、"战略联盟"、"网络化"等经营模式。这种模式的兴起充分表明了企业外部边界范围的组织协调，并不依赖产权纽带和产权管理手段。这对大型律师事务所外边界范围的组织协调具有同样意义。

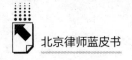

（三）国际大型律师事务所规模化扩张的趋势

律师事务所的规模化走公司化经营之路是西方国家 21 世纪的趋势，这种趋势值得我们思考和借鉴。德国传统的律师事务所和我国一样都比较小。在其开放之初，由于无法和英美律师事务所团队式的经营方式相抗衡，在办理金融、投资、证券和融资等国际业务方面一度陷入被动。后来，通过鼓励合并、强强联合，德国律师事务所在近十年内发展较快，情况已大为改观。法国也有类似的经历。美国、英国、澳大利亚等西方国家近几年来对律师责任采取有限责任制。律师及律师服务被视为一种市场资源，遵循市场配置资源的规律实行产业化经营，是律师事务所必然的发展方向。实现股份化，按照公司模式对律师事务所进行管理，有利于形成国际型律师事务所，实现规模化经营。西方国家的国际性律师事务所的专业化优势和综合实力已对我国国内律师拓展业务空间造成威胁，我国的法律服务政策应当及时调整，扭转这种被动局面。

三　北京律师事务所规模变动情况

（一）2012 年北京律师事务所数量继续增加

尽管显著多于国内其他省级地区，北京律师事务所数量在 2012 年仍然以较快的速度增长。如图 3 - 1 所示，北京 2012 年底的律师事务所数量为 1672 家，比 2011 年的 1609 家增加了 3.9%，延续着快速增长的势头。然而，从 2007 年来的数据看，增幅明显放缓且显示出逐年减缓的趋势。如图 3 - 2 所示，2009 年北京律师事务所数量增加了 17.7%，2010 年的年增长率下降为 9.7%，2011 年进一步下降为 8.3%，2012 年下降为 3.9%。

（二）北京律师事务所规模变动的基本情况

根据相关数据分析，2007 ~ 2012 年，北京律师事务所规模变动的总体情况有如下几个特点。

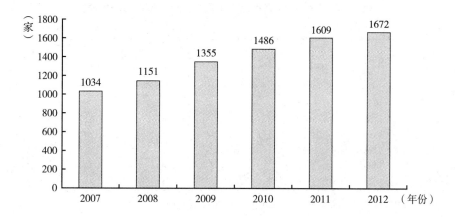

图 3 - 1　2007 年以来北京律师事务所数量变化

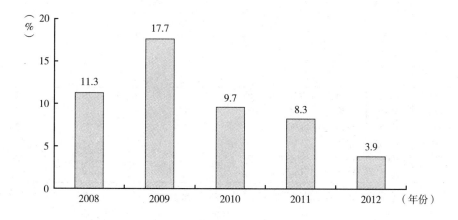

图 3 - 2　2008～2012 年北京律师事务所年增长率

第一，以执业律师人数为标准，30 人以下的小型律所增加 181 家；31～50 人的中型律所 6 年内增加了 8 家，递增幅度不大；51～100 人的大型律所 6 年内没有增加；101 人以上的特大型律所 6 年内增加了 23 家。30 人以下的小型律所增长数量最多（见表 3 - 2）。

第二，以组织形式为标准，合伙所年平均增长率为 10%。2011 年，合伙人为 3～10 人的合伙所占 92.5%，合伙人在 11～50 人的合伙所占 7%，合伙人超过 50 人的仅有 6 家（见表 3 - 3）。

表 3 - 2　2007～2012 年北京律师事务所规模变动总体情况

单位：家

年份	律师事务所总数	合伙所的规模(按照执业律师数量衡量)				个人开业所
		律师 30 人以下所	律师 31～50 人所	律师 51～100 人所	律师 101 人以上所	
2007	1034	988	54	41	8	53
2008	1151	1094	65	41	11	79
2009	1355	1231	64	41	19	130
2010	1486	1358	61	42	25	257
2011	1609	1476	66	43	24	240
2012	1672	1169	62	41	31	282

注：表中数据来源于司法部和北京市司法局提供的统计报表。

表 3 - 3　2007～2012 年北京市律师事务所组织形式和规模变化

单位：家

年份	律师事务所总数	组织形式							
		合伙所	其中合伙人				国资所	合作所	个人开业所
			3～10 人所	11～50 人所	51～100 人所	101 人以上所			
2007	1034	976	902	68	5	1	1	4	53
2008	1151	1067	988	76	2	1	1	4	79
2009	1355	1224	1148	73	2	1	1	0	130
2010	1486	1228	1138	86	2	2	1	0	257
2011	1609	1368	1266	96	4	2	1	0	240
2012	1672	1303	1196	98	7	2	1	0	282

注：表中数据来源于司法部和北京市司法局提供的统计报表。

(三)全国规模最大律所排名北京优势愈加明显

对于国内律师机构规模的排名，这里直接借用《亚洲法律业务》(Asian Legal Business，ALB) 的调查和评估结果。该项评估以执业律师人数为主要依据，同时辅之以合伙人人数、其他律师人数、外籍法律顾问人数和办公机构数量等指标，衡量律师机构的组织规模。调查和评估的最后结果如表3 - 4 所示。

从表 3 - 4 来看，在 2012 年全国最大的 20 家律所中，北京独占鳌头，规模优势明显，不仅数量多，而且排名靠前。具体地说，在规模最大的 20 家律所中，北京占据了 14 家，比 2010 年增加了 1 家，占 20 家中的 70%，超过了

表 3-4　2012 年全国规模最大的前 20 家律所排名

排名	律所名称	合伙人	律师(人)	总执业人数^
1	大成律师事务所	749	1428	2676
2	北京盈科律师事务所	567	1053	1820
3	金杜律师事务所	226	955	1181
4	国浩律师事务所	215	580	1112
5	北京德恒律师事务所	187	763	1106
6	中银律师事务所	117	584	960
7	锦天城律师事务所	184	671	940
8	中伦律师事务所	203	560	747
9	君合律师事务所	149	299	482
10	广和律师事务所	112	348	455
11	中伦文德律师事务所	98	320	418
12	广东国晖律师事务所	35	234	350
13	众成仁和律师事务所	78	275	307
14	竞天公诚律师事务所	85	96	279
15	德衡律师事务所	37	181	277
16	金诚同达律师事务所	99	217	271
17	观韬律师事务所	65	140	268
18	北京国枫凯文律师事务所	46	214	260
19	浩天信和律师事务所	43	150	235
20	环球律师事务所	60	200	200

注：数据和排名来源于《亚洲法律杂志》(英文网页版)，2012 年 12 月，"全国律所规模 20 强"。

2/3。如果缩小范围，仅考察最大的前 10 家律所，则北京占据了其中的 7 家，占到 70%。在北京之外，只有一家跨地域的国浩所排名第四，一家上海的锦天城所排名第七，一家广东的广和所排名第十。

　　北京的大型律所的规模不仅在国内对比具有领先优势，而且在亚洲地区的排名也处在前列。同样根据 ALB 调查和评估的结果，在 2012 年亚洲最大的 50 家律所中，有 19 家属于中国，而在这属于中国的 19 家律所中，又有 13 家属于北京，这一结果和 2010 年相同。而且，这 13 家律所在亚洲最大的 50 家律所中，排名也比较靠前，包揽前三名。其中，大成所连续三年排名亚洲第一，盈科所排名第二，金杜所排名第三。①

----

① http：//asia. legalbusinessonline. com/surveys-and-ranking/asias - 50 - largest-law-firms-of - 2011/ 108186.

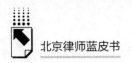

表 3－5　2012 年亚洲规模最大的前 50 家律所排名

排名	律所名称	总部	合伙人	律师数(人)	总执业人数
1	大成律师事务所	中国	749	1428	2676
2	北京盈科律师事务所	中国	567	1053	1820
3	金杜律师事务所	中国	226	955	1181
4	国浩律师事务所	中国	215	580	1112
5	北京德恒律师事务所	中国	187	763	1106
6	贝克·麦肯思律师事务所	美国	247	639	1100
7	中银律师事务所	中国	117	584	960
8	锦天城律师事务所	中国	184	671	940
9	Kim & Chang	韩国	120	N/A	800
10	中伦律师事务所	中国	203	560	747
11	Amarchand & Mangaldas & Suresh A. Shroff & Co	印度	68	467	533
12	君合律师事务所	中国	149	299	482
13	西村·朝日法律事务所 (Nishimura & Asahi)	日本	95	321	474
14	广和律师事务所	中国	112	348	455
15	Lee & Ko	韩国	128	225	436
16	中伦文德律师事务所	中国	98	320	418
17	理律法律事务所	中国台湾	53	327	380
18	高伟绅律师事务所*	英国	58	186	359
19	艾伦格禧律师行	新加坡	136	184	357
20	Shin & Kim	韩国	118	159	356
21	立杰律师事务所	新加坡	117	172	355
22	年利达律师事务所	英国	53	215	352
23	广东国晖律师事务所	中国	35	234	350
24	长岛·大野·常松法律事务所 (Nagashima Ohno & Tsunematsu)	日本	82	227	340
25	安德森·毛利·友常法律事务所 (Anderson Mori & Tomotsune)	日本	84	207	325
26	TMI Associates*	日本	66	215	311
27	森·滨田松本法律事务所* (Mori Hamada & Matsumoto)	日本	95	189	307
28	Yulchon	韩国	90	170	307
29	众成仁和律师事务所	中国	78	275	307
30	Yoon & Yang*	韩国	100	154	301

续表

排名	律所名称	总部	合伙人	律师数（人）	总执业人数
31	Khaitan & Co	印度	58	242	300
32	Luthra & Luthra	印度	44	246	290
33	安理国际律师事务所*	英国	46	164	287
34	Bae，Kim & Lee*	韩国	99	157	280
35	竞天公诚律师事务所	中国	85	96	279
36	德衡律师事务所	中国	37	181	277
37	欧华律师事务所	英国/美国	60	214	274
38	金诚同达律师事务所	中国	99	217	271
39	孖士打律师行	美国	80	167	270
40	观韬律师事务所	中国	65	140	268
41	的近律师行	中国香港	51	135	268
42	新加坡王律师事务所	新加坡	93	171	264
43	北京国枫凯文律师事务所	中国	46	214	260
44	J. Sagar Associates	印度	53	196	250
45	霍金路伟国际律师事务所	英国/美国	44	204	244
46	AZB & Partners*	印度	19	221	240
47	Herbert Smith Freehills	英国	45	192	237
48	浩天信和律师事务所	中国	43	150	235
49	Drew & Napier	新加坡	79	72	233
50	富而德律师事务所	英国	31	N/A	233

*总执业人数为相关律所所有计时收费人员的总和，其中包括受雇律师、合伙人、律师、外籍律师（包括自合作律所借调的律师）和顾问。受训人员和实习生不计入其内。

（四）北京律师事务所平均规模全国排名下降

律所平均组织规模这一指标，由社会律师人数除以律所数量计算得出。社会律师为专职律师和兼职律师之和，不包括公职律师、公司律师、法律援助律师和军队律师。之所以这里用社会律师进行计算，是因为其他类型的律师不在律师事务所执业。

从平均的组织规模来看，2009年北京的律所规模最大，但是差距没有那么悬殊。截至2012年底，北京律所平均规模下降至第四位。如图3-3所示，北京律所的平均规模由2009年的15.7名律师减少到2012年的13.6名律师，而排名前三位分别是海南（15.2名）、湖北（15.1名）、湖南（14.3名）。全国的平均水平由2009年的10.3名上升到2012年的11.7名。

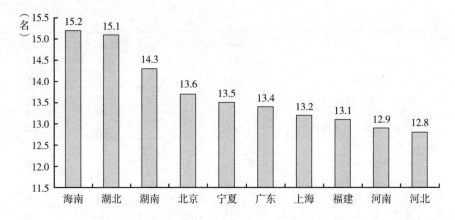

图 3 - 3　2012 年律所律师人数平均规模最大的地区对比

注：2012 年全国和各省级地区的律师人数、律所数量来源于司法部。

北京律师事务所平均规模全国排名下降的主要原因是北京律师人数增速明显放缓，增长率由 2008 年的 18% 下降到 2012 年的 3.1%。而律所增长率由 2008 年的 11.32% 下降到 2012 年的 3.92%，相对于律师人数增长率的放缓来说下降的比例较少。

一方面，北京的大型律所、特大型律所数量多；另一方面，北京律所的平均规模只有 13.7 人，两方面的数据结合来，说明北京当前尽管已发展一批规模化、专业化、国际化程度较高的律所，比如大成所、盈科所、金杜所、德恒所等，但是大多数律所的规模化程度并不高。

四　对北京律师事务所发展情况的分析与解释

（一）北京大型、特大型律师事务所的发展情况

1. 大型、特大型律所全国最多

北京律所规模化程度高的另一个体现，是北京的大型、特大型律所全国最多。这里将有 51 ~ 100 名执业律师的律所称为大型律所，101 名执业律师以上的律所称为特大型律所。如图 3 -4 所示，2012 年在全国 314 家大型律所中，有 41 家在北京，超过 1/8；全国 78 家特大型律所中，有 31 家在北京，超过 1/3。

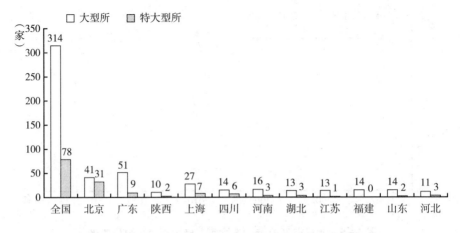

图3-4　2012年全国大型、特大型律所数量最多的地区对比

注：2012年全国和各地区不同规模律所的数据来源于司法部。

从不同地区的对比来看，2012年北京的大型律所数量低于广东（51家），但是就特大型律所来说，北京的领先优势十分明显，其31家特大型律所的数量，是排名第二的广东的数量（9家特大型律所）的3倍多。

2. 大型、特大型律师事务所规模扩张情况

2007～2012年，北京大型、特大型律师事务所继续在国际、国内市场上，以资源的强势化、业务的高端化、服务的专业化、竞争的规模化、市场的国际化向国际国内市场的纵深发展，在国内外设立分所或办事机构，大量吸纳优秀职业律师及核心合伙人，合并发展成熟的律所，规模优势得到进一步加强。一些中型律师事务所通过合并方式，也加入规模化进程中。虽然大型律师事务所数量增加并不明显，但是特大型律师事务所5年间增加了近3倍。而且，特大型律所不仅数量增长，而且规模也有显著扩张。

关于特大型律所规模的扩张，可以通过不同年份规模十强律所执业律师的总数对比体现出来。如图3-6所示，在2010年时，北京规模前十强律所执业律师人数总数是5152人，平均每家律所515.2人；到2012年时，规模前十强律所执业律师人数总数是10379人，平均每家律所约1038人。经过两年的时间，前十强的人数规模已经翻了一番，由此可见，特大型律所的规模处于快速扩张之中。

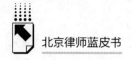

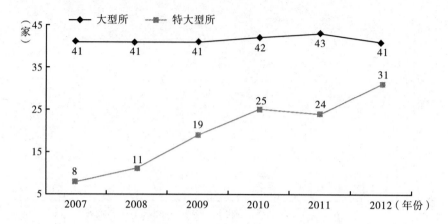

图 3-5　北京市 2007 年以来大型、特大型律所数量变化

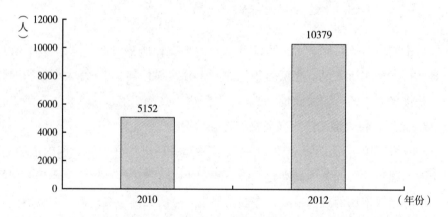

图 3-6　2010～2012 年北京规模十强律所执业律师总数对比

3. 北京大型律师事务所规模化扩张的必要性

律师事务所是律师执业的载体和平台。根据我国《律师法》的规定，律师事务所是律师的执业机构，律师必须依托律师事务所对外执业。因此，对绝大多数律师而言，律师事务所的存续和发展对其个人的执业活动有着重大的影响。

律师是一种古老的制度，两千多年以来这一制度运行模式并无根本性的变化。直至到了 20 世纪 70 年代，随着全球经济一体化的推进，律师业的商业化首先在美国得到承认并迅速向其他国家蔓延。律师业商业化的发展虽然对律师原有的职业特性产生了巨大的冲击，但不可否认的是，商业化对律师行业的整合和推动作用是非常明显的，英美等国因此相继涌现出一批大型的国际化律师集团，并且这一趋势还呈加速状态。[①]

早在 1992 年，我国就开始允许国外和香港律师事务所在我国（内地）设立办事处的试点，由此开启了法律服务业对外开放的序幕。加入世界贸易组织后，我国政府认真履行入世承诺，法律服务市场对外开放的步伐进一步加快。自 2002 年以来，国外和中国香港律师事务所驻华和驻内地代表机构发展迅速，已经从 2003 年的 167 家发展到 2012 年底的 320 多家。随着境外律师事务所的进入，我国律师业面临的首要问题是如何与外国律师竞争中国高端法律服务市场。这种竞争主要来自两个方面：一是业务领域的竞争。外国大型律师事务所已在经济发达的地区如北京、上海、广东等发达省市设立办事机构，在金融、证券、国际投资、涉外贸易等高端法律服务领域与我国境内律师竞争。二是争夺人才的竞争。由于政治经济环境、法律限制、语言、文化背景、生活习惯、风俗等不同，外国律师在中国直接开展业务存在较大障碍，为此，外国大型律师事务所转而利用其资金、品牌、高薪等优势聘请优秀的中国法律人才为其服务，于是引发了争夺高端法律服务人才的竞争。由此可见，为适应律师业国际化竞争的需要，通过组织创新建立专业化、规模化的大型律师机构，提高律师事务所的市场竞争力，满足高端法律服务市场的需求，是北京律师业必须面对的问题。

4. 北京律师事务所规模扩张的主要方式

一是律所强强联合，即通过事务所合并扩大规模或者通过兼并使事务所规模化。近几年来，我国国内律师事务所的合并时有发生，例如我国北京、上海、深圳三地的三家律师事务所联合成立的国浩律师（集团）事务所，就是通过强强联合形成的大型律师事务所。强强联合集中了优势资源，迅速而有效地提高了事务所的核心服务能力和主导服务领域的市场竞争力，使事务所的规模快速扩大，核心竞争力迅速增强。

二是大量引进人才。大型律师事务所根据业务需要，大量吸纳人才是其规模扩张的又一基本方式。通过引进优秀人才、自身培养律师使其逐渐规模化，走集约

---

① 赖勇：《大型律师事务所组织创新和竞争优势问题研究》，西南财经大学 2006 年硕士毕业论文，第 2 页。

型规模化的道路。这种方式在扩张和繁衍过程中通过循序渐进，律师之间易于磨合、人员整合过程快，事务所的人员、结构稳定性较强，亦易于建立团队优势。

三是在国内设立分所。北京律所在国内的分所已经由 2007 年的 170 家上升到 2012 年的 290 多家，境外分所由 2007 年的 9 家上升到 2012 年的 29 家。2011 年，盈科增加了 13 家分所，中银增加了 7 家分所，大成增加了 5 家分所。

四是海外扩张战略。在中国实施"走出去"战略 12 年之后，北京的律师事务所也开始加入此前一直由能源和电子电器行业主导的"走出去"大军。目前，北京许多大型律所都在海外设立了办公室。例如，总部位于北京的君合律师事务所在 20 年前就已在纽约开设办公室。北京的盈科律师事务所在 2010 年 9 月前业务仅分布于中国内地，而到了 2012 年，该所设立的分所已经遍布圣保罗、维罗纳、布达佩斯、香港、旧金山、纽约、约翰内斯堡、莫斯科、东京和悉尼。2004 年，金杜律师事务所与香港夏佳理方和吴正和律师事务所合并，随后又与日本三宅山琦律师事务所联营建立了分支机构。2007 年 11 月，金杜律师事务所与澳大利亚的 GILBERT + TOBIN 结盟。2011 年下半年，金杜迎来意义最重大的一次扩张——与律师事务所全球排名第 75 位的澳大利亚万盛达成合并协议，后者的办事机构统一以金杜命名。合并后的金杜律师事务所在最近的排名中已经跻身全球律所 40 强，在业内引起轰动，被认为是中国律所全球化的标志性事件。

5. 北京律师事务所规模化扩张的作用

一是迅速抢占高端市场份额。律所规模化经营可以占领更多的市场份额，带来更多的业务收入，尤其是在高端业务领域。例如，包括金杜、盈科在内的少数几家走出国门的律师事务所，因为其规模化经营的优势，基本上主导了除中海油、中石油等主要国企之外的大中型企业在海外投资的法律服务业务，服务内容包括跨境并购、合营合资、融资、国际工程承包、证券和国际贸易等。一般来说，律所海外业务数量和收入增长的幅度大大高于国内业务数量和收入的增幅。

二是降低律所运营成本。通过事务所合并扩大规模或者通过兼并使事务所规模化的方式可以在技术、资本、人力资源和先进的管理制度上优势互补、资源共享，从而降低律所办理法律事务的运行成本，提高效率。

三是有利于扩大品牌化效应。建立规模化的事务所有利于为客户提供优质的服务和建立高度诚信的服务理念，这为建立良好的品牌奠定了基础。律师事务所要保持和扩大服务市场份额一定程度上取决于专业水平和客户信任。由于规模所各类专业人员齐全，易于建立精细的专业分工，以娴熟的法律专业技能和服务技巧为客户提供优质服务，易获得客户的信赖和倚重，形成和扩大律所的品牌效应。

6. 北京律师事务所规模化扩张面临的问题

一是有效管理体制问题。通过兼并和合并模式的规模化亦带来了有效管理幅度问题。通常的情况下，规模化带来了低成本和高效率，但迅速的扩张也会带来内部管理制度的不适应，缺乏有效的管理幅度。扩张后的律师事务所其人员、合伙人分配机制、财务制度、管理机制和利益冲突调解机制等问题不可回避。如果内部框架不健全，人员整合和磨合周期较长，在一定时期仍不能形成叠加优势。这也会使律师事务所的品牌优势得不到良好的发挥，专业分工和团队合作仍无法协调，单兵作战的情形仍将十分突出。律师业是靠人合形成团队优势，律师事务所兼并和合并后律师之间将经历一个漫长的磨合期和整合期。如果没有一个权威、高效的领导体系和完整的制度，事务所规模保持和发展仍将面临危机。

二是质量与风险控制机制问题。当前国内律师事务所的合并没有法律的有效规制，可能在保密等方面存在损害委托人利益的情况，业务风险防范和质量控制两个问题不可忽视。规模大了，可能存在管理失控的问题，比如有律师侵害委托人的利益而律师事务所却不知悉；也必然会带来利益冲突，比如两个或多个合伙人同时竞标。对此，有学者建议律师事务所建立内部风险控制机制、风险解决机制，强化制度化管理。

7. 大型律师事务所的管理模式

在我国，2007 年《律师法》修订后，律师事务所的组织形式主要有国资所、个人所和合伙所三种，其中合伙律师事务所占律师事务所总数的 90%，因此律师事务所自律管理主要是合伙律师事务所的管理。近年来，围绕合伙律师事务所的管理模式创新，包括律师事务所的文化建设、团队建设、专业化发展、分配体制设计、风险防范体制建设、营销策略、人力资源管理等课题有很多讨论。但是，纵观世界各国，律师事务所的内部管理并没有固定模式，因为

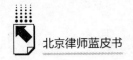

律师事务所的内部管理模式受到律师事务所的组织形式、规模大小、人员构成、地域分布、文化理念、执业领域等诸多方面的影响。在我国，由于地区和城乡发展不平衡，合伙律师事务所在规模、服务领域、服务对象等方面存在较大差异，因此依据合伙律师事务所的规模和业务定位，探索建立不同的内部管理模式是必要的。

一般认为，执业律师人数达到 50 人以上的是大型律师事务所。近几十年来，随着非诉讼法律事务的激增和法律服务国际化发展，国际和国内的大型律师事务所数量显著增加，传统的合伙人共同管理律师事务所事务的模式对于合伙人动辄成百上千的大型律师事务所来说不再适用，公司制管理模式逐步兴起，其核心是所有者和管理者的分离，即从合伙人内部选举产生或者从外部聘请具有管理能力和经验的人员专门负责律师事务所的管理，而大多数律师则将主要精力放在法律业务上，不再参与日常管理。这种管理模式对于我国近年来出现的一批大型律师事务所来说是适用的，也被实践证明是行之有效的。尽管各个律师事务所在专职管理机构或者人员的设置上不尽相同，例如管理委员会、董事会、监事会、管理合伙人等，但都遵循着将管理职责相对集中地授予某个固定机构或人员的模式。以设置专职管理机构和人员为核心，大型律师事务所在以下几个方面也逐步形成了相对成熟的配套管理思路。

一是品牌管理。品牌传达质量的保证，同时也是管理的载体。律师事务所的品牌管理包括法律服务的质量品牌和形象品牌。法律服务的质量是合伙律师事务所的立业之本，大型合伙律师事务所应努力确保其每一个分支机构和每一名律师在每一个专业领域提供始终如一的优质服务，以优质的服务创出合伙律师事务所的独特品牌。与此同时，律师事务所还应当通过其执业律师个体良好的仪表和服务态度，以及统一的办公室风格、诉讼文件格式设计以及营销手段在客户中树立具有本所特色的服务形象。

二是人才管理。律师事务所是知识密集型组织，人才是律师事务所持续发展的基础和动力。因此，大型律师事务所应当建立起符合本所发展特点的律师引进制度和人才培养制度，包括从著名法学院的高材生中选拔初级律师，运用大型律师事务所的资源和优势为年轻律师提供一系列培训机会，以及通过定期的正式评估和日常客户反馈来考察、培养年轻律师，协助其实现个人职业发展等。

三是技术支持。通信技术日新月异的发展对现代法律服务的提供方式和供给形式提出了新的要求。大型律师事务所应当注重对技术设备和网络体系的投入，以适应客户对服务形式和方式的需求。同时，先进的技术网络系统支持也便于律师事务所完善利益冲突审查、质量风险控制、人力资源管理等内部管理制度。

（二）北京中小型律师事务所的发展情况

1. 中小型律师事务所数量变动的情况

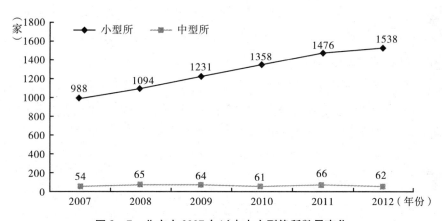

图 3 - 7　北京市 2007 年以来中小型律所数量变化

通过近 6 年的数据分析，律师人数在 31～50 人的中型律所数量增长不多，而 30 人以下的小型律师事务所增长迅速，年均递增 9.3%（见图 3-7）。据统计，截至 2012 年底，北京市共有执业律师 22796 人，律师事务所 1672 家。从总体上看，北京市的律师事务所在人员规模上以小型所为主流，合伙人大多数在 3～10 人，将近 60% 的律师事务所人数在 10 人以下，而人数在 30 人以下的律所在 2012 年占到了总数的 86.8%，这是一个比较大的比例。究其原因，可能是 2008 年《律师法》修订后，法律上对特殊的普通合伙律师事务所的规定及对个人所的认可，引发了大所合并、个人所设立的热潮。据统计，北京的个人所已经由 2007 年的 53 家发展到 2012 年底的 282 家，平均每

年增加45.8家。

2. 中小型律师事务所经营优劣势及面临的困难

小规模律所的运营成本较低，律师间的关系相对紧密，利益冲突的审查方便快速，决策、议事机制灵活，这些都是大型所不可比拟的优势所在。从一定意义上说，中小规模律所能够避免大型所因规模巨大而存在的管理上的尾大不掉的硬伤。和公司化、科层化管理的大型律师事务所巨大的工作压力、不自由的时间安排，以及"不晋升，即走人（up or out）"的用人制度带来的心理上的紧迫、焦虑感相比，小规模的律所成员关系融洽，律师能获得较大程度的自我认同，自由的时间安排等特点也是其吸引力所在。[1]

但是，和大型律所专业化的管理模式相比，中小型律师事务所也存在以下问题："管理方式和手段简单落后，律所内部没有分工，人员结构不合理，缺乏凝聚力和团队精神，律所整体上没有长远目标及发展计划，缺乏营销意识和策略，没有健全的得到认真贯彻执行的规章制度，缺乏防范执业风险的能力。"[2] 近年来，北京中小型律师事务所快速发展，对行业和社会作出了贡献。但是，中小型律师事务所在发展中也存在许多困惑和问题。例如业务开拓能力不足、专业人才缺乏、内部管理不规范、缺乏品牌等。

根据学者的相关调研，一般来说，中小型律师事务所在发展中面临的困难主要表现为以下两个方面。

一是业务量少，竞争激烈。北京市2009年《律师行业发展指数报告》显示，北京律师行业分化严重，行业的发展正遭遇不可避免的瓶颈问题。在调查中，律师对竞争的激烈程度感受非常明显，59.8%的律师表示现在的竞争非常激烈。案源不足、市场竞争激烈成为律师事务所发展中遇到的主要压力，而开拓市场、增加案源则成为各个律所的头等大事。就整体情况来看，北京市律师行业的业务饱和度虽然相对充足，但近半数（46%）律师事务所的业务仍显不足。该报告还显示，高端业务向少数几个大所集中的趋势十分明显。少数规模化、专业化的大所，在非诉讼领域竞争优势依旧。事实证明，经过20多年

---

[1] 温丽媛：《我国中小型律师事务所的发展研究》，中国政法大学2010年硕士毕业论文。

[2] 参见《小规模律师事务所管理初探》，王隽主编《律师事务所管理前沿》，社会科学文献出版社，2007，第327页。

的发展，中国律所的竞争已经形成了两极化的态势：具有竞争力的律所占据越来越大的市场份额，竞争力差的律所拥有的市场份额越来越小。① 其他数据资料也显示，对于大多数中小所来说，案源不足是它们面临的主要困难。在调查问卷中，绝大多数被调查的律所认为，其在发展中遇到的主要压力是案源不足、市场竞争激烈、同行间恶性杀价等问题。

二是资金和资源较少，无力进行规范有效的管理。在业务量少、成本支出大的背景下，为维持生存，许多中小型律师事务所不得不压缩其他方面的开支，造成了一定的负面影响。比如，为了维护相对稳定的律师资源，律师事务所应有一定的财富积累以推行人才培训和激励等制度。但在实践中，如前所述，由于财力匮乏，很多中小所难以对律师进行系统有效的培训，这不仅不利于青年律师的成长，也使得律所的凝聚力不强，后继发展乏力。就北京来说，刚进入行业的律师助理等人员不能执业，只能靠律所的底薪维持生活。调查问卷显示，除管理合伙人外，一般律师的底薪多在1000～2000元，这在生活压力巨大的城市无疑是杯水车薪。缺乏配套的培训和激励制度导致律师流动越来越频繁，而这正是部分中小型律所后续发展乏力的原因之一。在问卷调查中，有55%的被调查律所表示，由于案源不稳定、律师和资源不稳定，他们对未来的收入并没有稳定的预期。在各种压力之下，除了形式多样的"假合伙"外，实践中还出现了仅靠"出租办公桌"等不规范形式运行或实行所谓"承包制"分配方式的律师事务所。在这样的律所中，律师每年向律所缴纳一定数量的费用，律所仅负责其办证、年审，提供空白合同和所函、介绍信，或者明码标价一间办公用房、一张办公桌、一份所函、一张介绍信的具体价格。律所对律师的管理基本流于形式，虽然部分律师对这种方式比较认同，但是因为不够规范而存在一定隐患，比如律所对律师的质量管理基本失灵，委托人利益易受损害。在实践中出现违规情况比较多的也都是这些律所及其执业律师。另外，缺乏财力还导致许多中小所管理转型存在困难。②

---

① 陈宜：《我国中小型律师事务所发展初探——以北京地区律师事务所为蓝本》，《中国司法》2009年第11、12期。

② 温丽媛：《我国中小型律师事务所的发展研究》，中国政法大学2010年硕士毕业论文。

3. 中小型律师事务所规模化意愿

通过调研访谈和问卷调查，北京律师行业中小型律师事务所总体状况基本良好，没有明显的两极分化，接受问卷调查及调研的中小律师事务所有一半对自己的业务收入、律师事务所管理、未来预期比较满意。一些中小所的人员非常稳定，以小型化、专业化为发展方向，集中力量做好自己擅长领域的业务。其经验之谈是提供相对专业的、律所比较擅长的领域服务，以利于保证服务质量及收入的稳定性。另一半的中小型律师事务所则对现状及未来预期表示不乐观。相对于业务创收 800 万以上、执业人数 100 人以上的大型所，中小律师事务所在业务领域、业务量、业务收费、业务创收、人员素质方面存在比较大的差距。从业人员在 20 ~ 50 人的律师事务所有着向规模化所发展的意愿。① 在访谈过程中，大部分中小所合伙人对于律所规模化最大的担心是风险控制。

通常律师事务所的规模是由合伙人团队对一家律师事务所的市场定位和专业方向的选择所决定的，相当一部分律师事务所在其发展期只要达到一定规模就会基本满足于现状从而顺利渡过发展期，进入律师事务所的成熟期，但是也会有一部分律师事务所中的合伙人团队或相当一部分合伙人不满足达到的律师事务所的定位和专业趋向，而希望不断地推动律师事务所发展，以求律师事务所在市场上占有更大的份额，这种愿望不仅受合伙人利益驱动，同时也受合伙人名誉责任感的驱动。

4. 中小型律师事务所的管理模式

为进一步加强律师事务所特别是中小型律师事务所的建设，推动中小型律师事务所朝着"规范化、专业化、精细化、品牌化"方向努力，促进律师事务所健康有序地发展，全国律师协会于 2012 年 9 月 24 ~ 25 日，在甘肃省兰州市召开了全国中小型律师事务所建设研讨会。会议对中小型律师事务所的治理结构、收益分配机制、质量监督和风险控制机制、规范诚信服务及律所党建等进行了研讨；对中小型律师事务所发展中存在的突出问题、产生的原因、解决的思路及方法进行了探讨；并讨论了《全国律协关于加强中小型律师事务所建设的意见》。

---

① 温丽媛：《我国中小型律师事务所的发展研究》，中国政法大学 2010 年硕士毕业论文。

一般认为，10人以上30人以下的律师事务所是中型律师事务所，10人以下的律师事务所为小型律师事务所。中小型律师事务所在北京律师事务所总数中占据较大比例。对于中小型律师事务所特别是小型律师事务所来说，以所有者和管理者分离为核心的公司化管理模式并不完全适合，因为公司化是与规模化、专业化紧密联系的，而大多数中小型律师事务所难以完全达到公司化管理的资金要求、人员规模要求和业务专业化要求，因此，中小型律师事务所在无法实现或无法完全实现所有者与管理者分离的情况下，应当将管理的重心放在内部分配机制和专业化分工上。中小型律师事务所要坚持走专业化发展道路，为客户提供更专业细致的法律服务，形成自己的品牌和特色，提高律师事务所的整体竞争力。律师事务所应充分考虑本地区市场经济发育的程度，结合本所的经济实力和人员状况，确定律师事务所的服务定位模式，既可以是本所具有较强竞争力的专业，也可以是法律服务市场上竞争相对较弱的领域，例如，以有专业特长的律师为主，将某一专业的律师组合到一起，侧重某一专业领域业务的发展和研究，逐渐形成专业化发展方向。总之，中小型律师事务所的内部管理应致力于避免过分突出律师的个人能力而造成内部约束机制疲软的状况，最终实现调动律师个人的积极性和塑造律师事务所对外整体形象，形成律师事务所的内部凝聚力和约束力，从而解决中小型律师事务所自律性差的问题。

五 北京律师事务所规模变动情况的总结与展望

（一）律所大的更大，小的更小

北京律所的规模处于不断的变化之中。在2009年的基础上，北京律所的规模2011年的变化结果是：大的更大，小的更小。

如表3-2所示，2011年北京的大型律所比2009年增加了2个，特大型律所增加了5个，这是一种显著的增长，说明北京的大型律所越来越多。然而，如图3-8所示，北京律所的平均规模略有下降，由2009年的15.7名律师减少到2012年的13.6名律师。在大型律所、特大型律所数量显著增加的情况下，平均规模反而下降，这说明，北京律所的规模出现了大的更大、小的更小的分化，尽管这种趋势不是特别显著。

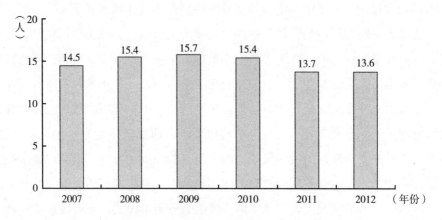

图 3 - 8　2007 ~ 2012 年北京律所平均规模

注：2007 年北京律师人数、律所数量来源于《中国律师年鉴 2006 ~ 2008》，人民法院出版社，2009；2008 ~ 2012 年的数据来源于北京市司法局。

出现"大的更大，小的更小"这一变化趋势的直接原因在于，大型律所的竞争优势明显，导致优秀律师从中小型律所向大型律所流动。而深层的原因在于，一方面，规模化成为律师行业竞争，尤其是非诉讼法律事务竞争的一个比较成功的策略；另一方面，就市场的角度来说，非诉讼法律事务的需求的增长，快于传统法律事务需求的增长。而后一结果的原因又是多方面的。一个原因是，市场经济的进一步发展扩大了非诉讼法律事务的需求。另一个原因是，相对来说，由于法治环境、收费标准等因素的变化，非诉讼法律事务的执业环境更加宽松。再一个原因是，非诉讼法律事务受到地域因素的限制更小，而北京的大型律所由于品牌和能力的优势，能够将全国范围内更多的非诉讼法律事务争取到北京来，从而增大了北京律师业中非诉讼法律事务的业务总量。

（二）决定律师事务所规模化的主要因素

1. 合伙制律师事务所的规模取决于市场需求的变化

合伙制律师事务所的规模化是随着法律服务市场的发展而发展的。法律服务市场的培育和发展有一个过程，法律服务市场的需求也有一个逐步扩大的过程。法律服务市场的需求扩大，从根本上取决于一个国家、一个社会的民主法制的完善程度，同时取决于市场经济的发展程度，总的来讲，在中国加入WTO以后，北京乃至全国的法律服务市场出现了一个快速发展的时期，特别是涉外业务和具有涉外因素的国内业务会以几何级数高速增长，从而加速了合伙制律师事务所的规模化进程。

2. 合伙制律师事务所的规模取决于法律服务市场不同主体、不同层次的需求

法律服务市场的多种类主体，产生了多层次需求。律师事务所也会有不同的市场定位。一般来说，主要为大公司、大企业服务的律师事务所，要满足客户"全方位、深层次、系统化"的服务需求，通常都被要求具有综合性专业特点和较大的规模；而主要以单一专业化为特点的律师事务所，则可以在满足专业化要求的前提下，保持适当的规模。当然，必须注意到，随着法律服务市场的发展，专业化和规模化越来越产生日益紧密的联系。个人专业化渐渐为团队专业化所取代。至于主要以广大社会成员个人需求服务的律师事务所，根据西方国家律师业的发展规律研究，将主要以大量规模较小的，甚至以个人为主体的律师事务所为主。

3. 合伙制律师事务所的规模取决于专业化的内容

不同的专业需要不同的服务模式和运作模式。随着法律服务市场的发展，法律服务市场的需求也越来越呈现专业化和不断细化的趋势，从而使律师事务所专业性要求日益凸显。不同的专业需要不同的服务模式和运作模式，由此，律师事务所在自己的专业定位过程中，也就决定和形成了律师事务所的规模。比如说，以从事非诉业务和涉外业务为主的律师事务所，因业务运作的团队模式需要，有可能发展成为较大规模的律所。而以诉讼业务为主的律师事务所，则可以保持相对较小的规模，或实行某种形式的个人联合式的律师事务所；以从事某一专业为自己特色的律师事务所，有可能在突出某一专业的同时保持一定的规模；以为个体工商户和广大老百姓的日常生活提供一般法律服务的律师事务所，也可能以较小的规模甚至个人执业的模式来减少合作成本和服务成本，并满足市场需求。

4. 律师事务所的规模取决于律师事务所合伙人团队，特别是合伙人的核心团体对律师事务所的发展方向、市场定位、服务理念和经营理念的确定

合伙人团体不同的服务理念和经营理念，不同律师事务所的执业理念，包括是"积极进取"还是"小富即安"的心态，都会直接影响到律师事务所的专业方向、资源整合和市场定位，从而影响到律师事务所的规模。由于在激烈的市场竞争中，律师事务所的人才凝聚和专业化平台的提升与规模化紧密相关，所以，通常在一个充满活力的律师事务所，合伙人团队会强烈要求通过合并、兼并等方式，不断扩大律师事务所的规模，吸引更多的专业人才和调整人才结构，进行人才资源整合和专业资源整合，以增加市场竞争力，扩大市场占有份额。

5. 律师事务所的规模取决于律师事务所的管理水平

一般来说，律师事务所的管理水平越高，合伙人之间的合作越顺利，合作成本就越低，律师事务所的规模就越容易扩大；反之，管理水平越低，合伙人之间的合作纠纷不断，合作成本就越高，律师事务所的规模就不容易扩大。当一家律师事务所发展到一定规模时，内部管理水平往往成为律师事务所进一步发展和扩大规模的瓶颈。

综上所述，一家律师事务所的规模大小，取决于多种并时时变化的因素，不能一概而论。确定律师事务所规模的唯一标准，要看其在自身发展的特定阶段，是否能在市场竞争中取得"最佳规模效应"，即以一定的规模，最大化地满足市场需求。对内，满足合伙人团队的物质需求和精神需求；对外，取得最好的经济效益和社会效益。[①]

（三）北京律师事务所规模发展的趋势

律师事务所的规模不同，在某种程度上也决定了律师事务所为法律服务市场提供法律服务能力的高低，以及客户群体的大小。一般来说，律师事务所由于法律服务市场的客户群体不同，而导致法律服务需求产生了不同的层次和不同的要求，决定了不同专业定位和市场定位的律师事务所，都能够有

---

① 《关于合伙制律师事务所的规模化问题》，人民法治网网页版。

自己特定的客户群体，在法律服务市场的不同层次，提供不同的法律服务求得生存和发展。① 但是，只有那些达到相当规模的律师事务所才可能实现人才的聚集。规模的扩大、专业化的提升，以及综合性专业水平的实现，能够争取到越来越大的客户群体，从而在法律服务市场中占有越来越多的份额。法律服务市场的不同需求决定了不同类型律师事务所存在的合理性和必要性。因此，北京律师事务所的主体和基础应当是中小型律师事务所，但是，主导社会市场发展方向的，能在市场上占有较大份额的，是那些达到相当规模的律师事务所。

---

① 《关于合伙制律师事务所的规模化问题》，人民法治网网页版。

B.4
北京律师的业务能力现状及分析

肖　萍*

摘　要：

　　通过调研发现，不论是普通市民还是律师均普遍认可北京律师的业务
能力在全国首屈一指，并且没有明显的业务短板。可以说，北京律师可以
胜任当前社会对法律业务的需求。从现有的律师业务能力状况看，涉外法
律业务相对来说是北京律师业务的薄弱环节，从事涉外法律业务的律师尚
不够充足，能够独立处理涉外法律业务的律师人数较少。律师的专业背景
和学历、执业经验、沟通能力及其个人业务范围等都直接影响着对其业务
能力的判断。北京市律师协会通过对律师及律师事务所的考核、组织律师
业务培训、开展交流及发布律师业务操作规程等活动对律师业务能力的提
高起到了积极的促进作用。为了进一步提升北京律师的业务能力，可以考
虑对律师进京执业进行政策限制，建立律师业务能力的可量化方法，建立
网上律师信息库。

关键词：

　　北京律师　律师业务能力　现状分析

一　"律师的业务能力"的概述

（一）"律师的业务能力"的定义

根据《现代汉语词典》的定义，业务是指个人的或某个机构的专业工作；

---

* 肖萍，北京师范大学刑事法律科学研究院副教授，法学博士；周洋（北京师范大学法学院法学
硕士研究生）协助调研及资料整理。

能力是指能胜任某项工作或事务的主观条件。① 业务能力，是指个人或者某个机构能够胜任某项专业工作的主观条件。据此，律师的业务能力应该是指律师个人或者复数的律师能够胜任某项工作的主观条件。

那么，律师主要从事哪些业务呢？根据《中华人民共和国律师法》第28条的规定，律师可以从事的业务有："（一）接受自然人、法人或者其他组织的委托，担任法律顾问；（二）接受民事案件、行政案件当事人的委托，担任代理人，参加诉讼；（三）接受刑事案件犯罪嫌疑人、被告人的委托或者依法接受法律援助机构的指派，担任辩护人，接受自诉案件自诉人、公诉案件被害人或者其近亲属的委托，担任代理人，参加诉讼；（四）接受委托，代理各类诉讼案件的申诉；（五）接受委托，参加调解、仲裁活动；（六）接受委托，提供非诉讼法律服务；（七）解答有关法律的询问、代写诉讼文书和有关法律事务的其他文书。"据此，律师从事的工作可以分为以下类型：法律顾问、民事诉讼代理、行政诉讼代理、刑事诉讼辩护及代理、代理各类诉讼案件的申诉、非诉讼法律事务、咨询和代写法律事务、纠纷调解和仲裁业务。

随着社会分工的专业化及市场的需求，律师业务也更趋于专业化、专门化。专业型律师不断增多，而"万金油"律师越来越少。特别是中高端律师，其所服务的客户与昔日的客户相比，在法律层面和所处行业领域上都更为专业，要求律师精通该法律层面的专业知识的同时，还要熟知该行业领域的知识，提供专业化的服务。在律师事务所方面，专门从事某一方面业务的专业型律师事务所也应运而生。

综上所述，律师在所精通的法律专业知识及相关行业知识方面会因个体的不同产生差异。但是，律师作为依法定程序得到国家认可、为社会提供法律服务的法律工作者，其业务能力还是存在共通性的要求。

（二）律师业务能力的内容

律师应具有的业务能力主要包括法律专业能力和服务综合能力两个方面。法律专业能力主要包括：正确掌握和运用法律知识的能力、理解能力、应用相

---

① 中国社会科学院语言研究所词典编辑室编《现代汉语词典》（第6版），商务印书馆，2012。

关法律解决实际问题的能力及语言表达能力等。其中，理解能力包括正确理解法律及法规的能力、准确理解业务本质的能力和对相关行业的理解能力等。语言表达能力包括语言文字能力和口头表达能力。语言文字能力是指法律合同及文书等的文本撰写能力。口头表达能力是指口头运用语言的能力，包括谈判能力等。

服务综合能力包括实际操作能力、驾驭能力、服务客户能力、调研能力、沟通能力，以及涉外业务中需要较高的外语应用能力等。其中，驾驭能力是在团队中或者在具体项目中，具有全局观念，能够掌控局势，进行宏观领导、微观组织和协调的能力。沟通能力可分为内部沟通能力和外部沟通能力。内部沟通，是指律师之间的协作。外部沟通，是指律师与客户、外部协作单位及公检法机关之间的沟通。只有与客户进行及时、有效的沟通，正确把握客户的需求，才能提供有针对性的、高效的服务；与协作单位通过沟通可以明确各方的责任和分工，从而建立良好的合作关系；与公检法机关沟通能够使诉讼程序顺利进行。

（三）北京律师的业务情况

2012 年度，北京市律师办理各类诉讼案件 9.1 万件，其中刑事诉讼案件 1.8 万件，民事诉讼案件 6.9 万件，行政诉讼案件 0.4 万件。办理非诉讼法律事务 7 万余件，承办法律援助案件 8927 件，担任法律顾问 21907 家。其中，政府法律顾问 654 家，企业法律顾问 17623 家，事业单位法律顾问 1448 家，公民法律顾问 727 家，其他 1455 家。

（四）影响律师业务能力的因素

律师是专业性很强的经验型、服务型职业。因此，影响律师个人业务能力的因素主要是律师的专业学识、从业经验及其情商等。专业学识的衡量通常依据其学历。从业经验的衡量除了从业年数，还包括律师及律所名气、业务范围、收费标准及口碑等评价标准。而情商是一种认识、了解、控制情绪的能力。情商主要包括自我了解、自我管理、自我激励、识别他人情绪及处理人际关系等方面的内容。人的智商一般比较稳定，虽然可以开发但是不会有太多的变化。情商与智商不同，随着人生经历的丰富，情商也会不断提高。因此，律师的业务能力与其从业年数密不可分。

如何评价北京律师的业务能力？本课题组在分析北京律师协会的统计数据的基础上，以普通大众、两公律师（公职律师、公司律师）、境外律师事务所驻京机构及北京执业律师为对象，通过个人访谈、问卷调查及座谈会等方式进行了调研。

二 通过统计数据分析北京律师的业务能力

（一）律师的专业和学历

根据统计，如表4-1所示，截至2012年底，北京共有执业律师22796人。具有本科以上学历的律师共有22209人，约占全市律师总数的97.4%。其中，具有博士学位的律师有888人，占全市执业律师的3.9%；具有硕士和双学士的律师有6792人，占全市执业律师的29.8%（见表4-1）。也就是说，具有研究生学历和双学士及博士学位的律师占到全市执业律师1/3强（29.8% + 3.9% = 33.7%）。这说明北京执业律师高学历人数较多。通常认为，具有博士、硕士和双学士学位的律师肯定会具有至少一个法学学位（本科、硕士或者博士）。这说明北京高学历律师普遍具有法律专业的学历，在大学接受过正规法学专业教育。法学专业学习背景保证了律师具有较强的法律专业能力。律师的高学历也保证了其具有一定的学术研究能力。因此，北京律师的法律专业能力较强。

表4-1 2012年北京律师文化程度情况

	律师人数合计	博士	硕士、双学士	本科	专科	专科	具有相当外语水平
人数	22796	888	6792	14528	580	8	12818
比例(%)	100	3.9	29.8	63.7	2.5	0.04	56.2

数据来源：以上数据由北京市司法局提供。

在北京执业律师中有12818人具有相当的外语水平，占全市律师的56.2%。这里的"具有相当外语水平"，是指具有英语四级以上水平（或者其他语种，相当于英语四级以上水平）。根据"大学英语四级考试大纲"的规定，英语四级是测试英语综合应用能力的考试。① 理论上认为，具有英语四级水平的律师，在日常工作和社会交往中能够用外语有效地进行口头和书面的信息交流。半数以上的北京律师具有日常的外语交流能力。但是，由于我国应试教育的特点，通过大学英语四级考试并不一定代表英语应用能力达到了某个水平。特别是律师行业作为专业性很强的行业，如果涉及涉外法律业务，其对于律师的外语水平要求相对较高。因此，单从数据上很难真实地反映北京律师运用外语开展业务的实际水平。

（二）律师事务所的组织形式

根据 2012 年的统计数据，如表 4 - 2 所示，截至 2012 年底，北京市共有律师事务所 1672 家，约占全国 1.93 万家律师事务所的 8.7%。其中普通合伙所 1297 家，特殊普通合伙所 6 家，合伙所占 77.9%；个人所 282 家，占 16.9%；其他所 1 家；外省驻京分所 86 家。

表 4 - 2　2012 年北京市律师执业机构组织形式统计

分类	律师事务所总数	组织形式							
		合伙所	其　中				个人所	其他所	外省驻京分所
			合伙人 3 ~ 10 人所	合伙人 11 ~ 50 人所	合伙人 51 ~ 100 人所	合伙人 101 人以上所			
数量（家）	1672	1303	1196	98	7	2	282	1	86
比例（%）	100	77.9					16.9		

数据来源：以上数据由北京市司法局提供。

此外，美国、英国和中国香港等 15 个国家和地区的律师事务所在京设立代表处 122 家，共有代表 308 人、雇员 1428 人。

（三）业务收入状况

2012 年度，北京市律师业务总收入为 119.3 亿元。其中，非诉法律事务

---

① 全国大学英语四、六级考试委员会：《大学英语四级考试大纲》（2006 年修订版），上海外语教育出版社，2006，第 3 页。

37.3 亿元，占总收入的 31.5%；法律顾问 29.2 亿元，占 24.5%；民事代理 24 亿元，占 20%；经济案件 16 亿元，占 13.4%；刑事诉讼 2.8 亿元，占 2.4%。人均业务收入 52.3 万元。[①]

从业务类型来看，非诉法律事务、法律顾问、民事代理、经济案件的业务是北京律师的主要收入来源。北京市律师行业年度总收入始终位居全国前列，在一定意义上说明北京市律师整体的业务量大、业务能力较高。

但是，应当看到，外国和地区律师事务所驻京代表机构的总年收入始终居高不下。依照《外国律师事务所驻华代表机构管理条例》第 15 条的规定，外国律师事务所驻华代表机构及其代表，只能从事不包括中国法律事务的活动。这至少说明：第一，国内当事人对于国外法律的咨询及有关国际条约、国际惯例的咨询，以及办理国外法律事务的需求很大；第二，外国当事人委托中国律师事务所办理中国法律事务的需求很大。而且，外国驻京代表机构通过与国内律师事务所保持长期的委托关系，也为国内律师事务所带来了一定的业务量。综上所述，涉外业务的市场极大，需要大量具有涉外业务能力的律师。

三　市民对律师业务能力的感知与评价

普通市民是律师行业服务对象的一大群体。对于律师业务能力，北京市民是如何感知和评价的呢？本课题组以调查问卷和个人访谈两种形式，对部分北京市民进行了调查。以下分别对调查问卷和访谈结果进行总结分析。

（一）问卷调查

1. 问卷调查的基本情况

为了掌握普通市民对于北京律师业务能力的看法及对律师市场的需求状况，本课题组以利用北京市律师协会公益法律服务热线的普通市民为对象进行了问卷调查。

北京市律师协会公益法律服务热线是北京市律师协会于 2009 年 10 月 26

---

① 数据来源于北京市律师协会发布的《2012 年全市律师行业收入情况的报告》。此处的分类标准和对外发布的统计报表有所不同。

日开通的公益法律咨询热线电话，由专业律师免费为市民解答法律疑惑，提供解决矛盾、纠纷的法律途径。公益法律服务热线还提供现场免费法律咨询服务。值班的律师均为执业3年以上、品行良好、志愿服务社会的执业律师。

本次调查，由值班律师在向打来电话或者到现场咨询法律问题的市民提供法律帮助后，按问卷题目，向该市民提出问题，由值班律师代为填写的方式进行。共收回问卷101份。课题组使用SPSS软件对调查问卷进行了分析。通过本次问卷调查，以期得到普通市民对于北京律师业务能力的总体评价、什么因素影响律师个人业务能力及北京律师是否能够满足现有市场需要等问题的认识和看法。

关于利用公益法律服务热线咨询的法律问题的类型，101份问卷中有91份问卷进行了回答（见表4-3），甚至还有被访者进行了复数选择。咨询法律问题的类型的具体数据见表4-4。①

表4-3 本次咨询的法律问题所属类型的个案摘要

	有效的		缺失		总计	
	N	百分比（%）	N	百分比（%）	N	百分比（%）
$ No. 1ª	91	90.1	10	9.9	101	100.0

a. 值为1时制表的二分组。

表4-4 本次咨询的法律问题所属类型的频率

		响应		个案百分比（%）
		N	百分比（%）	
咨询法律问题的类型ª	婚姻继承	33	34.0	36.3
	交通医疗事故纠纷	6	6.2	6.6
	邻里纠纷	6	6.2	6.6
	房屋拆迁	10	10.3	11.0
	买卖租赁	10	10.3	11.0
	刑事犯罪	3	3.1	3.3
	消费者维权	4	4.1	4.4
	劳动争议	7	7.2	7.7
	其他法律问题	18	18.6	19.8
总计		97	100.0	106.6

a. 值为1时制表的二分组。

① N项下数字代表咨询数量，百分比代表在全部97个咨询问题中所占比例，个案百分比代表在91份有效问卷中所占比例。以"婚姻继承"一项为例，有33人咨询的法律问题属于"婚姻继承"，占全部91份有效问卷的36.3%；在全部咨询问题中占到了34.0%（33/97）。

2. 是否有聘请或者咨询律师的经历

关于是否有聘请或者咨询律师的经历，共有 99 份问卷作了有效回答。其中，回答"从来没有"的有 34 人，占有效回答的 34.3%；"3 次以内"的有 37 人，占有效回答的 37.4%；"3 次以上"的有 28 人，占有效回答的 28.3%。三类回答的被访者人数持平，均占 1/3 左右。但是，"3 次以上"的人数略少，说明与律师有多次接触经历的人还是少数（见表 4 - 5）。

表 4 - 5　与律师打交道的经历

		频率	百分比(%)	有效百分比(%)	累积百分比(%)
有　效	从来没有	34	33.7	34.3	34.3
	3 次以内	37	36.6	37.4	71.7
	3 次以上	28	27.7	28.3	100.0
	合　计	99	98.0	100.0	
缺　失	系　统	2	2.0		
合　计		101	100.0		

3. 是否容易找到合适的律师

关于是否容易找到合适的律师，共有 98 份问卷作了有效回答。其中，回答"非常容易"的有 5 人，占有效回答的 5.1%；"比较容易"的有 16 人，占有效回答的 16.3%；"一般"的有 24 人，占有效回答的 24.5%；"不易"的有 44 人，占有效回答的 44.9%；"非常难"的有 9 人，占有效回答的 9.2%（见表 4 - 6）。回答"不易"和"非常难"的被访者人数占到了 54.1%（44.9% 与 9.2% 之和）。说明多数人认为找到合适的律师是件困难的事情。

表 4 - 6　找合适律师的难度

		频率	百分比(%)	有效百分比(%)	累积百分比(%)
有　效	非常容易	5	5.0	5.1	5.1
	比较容易	16	15.8	16.3	21.4
	一般	24	23.8	24.5	45.9
	不易	44	43.6	44.9	90.8
	非常难	9	8.9	9.2	100.0
	合　计	98	97.0	100.0	
缺　失	系　统	3	3.0		
合　计		101	100.0		

4. 如何判断律师的业务能力

关于判断律师业务能力的指标，共有 98 份问卷作了有效回答（见表 4-7）。该问题可做多选，但限制最多可选三项。如表 4-8 所示，选择"律所的名气"的有 29 人，所占百分比为 16.7%、个案百分比为 29.6%；选择"律师的口碑"的有 37 人，所占百分比为 21.3%、个案百分比为 37.8%；选择"收费标准"的有 17 人，所占百分比为 9.8%、个案百分比为 17.3%；选择"律师的学历"的有 6 人，所占百分比为 3.4%、个案百分比为 6.1%；选择"律师的经验"的有 51 人，所占百分比为 29.3%、个案百分比为 52.0%；选择"律师的业务范围"的有 21 人，所占百分比为 12.1%、个案百分比为 21.4%；选择"其他标准"的有 13 人，所占百分比为 7.5%、个案百分比为 13.3%。

表 4-7　如何判断律师业务能力的个案摘要

	有效		缺失		总计	
	N	百分比(%)	N	百分比(%)	N	百分比(%)
$ No. 5[a]	98	97.0	3	3.0	101	100.0

a. 值为 1 时制表的二分组。

表 4-8　判断律师业务能力的指标

		响　应		个案百分比
		N	百分比(%)	(%)
判断律师业务能力的指标[a]	律所的名气	29	16.7	29.6
	律师的口碑	37	21.3	37.8
	收费标准	17	9.8	17.3
	律师的学历	6	3.4	6.1
	律师的经验	51	29.3	52.0
	律师的业务范围	21	12.1	21.4
	其他判断律师业务水平的标准	13	7.5	13.3
总　计		174	100.0	177.6

a. 值为 1 时制表的二分组。

通过上述数据，"律师的经验"、"律师的口碑"和"律所的名气"位列指标的前三甲，体现了律师职业属于经验型、服务型职业的特点。同时，也说明通常来说律师的业务能力是随着律师执业年数的增加而提高的。

特别需要说明的是，"个案百分比"反映了选择某一指标在98份有效样本中所占的比例，一份有效样本代表了一个被访者的选择取向，因此可以视为被访者对律师业务水平衡量指标的取向；而"百分比"是某一具体指标在被访者选择的全部指标174个指标中所占的比例，反映了被访者对指标的关注度，可以作为业务能力评价模型中律师业务水平衡量指标评价权重的依据。

5. 对律师的总体评价

关于对律师的总体评价，共有90份问卷作了有效回答。其中，回答"非常满意"的有12人，占有效回答的13.3%；"比较满意"的有35人，占有效回答的38.9%；"一般"的有31人，占有效回答的34.4%；"不满意"的有8人，占有效回答的8.9%；"非常不满意"的有4人，占有效回答的4.4%（见表4-9）。

表4-9　对接触过的律师的总体评价

		频率	百分比（%）	有效百分比（%）	累积百分比（%）
有　效	非常满意	12	11.9	13.3	13.3
	比较满意	35	34.7	38.9	52.2
	一般	31	30.7	34.4	86.7
	不满意	8	7.9	8.9	95.6
	非常不满意	4	4.0	4.4	100.0
	合　计	90	89.1	100.0	
缺　失	系　统	11	10.9		
合　计		101	100.0		

52.2%（13.3% + 38.9%）的人对律师表示满意，13.3%（8.9% + 4.4%）的人对律师不满意。这说明被调查者的过半数对于律师的工作及业务能力还是持肯定态度的，但也还是有一成多的人不满意律师提供的服务。律师整体在服务普通民众时尚有提升的空间。

6. 对律师收费的认识

调查问卷对于律师收费的认识设置了问题，期望了解普通民众在聘请律师时，对于结果与收费之间的关系的预期。对此问题，共有95份问卷作了有效回答。其中，认为"只要能够解决问题，收费高也无所谓"有4人，有效百分比为4.2%；"希望能够解决问题，但收费要合理"有66人，有效百分比为

69.5%；"有律师总比没有好，希望收费尽可能低"有25人，有效百分比为26.3%（见表4-10）。因此，绝大多数的被访者认为收费合理最重要。

表4-10 对于律师收费的认识

		频率	百分比(%)	有效百分比(%)	累积百分比(%)
有 效	只要能够解决问题，收费高也无所谓	4	4.0	4.2	4.2
	希望能够解决问题，但收费要合理	66	65.3	69.5	73.7
	有律师总比没有好，希望收费尽可能低	25	24.8	26.3	100.0
	合 计	95	94.1	100.0	
缺 失	系 统	6	5.9		
合 计		101	100.0		

7. 找律师的难度与咨询问题的类型的交叉分析

将找律师的难度与所咨询的法律问题的类型两方面的回答进行交叉分析，得出表4-11。根据表4-11，可以得出如下初步的结论。

表4-11 法律问题类型和找律师的难度的交叉制表

单位：件，%

		找律师的难度					合计
		非常容易	比较容易	一般	不易	非常难	
婚姻继承	计数	3	9	8	9	3	32
	比例	9.4	28.1	25.0	28.1	9.4	100
交通医疗事故纠纷	计数	0	1	1	4	0	6
	比例	0	16.7	16.7	66.7	0	100
邻里纠纷	计数	0	0	1	4	1	6
	比例	0	0	16.7	66.7	16.7	100
房屋拆迁	计数	0	1	5	4	0	10
	比例	0	10	50	40	0	100
买卖租赁	计数	0	2	3	5	0	10
	比例	0	20	30	50	0	100
刑事犯罪	计数	0	0	0	1	2	3
	比例	0	0	0	33.3	66.7	100
消费者维权	计数	1	0	1	1	1	4
	比例	25.0	0	25.0	25.0	25.0	100
劳动争议	计数	0	0	2	4	1	7
	比例	0	0	28.6	57.1	14.3	100
其他法律问题	计数	1	2	2	10	2	17
	比例	5.9	11.8	11.8	58.8	11.8	100

（1）婚姻继承类问题中，回答"比较容易"（28.1%）、"一般"（25.0%）和"不易"（28.1%）的各占1/4左右。这说明在就婚姻继承类法律问题找律师时，其难易程度没有固定的趋向，而是因个案而定。

（2）交通医疗事故纠纷类问题中，认为找律师"不易"的占66.7%。说明在交通医疗事故纠纷案件中找律师不容易，也从一个侧面反映了从事此类业务的律师相对缺乏。

（3）邻里纠纷类问题中，认为找律师"不易"的占66.7%，"非常难"的占16.7%。说明邻里纠纷类案件找律师确有难度。而邻里纠纷并不属于需要特殊专业知识的业务范畴，之所以找律师困难，可能是因此类业务比较琐碎、复杂，而收费相对较低，所以律师不愿意接手此类业务。

（4）房屋拆迁类问题中，50%认为找律师的难度"一般"，40%认为"不易"。

（5）买卖租赁类问题中，20%认为"比较容易"，30%认为"一般"，50%认为"不易"。

（6）刑事犯罪类问题中，33.3%认为"不易"，66.7%认为"非常难"。这印证了司法实务中刑事辩护律师少，找刑辩律师难的现实。这与刑事犯罪案件的整个大环境有关。

（7）消费者维权类问题中，除"比较容易"无人选择外，其余四项均为25%。说明个案差异较大。

（8）劳动争议类问题中，无人认为"非常容易"或者"比较容易"，57.1%认为"不易"，14.3%认为"非常难"。说明此类案件不容易找到合适的律师。

（9）其他法律问题中，各选项均有人选择，58.8%认为找律师"不易"。

综上所述，对于一般民众来说，找律师不是件容易的事情。普通的婚姻继承、买卖租赁这样的民事的、相对案件量大的案件比刑事犯罪等涉及公权力的案件容易委托律师。

8. 找律师的难度与找律师的途径的交叉分析

将找律师的难度与找律师的途径两方面的回答进行交叉分析，得出表4-12。根据表4-12，可以得出如下初步的结论。

（1）通过朋友介绍律师是相对容易的途径。如表4-12所示，通过朋友介绍的途径找律师的，认为找律师"非常容易"和"比较容易"的占 45.9%（8.1% + 37.8%）；认为"不易"和"非常难"的占 40.5%（32.4% + 8.1%）。

（2）通过其他途径找律师都不容易。如表 4 – 12 所示，通过上网查找途径找律师的，55.2% 认为"不易"；通过广告途径找律师的，6.5% 认为"非常容易"，58.1% 认为"不易"，12.9% 认为"非常难"；通过在路上看到律所招牌的途径找律师的，36.4% 认为难度"一般"，45.5% 认为"不易"；通过其他途径找律师的，5.6% 认为"比较容易"，27.8% 认为难度"一般"，55.6% 认为"不易"。

表 4 – 12　找律师的难度与找律师的途径的交叉制表

单位：件，%

| | | \multicolumn{5}{c}{找律师的难度} | 合计 |
		非常容易	比较容易	一般	不易	非常难	
朋友介绍	计数	3	14	5	12	3	37
	比例	8.1	37.8	13.5	32.4	8.1	100
上网查找	计数	2	3	8	16	0	29
	比例	6.9	10.3	27.6	55.2	0	100
通过广告	计数	2	0	7	18	4	31
	比例	6.5	0	22.6	58.1	12.9	100
路上看到律所招牌	计数	1	0	4	5	1	11
	比例	9.1	0	36.4	45.5	9.1	100
其他寻找律师的渠道	计数	0	1	5	10	2	18
	比例	0	5.6	27.8	55.6	11.1	100

9. 判断律师业务能力的指标与对律师的总体评价的交叉分析

将判断律师业务能力的指标与对律师的总体评价两方面进行交叉分析，得出表 4 – 13。根据表 4 – 13，可以得出如下初步的结论。

（1）选择以"律所的名气"判断律师业务能力的被访者中，有 25.0% 对律师"非常满意"；25.0% 对律师"比较满意"；32.1% 对律师评价为"一般"；仅有 17.9% 对律师"不满意"。

（2）选择以"律师的口碑"判断律师业务能力的被访者中，20.6% 对律师"非常满意"；29.4%"比较满意"；41.2% 认为"一般"；8.8%"不满意"。

表 4-13　判断律师业务能力的指标与对律师的总体评价的交叉制表

单位：件，%

| | | 对接触过的律师的总体评价 | | | | | 合计 |
		非常满意	比较满意	一般	不满意	非常不满意	
律所的名气	计数	7	7	9	5	0	28
	比例	25.0	25.0	32.1	17.9	0	100
律师的口碑	计数	7	10	14	3	0	34
	比例	20.6	29.4	41.2	8.8	0	100
收费标准	计数	2	3	8	1	1	15
	比例	13.3	20	53.3	6.7	6.7	100
律师的学历	计数	1	2	3	0	0	6
	比例	16.7	33.3	50	0	0	100
律师的经验	计数	5	21	15	5	1	47
	比例	10.6	44.7	31.9	10.6	2.1	100
律师的业务范围	计数	4	6	7	2	2	21
	比例	19.0	28.6	33.3	9.5	9.5	100
其他判断律师业务 水平的标准	计数	3	3	4	1	1	12
	比例	25.0	25.0	33.3	8.3	8.3	100

（3）选择以"收费标准"判断律师业务能力的被访者中，13.3%对律师"非常满意"；20.0%"比较满意"；53.3%认为"一般"；6.7%"不满意"；6.7%"非常不满意"。

（4）以"律师的学历"判断律师业务能力的被访者中，16.7%对律师"非常满意"；33.3%"比较满意"；50.0%认为"一般"。以律师的学历作为判断律师业务能力的人，在选择律师时自然是选择尽量高学历的律师。这从一个侧面说明被访者对高学历的律师的满意度较高。

（5）选择以"律师的经验"判断律师业务能力的被访者中，10.6%对律师"非常满意"；44.7%"比较满意"；31.9%认为"一般"；10.6%"不满意"；2.1%"非常不满意"。"非常满意"和"比较满意"占到了55.3%，是所有判断律师业务能力指标中满意度最高的。这也与"律师的经验"在所有判断律师业务能力的指标中排名第一的结果相符。其逻辑关系是：律师的经验越丰富，其业务能力越强，其客户满意度越高。但是，亦有一成的"不满意"，还有一位被访者选择了"非常不满意"。

（6）选择以"律师的业务范围"判断律师业务能力的被访者中，19.0%

对律师"非常满意";28.6%"比较满意";33.3%"一般";9.5%"不满意";9.5%"非常不满意"。80%以上选择"律师的业务范围"来判断律师业务能力的被访者对律师的满意度作了中上的评价,说明律师业务对口可以直接提升客户的满意度。

（7）此外,选择以"其他"标准判断律师业务能力的被访者中,25.0%对律师"非常满意";25.0%"比较满意";33.3%认为"一般";8.3%"不满意";8.3%"非常不满意"。

10. 对律师的总体评价与对律师收费的认识的交叉分析

将对律师的总体评价与对律师收费的认识两方面进行交叉分析,得出表4-14。根据表4-14,可以做出如下初步的分析。

表4-14 对接触过的律师的总体评价与对于律师收费的认识交叉制表

单位:件,%

			对于律师收费的认识			合计
			只要能够解决问题,收费高也无所谓	希望能够解决问题,但收费要合理	有律师总比没有好,希望收费尽可能低	
对接触过的律师的总体评价	非常满意	计数	1	9	2	12
		比例	8.3	75	16.7	100
	比较满意	计数	2	26	6	34
		比例	5.9	76.5	17.6	100
	一般	计数	1	17	11	29
		比例	3.4	58.6	37.9	100
	不满意	计数	0	7	1	8
		比例	0	87.5	12.5	100
	非常不满意	计数	0	3	1	4
		比例	0	75	25	100
合计		计数	4	62	21	87
		比例	4.6	71.3	24.1	100

对于律师的总体评价选择"非常满意"的被访者中,对于律师收费的认识,选择"只要能够解决问题,收费高也无所谓"的占8.3%;选择"希望能够解决问题,但收费要合理"的占75.0%;选择"有律师总比没

有好，希望收费尽可能低"的占16.7%。对于律师的总体评价选择"比较满意"的被访者中，对于律师收费的认识的选择也呈现了与"非常满意"相似的比例：选择"只要能够解决问题，收费高也无所谓"的占5.9%；选择"希望能够解决问题，但收费要合理"的占76.5%；选择"有律师总比没有好，希望收费尽可能低"的占17.6%。

虽然问题的设置仅是对于律师收费的认识，但是，该认识会直接影响其对于律师的选择。因此，可以认为，在对于律师总体评价"满意"的被访者中，对律师收费高低的认识各不相同，说明收费的高低并不影响客户对于律师的总体评价。也就是说，不论律师收费高低，都有令人满意的律师。

对于律师的总体评价选择"一般"的被访者中，对于律师收费的认识，选择"希望收费尽可能低"的比重较之对律师评价"非常满意"和"比较满意"的被访者明显增多。其具体数据是：选择"只要能够解决问题，收费高也无所谓"的占3.4%；选择"希望能够解决问题，但收费要合理"的占58.6%；选择"有律师总比没有好，希望收费尽可能低"的占37.9%。

而对于律师的总体评价选择"不满意"和"非常不满意"的被访者中，认为"只要能够解决问题，收费高也无所谓"的为0。选择"希望能够解决问题，但收费要合理"的分别占87.5%和75.0%；选择"有律师总比没有好，希望收费尽可能低"的分别占12.5%和25.0%。

从数据中可以看出，选择"只要能够解决问题，收费高也无所谓"的被访者中，对律师的总体评价均为满意或者一般，没有不满意的。综上所述，收费高的律师服务更好，满意度更高。但是，不能据此反推，令人满意的律师收费不一定都高。

11. 找律师的难度与对律师收费的认识的交叉分析

将找律师的难度与对律师收费的认识两方面进行交叉分析，得出表4-15。从表4-15中，看不出明显的规律性。除了认为"只要能够解决问题，收费高也无所谓"的被访者中，对于找律师的难度既没有选择"非常容易"的，也没有选择"非常难"的，其他各项都有选择，且没有规律性。因此，对于律师收费高低的预期，并不影响找律师的难易程度。

表4-15　找律师的难度与对于律师收费的认识交叉制表

单位：件，%

			对于律师收费的认识			合计
			只要能够解决问题，收费高也无所谓	希望能够解决问题，但收费要合理	有律师总比没有好，希望收费尽可能低	
找律师的难度	非常容易	计数	0	2	3	5
		比例	0	40.0	60.0	100
	比较容易	计数	1	11	4	16
		比例	6.3	68.8	25.0	100
	一般	计数	1	15	6	22
		比例	4.5	68.2	27.3	100
	不易	计数	2	30	10	42
		比例	4.8	71.4	23.8	100
	非常难	计数	0	7	1	8
		比例	0	87.5	12.5	100
合　计		计数	4	65	24	93
		比例	4.3	69.9	25.8	100

（二）对市民个人的访谈

除了通过北京律师协会的公益法律服务热线的问卷调查，本课题组还直接对部分普通市民（非律师）进行了个人访谈，对北京律师业务能力的问题进行了调查。访谈对象是与律师有过接触的市民。其中，既包括不具备法律专业学习背景的人员，也包括具有法律专业知识的人员；既包括一般社会在职工作人员，也包括大专院校在读学生。对该人群的访谈，反映了作为律师的客户方的看法。

（1）聘请律师的途径。聘请律师的途径主要有：朋友、熟人的介绍；通过网络、电台和报纸等媒介的广告；通过律师事务所组织的法律法规培训课程发现；咨询律师协会，请求推荐等。绝大多数人首选通过朋友介绍，认为信任第一，此方法最为可靠。此外，有受访者提出，希望能够建立北京律师基本信息数据库等由官方或者中立的第三方提供的平台用于查找适合的律师。

（2）聘请北京律师的难易度。几乎所有的受访者都认为北京律师资源丰富，聘请到律师并不难。但有受访者提到聘请到适合的律师也要费周折。

（3）称职律师应具备的素质。受访者认为称职律师应具备的素质有：①热爱律师工作，有良好的职业道德，公正客观，责任心强；②精通法律业务知识；③具有良好的口才，善于谈判；④认真对待当事人，善于处理社会关系；⑤良好的外语能力；等等。

（4）衡量律师业务能力的指标。受访者列举的衡量律师业务能力的指标有：①当事人的满意度，是否值得当事人信赖；②律师的以往业绩、胜诉率①等；③法律专业知识、技能是否扎实、熟练，例如法律文书的质量、证据收集是否全面等；④工作态度，例如庭审辩论是否积极等；⑤业内口碑；⑥收费是否合理；等等。

（5）对北京律师的总体评价及满意度。对于北京律师的总体评价，受访者普遍认为，北京律师素质较高，整体业务能力在全国领先，但也存在业务能力参差不齐的问题。总体来看，对于北京律师基本满意。具体来说，对于律师的法律专业能力和服务态度较为满意；而对于涉及其他具体行业的知识及实际情况时律师往往了解不够，缺乏该行业相关知识的储备。

（6）律师业务能力与收费高低的关系。受访者普遍接受优秀的律师适当提高收费，认为较高的收费可以保障和激励律师提供更好的专业服务。但是，绝大多数人同时认为，律师的收费高低与其业务能力并不成正比，并不是收费高的律师就是业务能力高的律师。也就是说，律师收费高未必业务能力高，而受访者愿意为业务能力高的律师适当支付较高费用。

综上所述，对于北京律师和北京律师的业务能力，受访者还是有较为一致的认识的。北京律师人才充足，总体水平高，业务能力在全国首屈一指。在北京不难聘请到律师，但是要想聘请到合适的律师仍有一定的难度。对于律师的业务能力的内容，受访者也特别强调了律师处理与客户的关系的能力。对于律师业务能力与收费高低的关系问题，受访者多认为，收费高不一定代表律师业务能力高，而业务能力高的律师必定收费高。

---

① 也有受访者认为，不应以单一的胜诉率为指标评价律师的业务能力。

四 境外律师事务所驻京代表
机构对北京律师的评价

在北京市司法局和北京市律师协会的支持和协助下，本课题组对外国和中国香港律师事务所驻京代表机构（以下简称"外资所"）进行了调研。

本次的调研对象是（排名不分先后）：英国高伟绅律师事务所北京代表处（以下简称"高伟绅所"）、美国伟凯律师事务所驻北京代表处（以下简称"美国伟凯所"）、日本西村朝日律师事务所驻北京代表处（以下简称"日本西村朝日所"）、韩国律村律师事务所驻北京代表处（以下简称"韩国律村所"）、英国路伟律师事务所驻北京代表处（以下简称"英国路伟所"）、美国众达律师事务所北京代表处（以下简称"美国众达所"）和孖士打律师事务所驻北京代表处（以下简称"孖士打所"）。

外资所驻京代表处从事的业务活动领域非常广泛，包括知识产权、诉讼与仲裁、项目融资、直接投资、公司重组和破产、兼并收购、反垄断、竞争和经济监管、银行和金融、房地产、危机管理、争议纠纷、海外证券发行及外国法、国际条约、国际惯例的法律咨询等全方位的法律服务。

本次调研旨在了解外资所对律师业务能力的理解、与中国律师的合作方式、对中国律师的评价及是否自行进行业务培训等问题，从而分析北京涉外法律服务方面的市场状况，得出北京律师是否能够满足涉外法律服务的市场需求的结论。

（一）对律师业务能力的理解

外资所对于律师业务能力的理解概括起来，主要包括两方面的能力：一是法律专业技能；二是商务综合能力。

法律专业技能主要包括：扎实的法律知识、对法律问题的理解、法律法规的掌握、应用相关法律解决实际问题及法律合同和文书的撰写等。

商务综合能力包括：对行业的理解、客户服务意识、沟通和协调能力、领导和管理能力、人际交往能力、实际操作能力、语言能力和调研能力等。

此外，有外资所提到，律师业务能力还包括业务拓展能力、良好的职业道德、社会责任感和团队精神等。

（二）与中国律师及律师事务所的合作方式

外资所与中国律师事务所的合作业务领域包括：跨国并购中涉及中国法律事务以及在中国的反垄断审查申报；中国公司、银行和金融机构等在海外市场的兼并收购、融资贷款、上市业务以及境外仲裁、知识产权等涉及的有关中国企业的中国法律相关业务等。

外资所与中国律师及律师事务所在合作过程中，既有以外国律师事务所为主的业务，也有以中国律师事务所为主的业务。合作方式主要有两种：其一，与中国律师事务所建立长期的委托关系；其二，依照个案的具体情况进行合作。有的外资所仅采用其中一个合作方式，即或者长期合作，或者仅采用个案合作的方式；也有外资所同时采用两种合作方式，对于某些类型的项目采用与中国律师事务所长期合作的方式，而对于另外类型的项目采用个案合作的方式。

有的外资所对于建立了长期合作关系的中国律师事务所，采用小时单的方式向客户进行收费。也就是说，在解决客户在个案中的问题时，律师分不同级别，按个案用时量，依小时费率计费。

依照个案的具体情况进行合作的方式又可分为：（1）由客户自行选定中国律师事务所，外资所与中国所分工合作，由外资所负责项目中所有涉及境外法律的内容，由中国律师事务所负责项目中涉及中国法律的内容；（2）由外资所应客户要求，推荐合适的中国律师事务所，由客户直接与中国律师事务所签署服务协议；（3）由外资所负责选定中国律师事务所，外资所负责与客户沟通并且制定项目执行的战略规划，由中国律师事务所具体实施。

（三）对中国律师及其业务能力的评价

在调查中，外资所普遍认为，随着越来越多的中国企业"走出去"，中国律师开始在涉外法律服务中担当起桥梁的作用，为有意往境外投资的境内企业提供初期的建议，并与境外律师共同向境内客户提供涉外法律服务，优势互补，实现客户全球化服务。

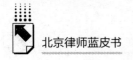

1. 中国律师提供的服务能够满足需要

对于中国律师及其业务能力，外资所均给出了积极的评价。认为随着中国企业"走出去"和海外投资的逐年增多，中国律师事务所律师的整体业务水平、服务质量以及外语水平均有大幅度提高，具备较高的业务能力。特别是大型所，具有非常高的业务能力，积累了更多与国外律师事务所和外国客户打交道的知识与经验。外资所表示，对于中国律师提供的服务比较满意或者基本满意，认为目前能够满足需要。并且，随着中国律师事务所的专业化、规模化和规范化的发展，中国律师的综合素质必然会有不断的提高。

2. 具有国外学习或者工作背景的中国律师的积极作用

具有留学背景的中国律师及曾在外资所工作过的有中国背景的律师加盟中国律师事务所对于提升中国律师涉外法律服务的水平的作用，多个外资所均给予了肯定。他们认为具有留学背景的中国律师及曾在外资所工作过的有中国背景的律师不但了解涉外法律知识，而且精通外语，在给中国律师事务所带入宝贵的法律实践经验的同时，也带入了在国外或者外资所多年养成的良好的管理体系和市场发展模式。他们在涉外法律服务中成为骨干力量，担任了重要的角色，极大地促进了中国律师事务所整体业务水平的提高和参与国际业务的能力。

此外，有外资所认为，一些中国律师事务所通过在中国香港、纽约及东京等地设立分支机构和与国际律师事务所合并等方式将其业务网络扩展到海外，必将进一步促进中国所的国际化程度，增强其参与大规模跨国业务的能力。

3. 中国律师的不足

外资所同时指出，中国律师事务所的服务质量参差不齐，并不是所有的中国律师都具备较高的业务能力和专业知识储备。他们希望中国律师具备能够让客户认同的、在案件的各个阶段更加细致开展工作的能力；进一步提高与外国客户协调及沟通能力；提升合同起草能力、谈判能力及英语能力。

此外，律师不仅仅是提供相关案件的法律服务，还应主动提供一些"增值"服务。例如，与投资相关的财务、税务等综合服务。这就需要律师积极学习新的知识，熟练掌握相关领域的规章制度及知识。

4. 中外律师事务所之间的互通与渗透

有外资所提到在合作过程中的互通和渗透的特点。无论从法律专业知识的互通和普及，包括相关文件的撰写、不同司法辖区的不同法律制度、各国律师的不同司法实践等，还是律师人才的流动，都体现了外资所与中国律师在合作中相互渗透、相互学习、互通有无、共同提高的特点。

还有外资所多年与中华全国律师协会合作举办培训班，内容涉及合同与法律咨询文书制作、国际商务谈判、律师事务所管理技能和律师涉外业务开拓技能等，旨在提升中国律师的业务能力。

（四）北京代表处的业务培训状况

1. 对所内律师的培训制度

外资所多设有面向所内律师的培训制度。培训的目的主要是提高律师的专业水平，并使律师能够最大程度地发挥自身技能。

有外资所的培训对象仅限于工作一至两年的年轻律师及法律助理。更多的外资所的培训对所内所有律师开放。培训制度较为完善的外资所有根据律师的资历及能力设置的分级课程。

外资所的培训方式主要有内部培训和外部培训两种。内部培训由本所的合伙人、高级律师及业务能力强、经验丰富的律师担任讲师进行培训。外部培训聘请外部专业培训机构的培训讲师为律师提供培训。

外资所的培训内容非常广泛，涉及各个业务领域的法律知识及运用、法律写作、英文写作、商务谈判技巧、管理技能、客户关系维护、新法规速报、热点法律问题及办公软件（如 word、excel、powerpoint）操作等。

培训既有定期培训，也有不定期的培训。根据培训内容的需要，培训形式方面有整天的课堂式讲授，也有利用午休时间的简短讲座。

2. 派出学习

有外资所通过让律师到外面参加研讨会、座谈会及培训课程等，提高律师的业务能力。例如，为律师报名参加专业机构组织的新出台政策的解读及相关问题分析的业务培训。

3. 对外培训

有些外资所还积极致力于融入本地社区，积极参与中国的法制、文化和教育建设。例如，为各级政府机构、大型国有企业、大学和行业协会举

办法律研讨会，在国际条约和国际惯例方面为相关人员提供培训。积极参加中国的立法咨询项目，为部委及职能部门提供外国相关法律的制定和执行情况的信息。

外资所还热心于培养"未来的法律工作者"。例如，参与高校举办的座谈会、论坛，与法学院的学生分享执业经验；在华设立国际法律奖学金，颁发给品学兼优的法律专业本科生和研究生；与大学合作，赞助模拟法庭大赛中国赛区的比赛；为法律专业的大学生提供短期实习的机会；等等。

五　公司律师对于律师业务能力的认识

在北京市司法局和北京市律师协会的支持和组织下，本课题组与部分企业的公司律师就企业的需求、公司律师的现状、地位、业务范围和业务能力及企业外聘律师状况进行了座谈。

（一）企业对律师的需求

各企业因企业性质及业务的不同对于公司律师和社会律师的需求各种各样，不尽相同。通过座谈，企业对于社会律师大致有以下几方面要求：

（1）业务要求：要求律师熟悉本公司的业务，对本公司的业务领域有足够的经验。

（2）合法性要求：要求律师能够在合法的前提下促成业务。

（3）服务个性化要求：因企业法律事务千变万化，要求对待企业的法律事务给予个性化的服务，尽量避免模板化的处理方式。

（4）全局观要求：要求律师能够从全局出发，在法律风险与企业发展之间做出正确的权衡。

（5）本土化要求：尽量委托所在国家的本土社会律师，以避免文化背景的差异所导致不必要的麻烦。

对于公司律师，企业都非常重视。企业普遍希望能够壮大公司律师的队伍。在现阶段无法扩充公司律师的人数的情况下，各公司通过完善企业内部的晋升、职称评定等相关制度，希望留住本企业的公司律师，避免向社会律师的单向流动。并且，通过对公司律师的继续教育，提升公司律师的专业能力，从"万金油"式培养，转向强调公司律师对某项法律事务的专业性。

（二）公司律师的现状

公司律师普遍受到各企业领导的重视，但是各企业在对于公司律师所在机构的设置及公司律师的薪酬待遇存在很大的差异。虽然多数企业设立了法律事务部，但是有些企业的法律事务部下还设有分支机构，而有些企业的法律事务部属于边缘部门。在公司律师的薪酬待遇方面，有些企业的公司律师薪酬很高，甚至有仅低于本企业老板的绝对高收入人群；但也有些企业的公司律师的薪酬待遇低于该领域的一般社会律师。

试点公司律师制度已有几年，但是由于企业无法提出增加公司律师的申请，一旦公司律师流失，就难以补充新的力量。在有些企业中，法律顾问数量依然远远多于公司律师的数量。企业希望开启申请公司律师的渠道，增加公司律师的呼声很高。

（三）公司律师的地位

公司律师普遍认为公司律师对内是辅助决策部门，地位消极，主要负责"踩刹车"的角色；对外是与外部联络的桥梁。在企业中的上升空间有限，职位晋升和薪酬均受到限制，地位及受重视程度不如企业法律顾问。

对于公司律师是否具有独立性的问题，公司律师之间存在分歧。多数公司律师认为，公司律师不主张其独立性，是企业的辅助决策部门；但也有公司律师认为，公司律师经常会遇到法律风险与企业短期收益相矛盾的情况，此时，律师是否具有独立性取决于个人的抉择。

有个别大型企业通过将公司律师往更高级别的单位调动，改善公司律师的地位，并起到了职业激励的作用。

（四）公司律师的业务范围

公司律师的主要任务是对风险进行事前防范、事中控制。因此，风险防范

是公司律师的首要业务内容。联系社会律师是公司律师工作的重要内容。此外，公司律师的业务范围主要有企业日常法律事务、合同审查、项目谈判、知识产权管理和诉讼等，业务覆盖企业法律事务的全部内容。对于涉诉业务多依赖于社会律师。

（五）公司律师的业务能力

较之社会律师的业务能力更注重法律专业能力，公司律师的业务能力更注重服务综合能力。具体来说，公司律师应具有服务企业的经营管理能力、组织沟通能力、人际交往能力、战略影响能力、创新能力、处理企业涉外法律事务能力及法律专业能力等。特别是包括处理企业内部复杂的人事关系在内的人际交往能力，被参加座谈会的公司律师反复提到。

（六）企业外聘社会律师的情形

随着公司律师成长，很多企业表示对于社会律师的依赖程度日益降低。企业主要在下列情形时外聘社会律师：第一，特殊的专业领域；第二，涉诉业务；第三，业务发生地不在北京。

综上所述，公司律师的业务范围及业务能力等均与一般社会律师存在很大差异。随着社会经济的发展，公司律师的作用必将进一步加大。现有公司律师队伍已经不能满足企业的需求，需要通过完善公司律师制度，壮大公司律师队伍。

六　律师业务能力的自我认知

本课题组就律师业务能力等问题对北京部分执业律师进行了访谈。虽然是随机进行的律师访谈，既包括合伙人律师也包括一般律师，但是受访律师普遍具有以下特点：①至少取得了一个法律专业学位；②均有较为固定的业务领域；③无论日常业务中是否使用外语，都具有并认为需要一定的外语水平。据此可以看出，北京律师普遍具有法律专业学习背景和一定的外语水平，较为固定的业务领域使其专业化水平较高。

（一）如何定义和理解律师业务能力

对于如何定义和理解律师业务能力的问题，受访律师给出了多种回答。总结受访律师的观点，具体来说律师业务能力主要包括：法律专业知识的掌握；逻辑分析能力；通晓与所代理案件相关的知识和社会情况的能力；合作沟通能力和营销能力；口头表达能力和书面表达能力；观察和把握细节的能力；等等。有律师主张，律师的业务能力不能一概而论，合伙人律师、一般律师或者律师助理所应具备的业务能力均不尽相同。诉讼律师与非诉律师的业务能力也不同，对诉讼律师的要求会更高。诉讼律师的业务能力主要是对案件的正确把握和判断能力，正确的判断来源于法学的功底和律师之间的言传身教；非诉律师的业务能力最重要的是对案件的思路。总之，律师的宏观认识事务的能力是最重要的。此外，对新生业务的快速把握及处理也是律师的重要业务能力。还有律师强调，做律师首先是做人，律师要正直。

在对律师的访谈中，北京律师对于律师的业务能力的理解有两个特点：第一，受访律师对于法律专业能力都没有过多谈及。这可能是因为律师认为法律专业能力是律师理所当然应具备的能力。第二，律师均谈到律师业务能力应包括沟通能力、人际交往能力及营销能力。这符合律师是一个服务行业，是与人打交道的行业特点。

（二）如何评价北京律师的业务能力

对于北京律师的业务能力，受访律师一致认为，北京律师在国内口碑很好，业务能力位居全国首位；各业务领域人才济济，对于新生业务能够很快上手，可以满足各种客户的需求。但是，业务能力的各个方面还有进一步提升的空间。有律师指出，北京律师的行业竞争压力大，各自为战的状况非常不利于律师行业及业务的发展，对此，北京市律师协会可以更好地发挥组织作用。

（三）如何提高律师业务能力

对于提高律师业务能力的途径，受访律师均表示，除了日常自己学习以外，通过律师事务所内部的日常培训是提高律师业务能力的最主要途径。律师

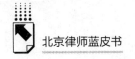

事务所的培训形式主要有外聘讲座、内部培训和案例研讨等。此外，行业性或者全国性的研讨会和培训、参加高等院校组织的培训、通过诸如 QQ 群等通信手段随时与同行探讨法律问题等也是提高律师业务能力的重要途径。

综上所述，北京律师对于自身的业务能力要求较高，在肯定北京律师整体业务能力较高的同时，也清楚地认识到不断提高业务能力的必要。应该说，北京律师对于业务认真、努力，并有积极进取的精神。

七　北京律师提高业务能力的途径

（一）北京市律师协会对于提高律师业务能力所做的工作

1. 设置业务指导与继续教育委员会和专业委员会

北京市律师协会下设业务指导与继续教育委员会和专业委员会，开展业务指导和专业交流及培训等工作。业务指导与继续教育委员会作为专门委员会，负责管理和监督各专业委员会的工作。

（1）业务指导与继续教育委员会

业务指导与继续教育委员会是北京市律师协会下设的 15 个专门委员会①之一，是理事会的决策咨询工作机构。

业务指导与继续教育委员会负责统筹律师业务培训工作，负责对协会专业委员会开展的活动进行指导、管理和监督，负责组织专业委员会制定律师业务操作指引和业务规范，就提高会员业务水平、拓展会员业务领域进行调研，为协会决策机构提供有关业务培训及业务指导方面的咨询意见和建议。

（2）专业委员会

北京市律师协会下设专业委员会。专业委员会由从专业水平较高的律师中

---

① 北京市律师协会下设的 15 个专门委员会分别是：律师行业发展研究委员会、权益保障委员会、会员事务委员会、宣传与联络委员会、人大代表与政协委员联络委员会、执业纪律与执业调处委员会、律师事务所管理指导委员会、外事委员会、青年律师工作委员会、业务指导与继续教育委员会、女律师工作委员会、规章制度委员会、财务委员会、申请律师执业人员管理考核工作委员会、公司与公职律师工作委员会。

选拔出来的委员组成，对从事不同业务的律师和律师事务所进行业务指导和促进交流。专业委员会接受业务指导与继续教育委员会的管理和监督。

第九届北京市律师协会设置包括宪法、民法、物权法、合同法、侵权法、婚姻与家庭法、民事诉讼法、仲裁法、刑法和刑事诉讼法等在内的共57个专业委员会。各专业委员会对本专业方向进行理论研究，对相关法律、法规和司法解释等进行学习、探讨，解决律师在本专业方向遇到的问题，举办培训讲座，提高律师的业务水平。

2. 组织律师考核工作

（1）律师执业考核

为进一步强化及完善北京地区申请律师执业人员管理工作，北京市律师协会经理事会审议批准，成立了北京市律师协会申请律师执业人员管理考核工作委员会，作为专门委员会。该工作委员会于2010年3月29日召开了成立大会暨第一次全体会议。

申请律师执业人员管理考核工作委员会的主要职责包括：负责统筹实习律师管理工作和申请重新执业、异地变更执业机构人员的考核工作；就实习集中培训的教学规划和课程设置提出调整意见，制定接收实习律师的律师事务所和指导律师的标准，制定考核办法和标准，并为协会决策机构提供实习律师管理方面的咨询意见和建议。

2011年，北京市律师协会组织实习期满申请律师执业人员面试考核35期，共有1500名实习律师参加，考核合格人员1328名；组织11期重新申请律师执业人员和异地变更执业机构人员面试考核，共有243人参加，184人考核合格。

（2）律师年度考核

根据《中华人民共和国律师法》、司法部《律师事务所年度检查考核办法》、北京市司法局的年度检查考核工作通知、《北京市律师协会章程》及《北京市律师协会会费管理办法》的有关规定，北京市律师协会于每年6月对全市律师的执业活动进行年度考核。

为了规范律师执业活动的年度考核工作，保障广大律师依法执业的权利，充分发挥市律师协会行业管理职能，根据《中华全国律师协会律师执业活动年度考核办法》，北京市律师协会成立了"律师执业活动年度考核工作委员会"及"律师执业活动年度考核工作复查委员会"，并以通知的形式，就"律师考核工作的工作原则、考核范围、考核时间、考核内容、考核标准、考核结果、律师暂缓考核的规定、考核程序、考核结果公示、考核结果复查以及考核结果备案和公告"等进行了具体说明。

2011 年度北京律师事务所和律师年度考核工作中，共有 1448 家律师事务所、20339 名律师通过考核。

3. 组织律师业务培训

（1）建立业务培训系统

北京市律师协会建立了北京律协业务培训系统。该系统是北京律师参加业务培训的计算机系统，按照《北京市律师业务培训办法》（试行）的有关规定，执业律师每年必须参加 40 课时以上的业务培训，其中现场培训至少 16 课时，其他课时可以参加网上培训。

2011 年北京执业律师参加各种培训合计 35886 人次。其中，参加职业道德执业纪律培训的有 18748 人次；参加继续教育培训的有 13148 人次；参加学历教育培训的有 1511 人次；参加赴国外、境外培训的有 278 人次；参加外语培训的有 2201 人次（见表 4 – 16）。

表 4 – 16　2011 年北京执业律师培训情况

单位：人次

培训方式	人次	培训方式	人次
职业道德执业纪律培训	18748	赴国外、境外培训	278
继续教育培训	13148	外语培训	2201
学历教育培训	1511	合　计	35886

数据来源：以上数据由北京市司法局提供。

（2）举办实习律师培训班

北京市律师协会为申请律师执业人员举办了集中培训班。2011 年，共举办申请律师执业人员集中培训班 5 期，参训人数 1000 余人，1008 人通过考核并取得结业证书。

（3）举办青年律师阳光成长计划培训班

为了进一步提高青年律师的执业技能，北京市律师协会青年律师工作委员会制定了"青年律师阳光成长计划"，并于 2009 年 10 月 24 日举办了第一期培训班。培训班旨在提升北京青年律师的执业水准，对取得律师执业证 5 年以下（含 5 年）的北京律师进行培训。培训班主要开展执业取向引导及律师技能培训。其中，执业取向包括业务取向和执业心态取向，技能培养侧重于从听、说、读、写四大技能对功用型、实战型技能进行培养。

2011 年，北京律协还举办了 3 期基础培训班、4 期二阶段培训班和 6 次三阶段实操培训，900 余人次青年律师参加了培训。

（4）举办公益法律咨询中心志愿律师岗前培训

2011 年 10 月 28 日，北京市律师协会举办了第三批公益法律咨询中心志愿律师岗前培训。培训内容主要涉及律师的职业道德与执业纪律，值班律师的接访规则、接访技巧和接访礼仪，以及律所联系人的工作任务与应该注意的事项等。共有 480 名律师接受了岗前培训。

（5）开展华盛顿大学法学院访问学者项目

北京市律师协会在首都律师网发布了《关于选派律师参加华盛顿大学法学院访问学者项目的通知》，开展美国华盛顿大学法学院亚洲法研究中心访问学者项目。该项目每批为期 11 周，分别于 2011 年 6 月及 9 月分两批，共派出访问学者 8 人。

4. 开展国际交流

北京市律师协会通过与各国律师协会的交流，了解国外律师协会及律师执业状况，进而完善律协工作，提升北京市律师的业务能力及水平。

（1）参加环太平洋律师协会年会

2011 年 4 月 21～24 日，北京律师代表参加了在日本京都/大阪召开的环太平洋律师协会第 21 届年会，并拜会了日本东京辩护士会及当地律师事务所。

（2）接待各国律协代表团来访

2011 年，北京市律师协会先后接待了俄罗斯联邦律师协会代表团、法国巴黎律师协会代表团、韩国首尔地方辩护士会代表团、蒙古律师协会代表团和英国大律师公会代表团的来访，就双方合作、交流事宜进行了沟通。

（3）与国外大学建立合作关系

2011年，北京市律师协会与美国明尼苏达大学蒙代尔法学院建立了合作关系。由明尼苏达大学法学院为北京律协会员举办美国法律暑期培训项目。

5. 举办讲座与研讨会

北京市律师协会还通过举办讲座、召开座谈会和研讨会等多种形式进行业务学习和探讨，提升律师的素质及业务能力。2011年先后举办了律师文化名家讲座、"中国对东欧直接投资"讲座；召开了"政府法制建设与律师服务座谈会"、"刑事诉讼法修改与律师权益保障专题座谈会"、"代理敏感性案件座谈会"、"北京律师职业精神座谈会"、"代理群体性案件座谈会"、"探讨律师查询车辆信息制度座谈会"及"律师仲裁工作座谈会"等。

举办各种专题研讨会，如《中华人民共和国民事诉讼法修正案（草案）》相关专题研讨会、《专利代理条例》研讨会、商事仲裁发展新趋势国际研讨会、政府信息公开与律师执业研讨会、第十三届劳动人事争议案例研讨会、"同是法律人——审理与代理民商类案件"研讨会、区县律协规章建设研讨会、"市场经济下律师业务的新发展"研讨会及"2011年度中国十大传媒法事例发布会暨学术研讨会"等。

此外，还举办了"第三届北京公益法律论坛"、"理解·适用·完善——《侵权责任法》实施一周年论坛"，派员赴香港参加了"两岸三地青年律师论坛：资本市场新趋势——合作与机遇"。

6. 发布实习律师管理办法

2008年，北京市律师协会制定了《北京市律师协会申请律师执业人员实习管理办法》，使得实习管理工作有章可循，加强了实习律师的管理力度，对接受实习人员的律师事务所和指导律师设定了条件，规范了申请实习人员的档案管理，使实习律师管理工作步入正轨，行业协会在律师的"入门"环节开始发挥作用。

（二）律师事务所的自主培训及考核

1. 培训

北京的律师事务所对于律师培训都较为重视。特别是中、大型所，多数都会有对所内律师的定期培训活动。培训讲师一般分为外聘讲师和内部律师讲师两种。内部律师的讲座是律所培训中采用最多的形式。在很多接受访谈的律师所在律师事务所，内部律师的讲座均是定期固定的培训活动。因此，律师事务所的内部培训是律师提高业务能力的重要方式，是日常的、具有针对性的提高途径。

2. 律师事务所刊物

很多中、大型律师事务所定期或者不定期地发行所内刊物。刊物的形式和内容多种多样。根据刊物的内容大致可以分为综合刊物、法规速递、法学研究及年报、简报等。

综合刊物多为律师事务所的所刊。所刊旨在建立一个律师事务所与客户交流的平台。所载文章中一部分出自律师事务所所内律师的投稿。刊物的内容丰富多彩，设有多个栏目。例如君合律师事务所《君合人文》、金杜律师事务所《金杜》、大成律师事务所《大成律师》、天元律师事务所《天元律师》、共和律师事务所《共和期刊》、炜衡律师事务所《炜衡》、浙江阳光时代律师事务所北京分所《阳光时代》、中伦律师事务所《中伦视界》及观韬律师事务所《观韬律师》等。

法规速递是介绍和解读中央及地方新出台的法律、法规及政策。例如观韬律师事务所《观韬法讯》、中伦律师事务所《中伦法规动态》、共和律师事务所《每周法规速递》、天元律师事务所《新法速递》及君合律师事务所《法规汇编》等。

法学研究类刊物是对于律师办案经验的总结，及办案过程中遇到的疑难法律问题的理论探讨，包括法学理论研究和案例分析等内容。例如《天元研究》及炜衡律师事务所《法学探讨》等。

年报、简报是律师事务所的新闻简讯。例如中伦律师事务所《中伦年报》和《中伦简报》及观韬律师事务所《法律信息简报》等。

律师事务所通过定期或者不定期地发行所内刊物，为律师提供业务学习、交流和探讨的平台，从而可以帮助律师提高业务能力。

3. 考核

除了北京市律师协会组织的年度考核，律师事务所也设有所内的考核。所内考核中对于业务量的考核是较为普遍的。例如，一些律师事务所采用了小时单制度。小时单制度本是律师向客户收取费用时所采用的一种计时收费制度。现在也被一些律师事务所用于律师的考核。也就是说，小时单制度是将律师的业务以时间进行计算的量化制度。通过小时单的计算，可以直观地看到每个律师的业务量，反映律师的业务能力。

（三）律师的自修

律师除了参加北京市律师协会组织的各种形式的行业培训和考核，参加所在律师事务所的内部培训以外，还可以通过自主学习和个人参与外部培训等途径提高自身的业务能力。

北京律师对于自身的业务能力的提高还是非常重视的。绝大多数律师希望通过学习提高自己的业务能力，愿意参加能够提升自我能力的培训等。有的律师自发地组成团体对法律问题进行探讨；也有的律师自行参加高校等组织的法律研讨活动。因此，北京市律师协会可以为律师提供更多的外部学习、培训信息，以供律师自主选择。

八　对北京律师人才现状的分析

2007 年 10 月 28 日，第八届全国人民代表大会常务委员会第三十次会议通过了修改后的《律师法》，将律师界定为"依法取得律师执业证书，接受委托或者指定，为当事人提供法律服务的执业人员"，同时增加规定了律师的职业使命，即"律师应当维护当事人合法权益，维护法律正确实施，维护社会公平和正义"。2012 年修订后的《律师法》延续了上述规定。因此，律师的业务就是提供法律服务，通过对当事人提供法律服务维护当事人的合法权益、法律的正确实施和社会的公平与正义。这就要求律师要具备法律专业能力和服务综合能力。

北京律师的人数在全国位居前列。如前所述，通过调研，不论是普通市民，还是律师均普遍认可北京律师的业务能力在全国首屈一指，并且没有明显的业务短板。可以说，北京律师可以胜任当前社会对法律业务的需求。

　　从现有的律师业务能力状况看，涉外法律业务相对来说是北京律师业务的薄弱环节，从事涉外法律业务的律师尚不够充足，能够独立处理涉外法律业务的律师人数仍然较少。

　　一方面，开展全国统一的司法考试后，虽然司法考试的难度较之律师考试时代有所下降，相对来说，进入律师队伍的门槛降低了；但是，另一方面，要进入律师队伍就必须进入律师事务所实习，并参加一个月的集中培训，增加了考试，从而提高了对律师的要求。因此，实际上律师的业务素质及能力较之以前有了很大的提高，执业技巧更高，整体素质向上发展。

　　律师的专业背景和学历、执业经验、沟通能力及其个人业务范围等都直接影响着对其业务能力的判断。北京市律师协会通过对律师及律师事务所的考核、组织律师业务培训、开展交流及发布律师业务操作规程等活动对律师业务能力的提高起到了积极的促进作用。

B.5
北京律师2011～2012年业务
收入增长放缓原因分析

冉井富　王琛*

摘　要：

改革开放以来，北京律师的业务收入一直呈快速增长的趋势。然而，自2011年以来，北京律师业务收入增长放缓，就像快速行驶的汽车突然踩了刹车一样，增长的速度突然慢了下来。在这两年中，2011年北京律师业务收入总额在2010年的基础上，仅增长了4.0%，而在2012年，甚至只增长了1.5%。究其原因，主要是三个方面的影响所致：一是统计上的偏差放大了律师业务收入增长放缓的印象，但这种情形主要存在于2011年；二是经济形势的变化是近两年来律师业务收入增长放缓的最根本因素；三是律师人数减少或者增速减缓是近两年来律师业务收入增长放缓的又一个重要因素。除此之外，还有一些因素的影响也是客观存在的，应当引起足够的关注和重视，但是统计上不太显著。这些因素主要包括服务水平竞争的影响、低价竞争的影响、收费标准变化的影响、执业环境的影响等方面。未来北京律师业务收入的增长趋势，将受到经济形势、法治发展、执业准入措施调整、竞争因素、税制改革等因素的影响，最终的结果是多种因素作用的合力所致。虽然这些影响因素的发生和变化具有一定的偶然性，但是北京律师行业的发展和业务收入的增长具有更多的利好因素，北京律师业务收入总额将呈现为平缓但持续、稳步增长的趋势。由于实行更严格的执业准入，北京律师队伍的规模扩张会有所控制，所以虽然律师业务收入总额的增长放缓，但是律师的人均业务收入增长速度将明显快于过去年份，律师的日子将越来越好过。

---

* 冉井富，中国社会科学院法学研究所副研究员，法学博士；王琛，国家检察官学院教师，法学硕士。

关键词：

　北京律师　　业务收入　　增长放缓　　原因分析

一　问题：北京市 2011 年律师业务收入增长放缓

　　改革开放以来，北京律师业务收入一直呈快速增长的趋势。在改革开放初期，北京乃至全国的律师行业几乎一片空白。然而，截至 2004 年，北京律师业务收入总额达到了 40.7 亿元，增长迅速。2004 年以来，北京律师业务收入继续保持快速增长的势头。然而，在 2011 年，现有的统计数据表明，北京律师业务收入增长放缓，年增长率只有 4.0%。在 2012 年，增长速度进一步放慢，增长率只有 1.5%，为改革开放以来的最低值。这意味着，快速增长了 30 多年的北京律师业务收入，在 2011 年突然放缓，连续两年低增长。显然，这是一个不寻常的变化。

　　进一步考察发现，这一不寻常的变化具有三个特点。

　　第一，2011 年以来，北京律师收入的增长速度低于往年的增长。结合图 5－1 和图 5－2 来看，自 2004 年以来，全国律师业务收入总额持续增长。在 2005~2010 年之间，北京律师业务收入年增长率最大是在 2006 年达到 34.2%，最小是在 2009 年也有 8.4%，平均年增长率达到 18.6%。然而，在 2011 年，就像快速行驶的汽车猛然踩了刹车，增长的速度突然慢了下来。如图 5－1 所示，2011 年北京律师业务收入总额在 2010 年的基础上，仅增长了 4.0%，显著低于此前的年份。而在 2012 年，甚至只增长了 1.5%。如果考虑到物价指数的变化，实际上是负增长。

　　第二，在 2011 年、2012 这两年中，北京律师收入的增长速度都略低于全国同期的平均值，二者大致处于同一水平。这表明，2011 年来律师收入增长放缓既是北京的地区性特点，又是全国性的趋势。说是全国性的趋势，是因为如图 5－2 所示，自 2004 年以来，全国律师业务收入总额持续增长，但是在 2010~2011 年之间，增速也明显放缓，年增长率只有 4.2%，明显低于前几年的增长速度。同样，增长速度在 2012 年进一步降低为 1.6%，仅略高于北京。

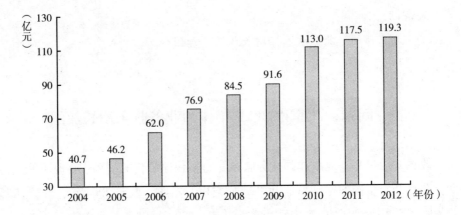

图 5 - 1　2004～2012 年北京律师年度业务收入

数据来源：（1）2004～2009 年的数据来源于《中国律师年鉴》相应年份的版本；
（2）2010～2012 年的数据来源于北京市司法局提供的律师业务收入情况年度报告。

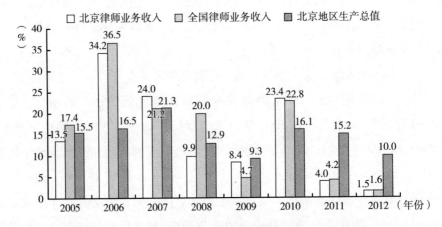

**图 5 - 2　2005～2012 年北京律师业务收、全国律师收入、
北京地区生产总值的年增长率对比**

数据来源：（1）2005～2009 年全国律师业务收入的数据来源于《中国律师年鉴》相
应年份的版本；（2）2010～2012 年的全国律师业务收入数据来源于司法部有关部门提供
的统计报表；（3）2005～2012 年北京地区生产总值来源于《北京统计年鉴 2013》。

　　由此观之，北京律师收入在 2011 年来的放缓，体现了全国律师行业发展变化
的共同特点。在这里，无论是全国性的增长放缓，还是北京地区性的增长放
缓，都需要给予深入而具体的解释。

　　第三，2011 年来北京律师收入的增长速度低于北京同期其他行业的增长

158

速度。从图 5 - 2 来看，北京市 2011 年的地区生产总值年增长率达到 15.2%，增长是显著的，而这个数据是北京地区各个行业年增长的综合结果。相比较而言，北京律师业务收入在 2011 年只有 4.0% 的年增长率。而在 2012 年，北京的地区生产总值增长率下降为 10.0%，与此同时，北京律师业务收入的增长率也进一步降到 1.5%，二者之间仍然存在显著的差距。律师作为一种服务行业，是北京经济总量的组成部分，同时又和经济总量中的其他行业有一定的依存关系。基于这种关系，二者增长速度的差距表明，在各种行业之中，律师行业收入增长放缓是不寻常的现象，需要我们作出特别的解释。

律师业务收入是衡量律师行业发展水平的重要指标，所以，这种不寻常的变化一经出现，就应当引起我们的关注，我们应当追问：这一变化确切的情形是什么？发生这一变化的原因是什么？本报告试图对这些问题进行分析和解释，找出制约北京律师行业发展的影响因素，为北京律师的行业管理和执业活动提供更多的经验依据和理论指导。

二 统计数据的检验与核实

（一）统计的口径

为了考察北京律师业务收入增长变缓的原因，我们从律师主管部门调研获得了大量的数据。为了保证数据的可比性，本文主要使用主管部门的年底财务决算报告。这些报告中的数据的特点，一是统计截止的时间在年底，并且各年相同，能够统计全年绝大多数律所的收入信息；二是统计项目使用相同的分类标准，即基本上都是划分为"非诉讼法律事务"、"法律顾问"、"民事代理"、"经济案件"、"刑事诉讼"、"行政诉讼"、"咨询代书"、"其他"等八种业务提供收入信息的。

（二）统计的准确性

只有真实、准确的统计数据，才能成为衡量和讨论律师收入增长的依据。然而，统计数据没有绝对准确，只有相对准确。尽管如此，我们仍要考察影响统计准确性的各种因素，确定准确性的程度，看看统计偏差是否可以测算和排除；如果不能精确测算和排除，则看看是否可以在一定的精确度要求下予以忽略。这里主要涉及两个问题。

1. 统计的律所范围是否全面？

在当前的司法统计实践中，律师业务收入的数据主要由律师事务所向律管部门报送。按照要求，每个律所都应该报送收入统计表。但是，就实际情况来看，每年只有一部分律所报送了收入统计。如表 5 - 1 所示，近五年来，报送收入的律所的比例大概在 90%。仅仅从这个比例来看，律师收入的统计和真实的情况是有很大出入的。但是进一步分析发现，差距其实可以忽略。

表 5 - 1　北京市报送收入状况的律所所占比例

律　所		2007 年	2008 年	2009 年	2010 年	2011 年	2012 年
律所总数(家)		1091	1211	1355	1400	1609	1672
报送律所总数(家)		1016	1029	1152	1290	1489	1548
报送比例(%)		93.1	85.0	85.0	92.1	92.5	92.6
业务收入总额(亿元)		76.9	84.5	91.6	113	117.5	119.3
报送收入律所中	收入1000万元以上律所						
	数量	160	165	170	194	193	185
	占报送比例(%)	14.7	13.6	12.5	13.9	12.0	11.1
	收入(亿元)	56.8	64.3	70	90.95	93.3	93.4
	占收入比例(%)	73.9	76.1	76.4	80.5	79.4	78.3
	收入100万元 ~ 1000万元律所						
	数量	515	510	532	583	638	606
	占报送比例(%)	47.2	42.1	39.3	41.6	39.7	36.2
	收入(亿元)	18	18.6	19	20.21	21.8	20.6
	占收入比例(%)	23.4	22.0	20.7	17.9	18.6	17.3
	收入100万元以下律所						
	数量	333	338	420	513	658	730
	占报送比例(%)	30.5	27.9	31.0	36.6	40.9	43.7
	收入(亿元)	1.4	1.5	1.7	1.84	2.4	2.6
	占收入比例(%)	1.8	1.8	1.9	1.6	2.0	2.2

数据来源：基本数据来源于北京市司法局提供的律师业务收入情况年度报告，部分数据系根据基本数据整理和计算得出。

首先，尽管每年均有10%左右的律所未报送业务收入，但是这些律所的业务收入远远不到10%。这是因为，律所在收入方面存在着比"二八"现象还要悬殊的分化。如表5-1所示，在2011年时，收入在1000万元以上的律所数量占12.0%，收入却占到79.4%；相反，收入在100万元以下的律所数量占到了40.9%，但是收入只占2%。其他年份虽程度有所不同，却也大致如此。每年那些未报送业务收入的律所，都是规模较小的律所，它们或者因为新成立尚未开户，或者因为年检没有通过，或者其他原因，而没有报送。虽然没有确切的数据，但是根据律所收入分化突出的规律推算，未报送收入的10%左右的律所的总收入应该在0.5%以下。

其次，尽管每年都有一部分律所没有报送律师业务收入，但是每年这部分律所的比例是接近的，未报送的原因也是大致相同的，这使得各个年份统计数据的误差方向相同，因而增加了不同年份之间的可比性。

综上所述，尽管每年报送收入的律所只有90%左右，但是覆盖的收入可以占到99.5%以上。而且各年份误差的方向相同，在年度对比时误差可以抵消，从而不影响我们关于北京律师年度业务收入增长放缓的基本判断。

2. 律所是否准确填报？

律师业务收入数据的形成要经过很多环节。一是所有的收费都要在律师事务所入账，律师不得私自接受委托和收取费用。二是律师事务所要有健全的财务制度，将所有的收支入账。三是律师事务所要将所有的收入完整、真实、准确地报送律师管理部门。客观地说，在现实生活中，前两个环节肯定存在一些不规范做法，因为不规范的做法存在一定的利益诱因。但是，对于我们的统计数据来说，这些不规范做法是可以忽略的。这是因为，一方面，这些不规范做法是违反有关法律法规的，是要面临重大惩罚风险的，铤而走险的毕竟是少数；另一方面，在基本的体制没有大的变化的情况下，该有的每年都有，年与年之间不会有大的起伏，所以，在年度的统计对比中，这些误差因为同时存在而互相抵消。

但是，我们在律师访谈中还发现了一种扭曲律所真实收入水平但是形式上合法的做法。这些做法缘于律师业务收入征税的地区差异。在我国当前，制度上对律师事务所有查账征收和核定征收两种方式，而在实践中，核定征收较为普遍。核定方式是根据若干具体因素大致地确定一个税率。在实践中，各地核定的税率存在差异。如图 5-3 所示，北京的税率不算全国最高，但是也有很多地区的税率比北京低。我们在调查中发现，由于存在这种税率差异，一些在其他地区设有分支机构的大型律所，将部分收入转入税率相对较低的地区结算。

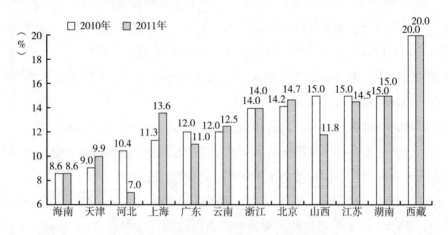

图 5-3 部分地区律师业务收入平均税率对比

数据来源：本图中的数据系根据司法部有关部门提供的收入金额和税收金额计算得出。

此外，税制调整预期也导致了北京部分律所对财务安排有所调整。在 2011 年时北京律师行业税收仍执行核定征收，但是由于对北京率先试行查账征收的政策预期，部分律师事务所已经对本所财务有所调整。一些大所在 2011 年和 2012 年将部分收入转到税制政策相对宽松的外地分所进行结算。

大型律所的这些做法，在一定程度上减少了北京律师账面上的业务收入，使得收入数据和真实的收入水平之间存在差异。

三 经济形势的影响

对于律师业务收入的影响因素，我们首先想到的就是社会的法律服务需求，而法律服务需求又受到社会形势的影响。社会形势各方面的变化，包括经济、政治、文化、法治等，都会影响到法律服务的需求。但是一般来说，文化观念的变化是渐进的、逐步的，不会在年度之间导致急剧的法律服务需求变化，所以这里略去不考察。政治和法律相对比较稳定，但是也可能发生重大变化，从而对法律服务需求产生影响，导致律师业务收入年度之间的大幅变化。对于这方面的影响，下文另作专门考察；而经常性地、大幅度地影响法律服务需求的因素，主要是经济方面。

经济形势对法律服务需求的作用，主要是通过经济体制、经济规模和经济运行状况三个方面发挥影响。但是，除了社会快速转型时期以外，经济体制相对稳定，只有经济规模和经济运行状况处于不断的变化之中，所以这里对经济因素影响的考察主要集中在两个方面。虽然这两个方面都属于经济因素，但是在现代法治社会中，它们影响法律服务需求的方向并不相同。其中，经济发展的规模和法律服务的需求具有正相关的关系。这是因为，经济发展规模的增长，意味着具有更加频繁的交易活动、更大数量的交易金额，以及更强的支付意愿和支付能力。经济运行状况的影响则较为复杂，可能对法律服务的社会需求同时产生不同方向的影响：一方面，经济形势不好时，通常会出现更多的债务偿还危机，出现更多的合同履行纠纷，因而需要更多的法律服务；另一方面，经济形势下滑通常也意味着交易活动减少，支付能力减弱，因此法律服务需求随之减少。而这两个方面的合力，会在不同时期出现不同的结果。通常，经济萧条导致的法律服务需求减少是一个长期的效应，而其带来的法律服务需求增加是一个短期的效应，这种增加会随着原有交易纠纷的逐步解决而逐渐消失。所以，在经济萧条初期，法律服务需求的增加和减少在数量上会大致相抵，但是增加和减少的业务类型有所不同；大约两年之后，经济萧条带来的法律服务需求增加效应会逐渐消失，如果此时萧条仍在持续，则法律服务需求总量将不断萎缩。

基于上述理论分析，我们具体考察经济形势对北京律师业务收入变化所产生的影响。这里要考察的地域范围，既包括北京，也包括全国。这是因为，一方面，律师执业不受地域限制，北京的律师同时要面向全国的法律服务需求；另一方面，北京是国家的首都，是全国的一个重要的经济中心，北京的经济形势和全国相连。

我们先考察经济发展规模的影响。这里采用通常的做法，使用国内生产总值（GDP）和地区生产总值来衡量经济发展的总量。根据前文的理论分析，生产总值和法律服务需求具有正相关的关系，在其他影响因素不发生变化的情况下，生产总值增加，会带来更多的法律服务需求，律师业务收入总额因此上升；反之，生产总值下降，导致法律服务需求减少，律师业务收入总额随之也会下降。实际的统计数据在很大程度验证了理论上的分析。如表5-2和图5-4所示，一方面，自2004年以来，我国的国内生产总值和北京的地区生产总值始终呈高速增长的态势，与此相伴，无论是全国还是北京，律师业务收入总额都是呈快速增长的趋势；另一方面，在增长的幅度上，生产总值和律师业务收入在多数年份是吻合的。比较显著的是在2008~2009年，因为国际金融危机的影响，国内生产总值和北京地区生产总值的增长幅度双双下滑。在2009年时，分别降到8.6%和9.3%，远远低于前几年。与此相伴，无论是全国还是北京，律师业务收入总额的增长速度也存在相应下滑。其中，全国律师业务收入的年增长率在2009年下降到4.7%，同样，北京律师业务收入的年增长率也在2009年下降到8.4%。在2012年时，类似的影响也存在。当年全国和北京的生产总值的增幅显著低于前一年，分别仅增长了9.8%和10.0%。结果律师的业务收入也受到影响，分别仅仅增长了1.6%和1.5%。

表5-2 2003~2012年北京与全国国内生产总值和律师业务收入总额年增长率对比

	国内生产总值		北京地区生产总值		全国律师业务收入总额		北京律师业务收入总额	
	亿元	年增长率（%）	亿元	年增长率（%）	亿元	年增长率（%）	亿元	年增长率（%）
2003年	135822.756		5007.2					
2004年	159878.34	17.7	6033.2	20.5	132.8		40.7	
2005年	184937.37	15.7	6969.5	15.5	155.8	17.4	46.2	13.5
2006年	216314.43	17.0	8117.8	16.5	212.8	36.5	62.0	34.2
2007年	265810.31	22.9	9846.8	21.3	257.9	21.2	76.9	24.0
2008年	314045.43	18.1	11115.0	12.9	309.4	20.0	84.5	9.9
2009年	340902.81	8.6	12153.0	9.3	324.1	4.7	91.6	8.4
2010年	401512.80	17.8	14113.6	16.1	398.0	22.8	113.0	23.4
2011年	472881.56	17.8	16251.9	15.2	414.5	4.2	117.5	4.0
2012年	519322.00	9.8	17879.4	10.0	421.0	1.6	119.3	1.5

数据来源：生产总值分别来源于《中国统计年鉴2012》和《北京统计年鉴2013》，2012年国内生产总值来源于国家统计局2013年2月22日发布的《中华人民共和国2012年国民经济和社会发展统计公报》。

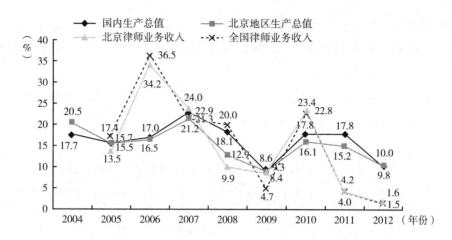

图 5 - 4　2004~2012 年北京与全国国内生产总值和律师业务收入年增长率对比

　　但是，仅仅依据生产总值的变化，无法解释 2011 年全国和北京的律师业务收入增长放缓。在 2011 年，全国和北京的生产总值分别增长了 17.8% 和 15.2%，和前一年基本在同一水平，但是全国和北京的律师业务收入的增幅在 2011 年分别都出现了显著的下滑，分别只有 4.2% 和 4.0%。相对来说，北京地区下降得略多一点。同样，在 2012 年，全国和北京的生产总值的增幅相当于或略高于 2009 年的水平，但是当年律师业务收入的增幅却显著低于 2009 年的水平。因此，生产总值增长放缓也不能完全解释 2012 年全国和北京律师业务收入增速下降的程度。要解释这些特殊变化，还需要考察经济运行的状况。

　　我们采用国际上比较通行的制造业采购经理人指数（PMI）来衡量经济运行的状况。采购经理人指数可分为制造业指数和服务业指数，其中，制造业采购经理人指数对于经济运行状况具有更为有效的指标作用，因为制造业是实体经济，实体经济不仅本身在经济体中占有重要比重，而且其运行状况会影响或传递给服务业。各国的采购经理人指数的计算方法不完全相同，但基本原理是一致的。总的来说，是通过对企业采购经理的月度调查结果统计汇总、编制而成的指数，它涵盖了企业采购、生产、流通等各个环节，是国际上通用的监测宏观经济走势的指数之一，具有较强的预测、预警作用。中国制造业采购经理人指数是由订单、生产、雇员、配送、存货等项目的指标经过加权得出的。具体的权重分布是：PMI = 订单 × 30% + 生产 × 25% + 雇员 × 20% + 配送 × 15% + 存货 × 10%。

采购经理人指数以百分比来表示，常以 50% 作为经济强弱的分界点：当指数高于 50% 时，被解释为经济扩张的信号；当指数低于 50%，尤其是非常接近 40% 时，则有经济萧条之虞。

如表 5-3 和图 5-5 所示，在最近几年中，我国的采购经理人指数多数时间大于 50%，表明经济形势多数时间是向上的、扩张的。但是在 2008~2009 年间，

表 5-3　2008~2012 年中国制造业采购经理人指数（PMI）变化

月份	PMI（%）	环比增长（%）	月份	PMI（%）	环比增长（%）
2008 年 01 月	53.0	-2.3	2010 年 07 月	51.2	-0.9
2008 年 02 月	53.4	0.4	2010 年 08 月	51.7	0.5
2008 年 03 月	58.4	5.0	2010 年 09 月	53.8	2.1
2008 年 04 月	59.2	0.8	2010 年 10 月	54.7	0.9
2008 年 05 月	53.3	-5.9	2010 年 11 月	55.2	0.5
2008 年 06 月	52.0	-1.3	2010 年 12 月	53.9	-1.3
2008 年 07 月	48.4	-3.6	2011 年 01 月	52.9	-1.0
2008 年 08 月	48.4	0.0	2011 年 02 月	52.2	-0.7
2008 年 09 月	51.2	2.8	2011 年 03 月	53.4	1.2
2008 年 10 月	44.6	-6.6	2011 年 04 月	52.9	-0.5
2008 年 11 月	38.8	-5.8	2011 年 05 月	52.0	-0.9
2008 年 12 月	41.2	2.4	2011 年 06 月	50.9	-1.1
2009 年 01 月	45.3	4.1	2011 年 07 月	50.7	-0.2
2009 年 02 月	49.0	3.7	2011 年 08 月	50.9	0.2
2009 年 03 月	52.4	3.4	2011 年 09 月	51.2	0.3
2009 年 04 月	53.5	1.1	2011 年 10 月	50.4	-0.8
2009 年 05 月	53.1	-0.4	2011 年 11 月	49.0	-1.4
2009 年 06 月	53.2	0.1	2011 年 12 月	50.3	1.3
2009 年 07 月	53.3	0.1	2012 年 01 月	50.5	0.2
2009 年 08 月	54.0	0.7	2012 年 02 月	51.0	0.5
2009 年 09 月	54.3	0.3	2012 年 03 月	53.1	2.1
2009 年 10 月	55.2	0.9	2012 年 04 月	53.3	0.2
2009 年 11 月	55.2	0.0	2012 年 05 月	50.4	-2.9
2009 年 12 月	56.6	1.4	2012 年 06 月	50.2	-0.2
2010 年 01 月	55.8	-0.8	2012 年 07 月	50.1	-0.10
2010 年 02 月	52.0	-3.8	2012 年 08 月	49.2	-0.9
2010 年 03 月	55.1	3.1	2012 年 09 月	49.8	0.6
2010 年 04 月	55.7	0.6	2012 年 10 月	50.2	0.4
2010 年 05 月	53.9	-1.8	2012 年 11 月	50.6	0.4
2010 年 06 月	52.1	-1.8	2012 年 12 月	50.6	0.0

数据来源：国家统计局官网。

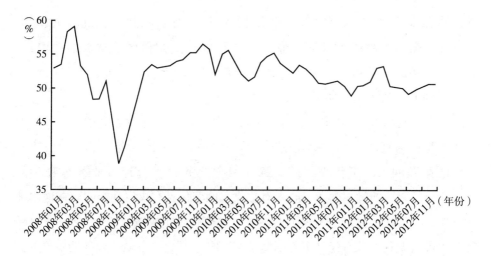

图5-5 2008~2012年中国制造业采购经理人指数（PMI）变化

由于国际金融危机的影响，采购经理人指数有几个月份连续低于50%，甚至在2008年11月份低于40%，只有38.8%。在这一时期，出口受阻，产品积压，经济形势极端困难。采购经理人指数变化和生产总值的变化也是大致对应的：严峻的经济形势也拖累了国内生产总值，但是国内生产总值的反应有一定的滞后性，2008年后半段发生了国际金融危机，国内生产总值在2009年迎来最近十年的最低增长幅度：8.6%。而正是经济形势的这种变化，在一定程度上影响了此后两年北京律师的业务收入。

首先，经济运行状况的恶化严重影响了2009年的律师业务收入。在2009年，无论是全国的律师业务收入，还是北京地区的律师业务收入，增幅双双下跌。其中，北京律师业务收入增幅降为8.4%，全国律师业务收入增幅更是降为4.7%。这种下降既有经济形势恶化导致的经济规模增幅下滑所产生的影响，也有经济形势恶化导致的经济纠纷增加的影响，这两种影响方向不同，二者的合力导致2009年律师业务收入增幅下滑。其次，在经济萧条的后续影响和经济回暖的双重作用下，2010年全国和北京的律师业务收入增幅都创下近几年新高。在2010年，一方面，由于国家4万亿元的投资拉动，生产总值增幅回升，全年的采购经理人指数都在50%以上；另一方面，前两年经济萧条产生的经济纠纷继续释放，两方面的影响方向一致，共同作用，导致 2010 年律师业务收入显著增长。其中，北京增幅达 23.4%，全国增幅达 22.8%。最后，在 2011 年，尽管经济规模继续增长，但是前几年经济萧条产生的经济纠纷释放结束，所以，在单一因素的作用下，律师业务收入增长明显放缓。

经济运行状况对 2011 年律师业务收入的影响在具体业务类型的收入变化中体现得更为直观。表 5 - 4 中的统计数据显示，在 2011 年，非诉讼法律事务、法律顾问、民事代理、经济案件四种业务收入合计占业务总收入的 93.2%，所以这四种律师业务收入对总收入的变化具有决定性影响。在这四种业务中，非诉讼法律事务增长了 17.4%，民事代理小幅增长了 2.7%，法律顾问几乎没有变化，只有经济案件下降了 13.2%。因此，从具体业务类型的角度

表 5 - 4 2007 ~ 2012 年北京律师具体业务类型的收入变化对比

单位：亿元

业务类型		2007 年	2008 年	2009 年	2010 年	2011 年	2012 年	2011 年年增长率（%）	2012 年年增长率（%）
收入合计		76.9	84.5	91.6	113	117.5	119.3	4.0	1.5
非诉讼法律事务	收入	25.38	30.42	27.48	34.33	40.3	37.3	17.4	-7.4
	比例（%）	33	36.0	30	30.4	34.3	31.3		
法律顾问	收入	13.07	14.87	19.24	29.02	29	29.2	-0.1	0.7
	比例（%）	17	17.6	21	25.7	24.7	24.5		
民事代理	收入	13.07	14.70	19.24	22.88	23.5	24	2.7	2.1
	比例（%）	17	17.4	21	20.2	20.0	20.1		
经济案件	收入	16.92	17.75	18.32	19.25	16.7	16	-13.2	-4.2
	比例（%）	22	21.0	20	17.0	14.2	13.4		
刑事诉讼	收入	1.54	1.86	2.75	2.23	2.2	2.8	-1.3	27.3
	比例（%）	2	2.2	3	2.0	1.9	2.3		
行政诉讼	收入	2.31	0.76	0.92	1.18	1.3	2.4	10.0	84.6
	比例（%）	3	0.9	1	1.0	1.1	2.0		
其他	收入	4.61	3.55	3.66	4.11	4.5	7.6	9.5	68.9
	比例（%）	6	4.2	4	3.6	3.8	6.4		

数据来源：部分来源于北京市司法局提供的律师业务收入情况年度报告，部分数据系根据该报告提供的比例推算得出。

看，2011 年北京律师业务收入增长放缓的原因可以归结为：非诉讼法律事务的增长使收入总额继续增长，经济案件的下降使收入总额增幅放缓。

这四种业务的具体内容各有特点，经济因素对它们的影响各不相同：非诉讼法律事务主要是经济交易中的法律服务需求，所以，主要体现了生产总值的影响；经济案件来源于经济纠纷，受经济运行状况影响大；民事案件中有的和经济活动联系紧密，受经济规模影响较大，有的则受经济运行状况的影响更大；法律顾问从长期来看，受经济规模影响较大，但是从短期来看，主要还是受法律的实效性、经营方式和文化观念等因素的影响。具体来看，2011 年北京律师非诉讼法律事务收入增长了 17.4%，这主要体现了 2011 年国内产生总值 17.8% 的增幅和北京地区生产总值 15.2% 的增幅的影响；经济案件下降了 13.2%，这主要是 2008 年、2009 年经济萧条所产生的经济纠纷逐步化解、经济案件的案源减少的结果。因此，从这个角度来说，2011 年律师业务收入变化的原因主要在于：生产总值的持续增长保持了律师业务收入持续增长，但是经济运行状况的好转和前几年经济萧条的后续影响逐步减弱，降低了收入总额的增幅。

同样的原理也可以部分地解释 2012 年北京律师业务收入的变化。2012 年经济形势的总体特点，一是经济增速放缓，国内生产总值和北京地区生产总值的增速只是略高于严重受到国际金融危机影响的 2009 年；二是综合各个月份来看，采购经理人指数明显低于 2010 年，略低于 2011 年。2012 年的经济形势可以说是高开低走。如图 5-5 所示，2012 年初的几个月，采购经理人指数明显高于 50%，但是从 5 月份开始直到年底，该指数只是略高于 50%，甚至两度在此线之下。从表 5-4 来看，这种经济形势对 2012 年北京律师各种业务类型的收入增长产生了一定的影响。最明显的是，非诉讼法律事务收入出现了显著的下滑，这体现了经济规模增速放缓的立竿见影的影响。同样，由于经济增长放缓，法律顾问业务的收入也没有出现明显的增长。民事代理收入虽然在 2012 年出现了 2.1% 的增幅，但是增速仍略低于 2011 年，显著低于 2010 年以前各年份。总体来看，经济形势未能增加北京律师 2012 年的业务收入，而仅有的 1.5% 的增幅主要来自刑事诉讼、行政诉讼等受经济因素影响较小的业务类型。

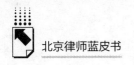

四 行业竞争的影响

由于律师提供的法律服务是市场产品，所以律师收入的变化还要考虑市场竞争的影响。这是因为，一方面，竞争的手段和激烈程度也会对法律服务的需求和价格产生影响，进而影响律师业务收入；另一方面，由于律师执业不受地域限制，律师的行业竞争可能影响不同地区的法律业务份额，从而影响地区的律师业务收入。

第一，行业竞争会反过来影响法律服务的社会需求，进而影响北京地区的律师业务收入。行业竞争的这种影响，和竞争的手段有关。在律师行业，竞争的手段主要包括两种类型，一种是提高法律服务水平的竞争。法律服务的水平是一个综合性的指标，包括技术水平、工作效率、规范化、便利性、有效性等方面。另一种是价格的竞争，或者说通过降低价格的竞争。一般来说，服务水平的提高和价格的降低，将增加社会中的法律服务需求，但是这种增加并不是无限的，其增加的具体程度还和法律服务需求的弹性程度有关。在经济学理论中，对于社会需求完全刚性的产品，需求量不会因为服务水平和价格的变化而变化；反之，对于需求弹性较强的产品，需求量会随着价格的下降而上升，会随着服务水平的提高而上升。毫无疑问，法律服务具有一定的弹性，因为还有很多当事人付不起律师费，有很多民众不知道如何请律师，有很多委托人或潜在的委托人不满意律师提供法律服务的方式和效果，而每年实际发生的诉讼案件、仲裁案件中，确实还有多数当事人没有请律师。所以，这些付不起律师费的当事人，这些不知道如何请律师的民众，不满意律师服务的方式和效果的潜在委托人，都可能因为律师服务水平的提高或律师业务收费标准的降低而购买律师服务，因此我们说法律服务需求是具有一定弹性的市场产品。而法律服务需求的增加，可能带来地区律师业务收入总额的增长。

第二，行业竞争在客观上还影响不同地区的法律业务份额，进而影响地区的律师业务收入。虽然律师执业是不受地域限制的，但是律师和律师的收费分属不同的地区，于是，我们看到，北京律师的业务收入是国家统一大市场中的一部分，律师行业竞争体现了不同层面的结果：一是导致律师或律所之间的收入差异；二是导致律师业务收入总额的地区差异。对于律师或律所来说，增加本人或本所的收入是竞争的直接目的，而影响本地区律师业务收入总额则是客观的结果。具体言之，一方面，通过竞争可以提高北京律师总体上的法律服务水平，而高水平的法律服务，不仅能够扩大法律服务需求的总量，而且可以提高北京律师在全国律师群体中的服务水平，保持较大的体制优势和技术优势，从而可以在全国总的法律服务需求中占更大的比重。对于北京地区来说，这种竞争方式还产生了一个重要的结果：特殊的服务能力吸引甚至垄断了高端的法律业务。这里所谓的高端业务，是指法律事务中工作量大、法律技术要求高、追求特殊的法律服务效果同时也对应着较高收入的法律业务。比如，大型的非诉讼法律事务，标的额较大的经济案件，社会影响较大的民事、刑事或行政案件，等等。正是通过这样的竞争，北京律师的业务收入在全国最高，以 2010 年为例，占全国总额的 28.4%，显著高于排名第二的上海，后者仅占 14.6%。另一方面，价格的竞争可以降低北京律师业务的收费标准，进而不仅可以增加法律服务的总需求，而且还可以从全国各地吸引更多的法律业务，占领更多的市场份额。

但是，律师行业通过竞争提高地区律师业务收入总额的程度是有限的。这是因为，对于法律服务水平的竞争来说，虽然可以使得律师的法律服务水平不断提高，但是服务的最终效果在很大程度上取决于法律的权威和实效性，取决于国家的基本体制和制度。对于价格竞争来说，一是因为成本的因素，律师服务在价格上下降的程度是有限度的；二是虽然降价竞争可能带来总的法律服务需求数量的增加，也可能增加具体某个律师或律所的收入，但是由于地区律师业务收入的总额不仅取决于业务数量，还受收费标准的影响，所以降价到一定程度，还可能导致地区业务收入总额下降。

如果不是从毛收入而是从利润的角度看，恶性的价格竞争对律师行业更为不利。考虑到区域性竞争的存在，虽然降价在理论上可以从全国吸收和积聚更多的法律业务，以此抵消收费标准下降的影响，但是实际上，地理上的障碍是客观存在的，跨地区聘请律师将大幅度增加当事人在律师服务费以外的成本，所以北京地区律师实际依靠的是服务和技术上的优势，争取的是高端业务。对于低端业务，由于支付能力或支付意愿有限，北京律师无论如何降价，也无法

和本地的律师竞争。因此，从全国性竞争的角度看，北京律师的低价竞争，尤其是"恶性"的低价竞争，虽然降低了收费标准，但是并不能相应地从全国各地吸引更多的法律业务，所以，最终对于北京地区的律师业务收入总额会产生不利的影响。

具体在 2011 年、2012 年，我们可以看到竞争因素对北京地区律师业务收入总额产生了一定的影响，但影响具有不同的性质和方向。这两年的影响基本相同，所以这里具体以 2011 年为例进行分析。

首先，在 2011 年，北京律师继续保持法律服务水平的竞争优势，甚至有所扩大，这成为促进北京律师在 2011 年收费总额增长的一个重要因素。从具体的数据来看，2011 年北京律师的业务收入仍然是全国最高，占到 28.3%，显著高于排名第二的上海，后者仅占 16.9%。考虑到税制影响了统计数据的准确性，如果将移到外地结算的 3 亿元收入加上，北京的律师业务收入所占比例将变为 29.1%，相较 2010 年增长了 0.7 个百分点。这说明，北京律师的竞争优势有所扩大。实际调查发现，近年来由于国家持续实施从严的房地产调控政策，房地产企业普遍存在资金困难问题，为此，北京律师创造了特殊融资方式，不但开拓了案源，也加大了其技术优势。但是也要看到，北京律师服务水平优势的扩大是有限的。这是因为，一方面，北京法律服务水平的竞争优势是长期逐步形成的，这种优势虽然可以发生变化，但是这种变化应该是逐步的，而不是急剧的；另一方面，北京律师的领先优势已经很大，起点高，继续扩大领先优势殊为不易。实际上，统计数据显示，北京律师业务收入在全国所占比例较第二名的上海的优势有所缩小。在 2010 年时，上海所占比例是 14.6%，北京所占的比例的 28.4%，北京领先 13.8 个百分点。但是在 2011 年时，领先优势缩小为 11.4 个百分点。即使是考虑到转移收入登记而调整后的数据，领先优势也只有 12.2 个百分点。

其次，价格竞争的现象有增多的趋势，这在客观上对北京律师 2011 年业务收入总额增长产生了一定的不利影响。北京律师通过降低收费标准的竞争一直存在，但是近两年来似乎尤其突出，这种竞争会从结果上对行业的整体收入的增长产生不利影响。尽管价格竞争的方式一直存在，但是在 2010 年以前，正式制度并不允许这种竞争。比如，1995 年 2 月司法部发布的《关于反对律师行业不正当竞争行为的若干规定》的第 4 条就规定，"无正当理由，以在规定收费标准以下收费为条件吸引客户的"，属不正当竞争行为。北京市律师协会 2001 年制定的《北京市律师执业规范（试行）》第 41 条也规定"不得以明显低于同业的收费水平竞争某项法律业务"。但是，这种限制在 2010 年以后，为新的规定所取消。北京市发展和改革委员会与北京市司法局 2010 年 5 月发布的《北京市律师诉讼代理服务收费政府指导价标准（试行）》在凡是规定政府指导价的地方，都特别规定"下浮不限"。而在实际中，这种价格竞争现象越来越常见。在和律师的座谈中，不少律师都非常愤慨地谈到了这种低价竞争现象。由此可见，在 2011 年低价竞争现象比较突出，对当年律师业务收入总额的增长产生了不利影响。但是影响的具体程度，以我们目前掌握的材料还不能精准地确定。

需要补充说明的是，尽管律师界普遍反对低价竞争，但是仍有相当多的律师愿意使用这一手段，原因在于，一是律师数量增长总体上快于法律服务需求的增长，导致律师业务"吃不饱"的现象普遍存在；二是有限的法律服务需求在律师行业的分布存在有名的"二八现象"，即 20% 的律师，占有 80% 市场份额，许多新入行的律师，许多缺乏竞争力的律师，无法获得足够的案源；当然，还有第三个方面，就是竞争中存在"囚徒困境"，部分律师虽然从对本人或本所有利的角度选择了低价竞争，但是最后客观上会对整个律师群体的生存产生不利影响。正是基于这些原因，律师界呼吁通过行业秩序规制的手段，限制低价竞争。

总之，竞争因素对于北京律师 2011 年的业务收入总额产生了一定的影响。归结起来，这些影响具有三个特点：一是竞争因素对北京律师的业务收入总额产生了影响，这种影响能够通过一定的事例或数据得到说明；二是这些影响的方向有所不同，其中竞争带来的服务水平提升增加了北京律师的业务收入总额，低价竞争则产生了负面影响；三是各种方式的竞争是长期存在的，并对北京律师业务收入的总额产生了较大的累积效应。具体到 2011 年，虽说这些因素继续在发挥作用，并从不同方向上实际影响了北京律师的业务收入总额，但是这种影响仍然属于渐进的、逐步的影响。综合来看，市场竞争因素对于北京律师 2011 年的业务收入总额增长放缓不是主要的影响因素。

五　行业管理和执业环境的影响

如果说市场是一只看不见的手，那么公权力这只看得见的手也在影响律师行业的发展，包括影响律师的业务收入。公权力的影响途径是多方面、多层次的，而法律服务基本体制的选择和建立，对律师行业发展具有最根本的影响。从比较法的角度看，法律服务体制的基本内容主要包括法律服务的市场化程度、律师对法律服务的垄断程度、律师的职业准入等方面。除此之外，其他领域相关的制度和政策也会对律师行业发展产生显著的影响，比如诉讼仲裁制度、公证制度、知识产权制度、金融证券制度、评估制度等。在这些体制和制度中，有的较为稳定，近年来变动较小，有的则处在不断的调整变化之中。有的体制或制度虽然规定明确，但是在具体实施中面临着如何操作实施的问题。由于本文的任务是分析和解释 2011 年以来北京律师业务收入增长放缓的问题，所以，这里不对所有的体制或制度因素——展开讨论，而仅就那些近年来有所变动或存在实际操作问题、可能影响北京律师近两年业务收入的制度与实践进行考察。

（一）职业准入的影响

职业准入的作用在于控制律师队伍的数量和素质。就全国的律师制度层面来说，自改革开放以来，律师的职业准入越来规范、越来越严格，同时也越来越稳定，2011 年前后并未发生显著的变化。所以，律师职业准入的基本制度对全国律师的业务收入增长放缓并无明显影响。而在北京地区，自 2010 年以来，试行了一种变相的职业准入门槛，对北京市律师队伍的数量和构成产生了一定的影响。

北京律师的人数在 2010 年增长放缓，在 2011 年甚至出现了负增长。如果和同期全国律师人数的变化进行对比，更可以看到北京律师的人数变化是一个独特的趋势。如表 5 - 5 和图 5 - 6 所示，在 2004 ~ 2009 年间，北京律师和全国律师都呈快速增长之势，其中北京律师队伍增长尤其快速。在这几年之间，北京律师每年的增长速度都大于全国律师的增长速度。综合起来说，北京律师人数的平均年增长率为 17.3%，显著高于全国律师 8.4% 的增长率。但是在

2010年，北京律师的人数增长有所放缓，只有8.1%，近十年中，首次低于两位数，并且第一次低于全国的平均水平。在2011年，全国律师人数继续以10.1%的速度快速增长，但是北京律师人数出现了自改革开放以来少有的负增长。这种结果表明，北京市采取的一些职业准入措施，起到了明显的作用。

表5-5 2003~2012年律师人数和律师业务收入变化对比

	北京律师					全国律师				
	业务收入		律师人数		律师人均收费	业务收入		律师人数		律师人均收费
	总额（亿元）	年增长（%）	人数	年增长（%）		总额（亿元）	年增长率（%）	人数	年增长率（%）	
2003			8135					107084		0
2004	40.7		9355	15.0	43.5	132.8		113457	6.0	11.7
2005	46.2	13.5	11373	21.6	40.6	155.8	17.4	121889	7.4	12.8
2006	62.0	34.2	13511	18.8	45.9	212.8	36.5	130869	7.4	16.3
2007	76.9	24.0	15792	16.9	48.7	257.9	21.2	143967	10.0	17.9
2008	84.5	9.9	18635	18.0	45.3	309.4	20.0	156710	8.9	19.7
2009	91.6	8.4	21215	13.8	43.2	324.1	4.7	173327	10.6	18.7
2010	113.0	23.4	22937	8.1	49.3	398.0	22.8	195170	12.6	20.4
2011	117.5	4.0	22100	-3.6	53.2	414.5	4.2	214968	10.1	19.3
2012	119.3	1.5	22796	3.1	52.3	421.0	1.6	230105	7.0	18.3

数据来源：（1）2004~2009年的北京律师人数来源于《中国律师年鉴》相应年份的版本；（2）2010~2011年的北京律师人数来源于司法部有关部门提供的统计报表；（3）2010~2011年的全国律师人数来源于《中国法律年鉴2011》和《中国法律年鉴2012》。

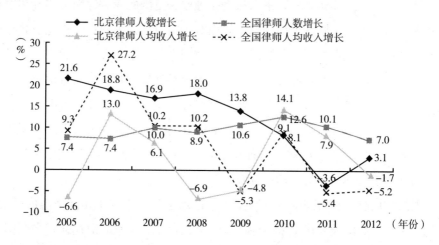

图5-6 2005~2012年律师人均业务收入增长和律师人数增长对比

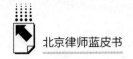

从理论上说，北京市律师职业准入措施的上述结果对北京律师 2011 年的业务收入增长放缓具有重要影响。这是因为，首先，律师是一种特殊的服务业，虽然也需要一定的设施和设备，但是服务产品主要依赖掌握特定技术、具有特定资质的人力提供，因此，人员的多少，对律师行业的供给能力具有直接的、显著的影响。基于这一特点，在律师的知识和技术水平大致相同、律师机构的组织形式大致稳定的情况下，人员数量的变化，和律师服务的供给能力具有正相关的关系。其次，虽然目前法律服务的供给能力相对充裕，而法律服务需求相对不足，但是在律师执业不受地域限制的全国统一市场中，尤其是针对北京律师这种办理其他地区业务的比重较大这一特点来说，一个地区律师人数的多少，影响着该地区竞争和抢占全国律师业务份额的能力。现在北京律师的人数和全国律师相比出现了此消彼长的相反变化，北京律师竞争全国业务的能力必然受到负面影响。最后，律师行业还有一个重要特点，即业务来源很大程度上依靠律师个人长期积累的人脉、信誉和声誉，基于这一特点，律师在地区之间的流动，在一定程度上也意味着业务资源的转移。在这种情况下，北京律师的职业准入措施使得一部分外地律师客观上不能转入北京执业，这在很大程度上也限制了这些律师在外地积累的业务资源流入北京。总之，基于律师行业这三个方面的特点，北京的职业准入措施在理论上必然对北京地区的律师业务收入总额的增长具有负面影响。

但是，外地律师转入北京不会只是办理原来范围的业务，而且还要和原有的北京律师竞争，否则就不用进京了。而对于实习律师来说，他们此前并没有进入律师行业，没有积累业务资源，所以他们进入北京律师行业后，主要是竞争北京律师群体原有的业务资源。因此，无论是外地律师转入北京执业，还是外地人员在北京申请实习，都会加剧北京律师的竞争，在法律服务需求没有显著的增长的情况下，人员的增长必然拉低律师的人均业务收入。如果考虑到人员增长会加剧低价竞争现象，这种拉低作用会更加显著。反之，限制人员增长，则有助于提高律师的人均业务收入。

根据我们收集和整理的统计数据，上述理论分析得到了实际情况的证实。首先，律师人数增长和律师人均业务收入存在负相关关系。对比北京和全国历年的数据来看，在 2007～2009 年间，律师人数增长快速。北京每年的增速都在 13% 以上，平均年增长率达到 16.2%。而在同期，全国律师人数的增长速度要慢得多，平均只有 9.8%。相应地，全国律师人均业务收入的增长速度则显著快于北京。前者平均年增长率达到 4.8%，增长迅速；后者则出现了每年 2.0% 的负增长，勉强原地踏步。在 2010 年以后，北京和全国换了位置。具体在 2011 年，北京律师人数出现 3.6% 的负增长，导致律师人均收入增长远远高于收费总额的增长，达到 7.9%。相反，全国的律师人数继续以 10.1% 的速度增长，但是律师人均业务收入出现了 5.4% 的负增长，显著低于收费总额增幅。其次，对于律师业务收入总额来说，人均收费的增长不足以抵消人数减少的反面作用。根据上文的理论分析，由于新增的律师要参与北京律师对原有范围的业务的竞争，在当前法律业务需求相对不足的情况下，律师的人均收费将被拉低。但是，新增的律师多多少少会在全国范围内争取更多的业务份额，从而促进地区业务收入总额的增加。当然，这里有一个前提，就是律师人数的增加不会明显加剧价格竞争。在这一前提下，律师人数增加虽然会减少律师人均收费，但是总体上仍然对律师业务收入总额的增长有利。反之，律师人数的减少，虽然会促进律师人均业务收入的增长，但是总体上对律师业务收入总额的增长不利。基于这一分析，北京 2011 年律师人数的负增长，是导致北京律师业务收入增长放缓的一个重要原因。

同样的影响也存在于 2012 年。一方面，如图 5-6 所示，在 2012 年，由于北京律师特殊的执业准入门槛，律师人数虽然有所增长，但是相对于 2009 年以前来说，以及相对于 2012 年全国平均水平来说，增幅都比较小，只有 3.1%。人数增幅的不同，对律师平均业务收入的增长，也产生了和 2011 年类似的影响。在 2012 年，北京律师人数增长了 3.1%，律师人均业务收入下降了 1.7%，降幅小于 2009 年；作为对照，全国律师人数增长了 7.0%，而律师人均业务收入减少了 5.2%。另一方面，由于北京律师人数增幅小于全国律师的增幅，北京律师业务收入总额的增幅也小于全国。因此，2012 年北京律师严格的执业准入虽然使得人均业务收入下降的幅度较小，但总体上仍然对北京律师 2012 年业务收入总额增长放缓起到了一定的作用。

虽然律师人数的变化是影响北京律师业务收入的一个重要因素，但显然不是全部。如表 5-5 和图 5-6 所示，北京律师人数在 2008 年和 2009 年的增长

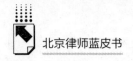

速度和 2006 年、2007 年相比，大致相当，其中 2009 年还明显低一些，但是，律师人均收费在 2006 年、2007 年分别有 13.0% 和 6.1% 的显著增长，而在 2008 年和 2009 年分别都出现了显著的下降。同样，全国律师人数 2010 年的增幅只比 2011 年多 2.5 个百分点，但是 2011 年的业务收入增幅却比 2010 年少了 18.6 个百分点。而在 2012 年，北京律师人数的增幅大于 2011 年，但是律师业务收入总额的增幅低于 2011 年。这些反差表明，除了律师人数之外，还有其他因素，比如上文所分析的经济形势影响着律师业务收入的增长。

（二）收费标准的影响

律师业务收入的直接决定因素，是业务数量和业务收费标准，因此，如何收费、收费的标准等制度规定，对律师业务收入总额具有重大影响。在我国当前，律师收费制度和具体标准由政府制定。国家发展改革委、司法部于 2006 年 4 月颁布的《律师服务收费管理办法》构建了现行的律师收费基本制度。该制度的基本内容是政府指导价和市场调节价相结合。在各类律师业务中，诉讼案件、诉讼案件的申诉、国家赔偿案件等，实行政府指导价，而政府指导价的基准价和浮动幅度由各省、自治区、直辖市人民政府价格主管部门会同同级司法行政部门制定。

北京市发改委和北京市司法局于 2010 年 7 月 13 日联合发布了《北京市律师诉讼代理服务收费政府指导价标准（试行）》和《北京市律师服务收费管理实施办法（试行）》两个文件，明确了北京律师收费政府指导价的范围。两个文件的颁布，从理论上说，可能对律师的业务收入发生影响，而具体影响的方向和程度，需要具体分析。

北京市发布律师收费新规是落实国家发展改革委、司法部的《律师服务收费管理办法》的要求，这是直接的、显见的理由和目的。但是由于当时一些特殊的形势要求，北京市的文件在规范律师收费的同时，还适当降低了政府指导价的标准。基于本文的任务，这里着重考察收费标准的变化及其所产生的影响。从文件内容来看，收费标准确有降低。这里以 2009 年的实际收费标准和 2010 年文件中的政府指导价进行对比予以说明。实际收费标准由某种业务类型的收费总额除以该业务的数量得出。如表 5 - 6 所示，对比结果为：

在刑事诉讼侦查和审查起诉阶段，政府指导价和2009年的平均收费大致相当，但是政府指导价对于死刑辩护、民事、行政诉讼的收费则有所下调。以民事案件为例来说，2009年的实际平均收费是4.88万元/件，相当于2010年政府指导价中争议标的额为75万元的案件的收费。考虑到后者的收费一是上限，二是争议标的额75万元的案件在实践中已经是较大的案件，所以，后者的标准实际上有了一定的下调。除了明确的下调之外，2010年的文件还规定，各类收费标准下调则不受限制，进一步表达了希望降低实际收费的价值理念。

表5-6　北京律师2009年实际平均收费和2010年发布的政府指导价对比

业务类型	2009年实际平均收费	2010年《政府指导价标准》调整后	对比结果
刑事诉讼辩护及代理	提供咨询,代为申诉、控告:0.55万元/件;申请取保候审:0.91万元/件	1. 侦查阶段,2000~10000元/件 2. 审查起诉阶段2000~10000元/件	大致相当
	死刑案件辩护:3.82万元/件	3. 一审阶段,4000~30000元/件	明显下调
民事诉讼代理	4.88万元/件	1. 计件收费:3000~10000元/件 2. 按标的额比例收费: 10万元以下(含10万元),10%(最低收费3000元);10万元至100万元(含100万元),6%;100万元至1000万元(含1000万元),4%;1000万元以上,2%。	明显下调
行政诉讼代理	4.59万元/件	同上	明显下调
法律顾问	9.46万元/家	市场调节价	不变
非诉讼法律事务	7.84万元/件	市场调节价	不变
咨询和代写法律文书	0.0287万元/件	市场调节价	不变
调解成功	0.6761万元/件	市场调节价	不变
仲裁业务	3.43万元/件	市场调节价	不变

数据来源：2009年北京律师各类业务的数量和收入来源于《中国律师年鉴2009》。

那么，这些规定实际实施的效果如何？立法的目标能否实现？对此，笔者访谈了10名律师，进行了初步的调查，调查发现整理如下。

首先，律师是否了解新制定的政府指导价标准？笔者询问了三类律师：

非诉讼法律事务律师、民事诉讼律师、刑事诉讼律师。这三类律师并非律师的法定分类，只是这些律师有意识地进行专业分工而形成的大致界属。在笔者询问的三名非诉讼法律事务律师中，有一位知道政府指导价的标准出台这一事件，但是不知其具体内容；另两位开始并不知道，在笔者的提示下，说是"有点印象"。而笔者所询问的四位民事诉讼律师基本上都知道新标准出台这一事件，但是对其内容，有的知道，有的不能复述。三位刑事辩护律师对此则很熟悉，而且对于刑事辩护及代理部分的收费限价，也都能快速回答出来。

其次，律师事务所是否根据新的政府指导价调整律所的收费标准？是否在显著的位置公示收费标准？6 位来自 30 人以上律所的律师中，有 4 位说他们的律所已经根据新的收费标准调整了本所的资料。但是还有两位说，他们不是很清楚。4 位来自规模较小的律所的律师中，有两位说他们律所有一个根据政府指导价标准制定的费用计算标准。另外两位则说，他们没有这样的标准，实际中也用不着。

再次，新规对不同的业务产生的影响是否有所不同？一些律师反映，刑事案件更可能受指导价的限制。这是因为，民事案件可以按照财产标的比例累进收费，而所谓的大案，通常涉案标的较大，而涉案标的较大的案件，按比例计算的结果，指导价的上限也就较高。然而，刑事案件是计件的，再大的案件，也适用相同的上限，对于那些办大案的名律师来说，他们通常的收费一般高于指导价的上限，因此出现了如何协调指导价的问题。

最后，会不会超过上限收费？超过了怎么办？在访谈的 10 位律师中，有 3 位说他有时超过上限。为了避免违规，他们都采取一些措施，使得收费行为不违规。一种办法是，如果是刑事案件，就签一个刑事附带民事诉讼的委托合同，把多余的收费转到这个诉讼中来。另一种办法是，将案件转为重大、特殊、疑难案件，这样可以突破上限。再一种办法是让当事人聘请自己为法律顾问，多出来的收费可以通过法律顾问的名义来收。还有一种常被使用的办法，就是让当事人报销一些无关的发票。除了这些办法以外，计时收费也是一个有效的办法，因为如果当事人配合，时间的计算弹性非常大。当然，所有的这一切，都是基于当事人愿意，在这种情况下，任务简化为在当事人的配合下，如何把事情办得不违规。

总的来看，新规对于降低政府指导价范围内的业务的收费有一定的作用，但是制度上留了太多的"后门"，使得规定难以全面落实。在结果上，可能更多地还是市场因素决定实际的收费标准。如表 5 - 4 所示，从实际的统计数据来看，2011 年在政府指导价范围内的业务类型中，民事代理和行政诉讼的收入分别增加了 2.7% 和 10.0%，经济案件和刑事案件分别下降了 13.2% 和 1.3%。这些变化中，刑事案件的下降很可能受到新规的影响，因为刑事案件收费正好从 2010 年开始下降。当然，即使是刑事案件收入受到新规的影响下降，由于刑事案件在律师业务中的权重比较低，所以对律师业务收入总额的影响也是比较轻微的，几乎可以忽略。

（三）执业环境的影响

律师的执业环境涉及的因素非常广泛，比如律师的形象、社会观念等，但是在这里，执业环境特指公权活动对律师执业的支持程度。

公权活动对律师执业环境的影响，既有老问题，也有新问题。其中的老问题，集中体现为律师在刑事辩护中的"六难"和人身风险问题。所谓"六难"，是一种形象的归纳，具体指律师提供法律帮助难、接受委托难、会见难、调查取证难、阅卷难和法庭辩护难等六个方面；而律师在刑事辩护中的人身风险，主要是指因为律师在诉讼中和侦控机关对抗所造成的风险。

近年来，对于刑辩律师面临的这些困境，社会各界十分关注，从而推动了法律和制度的变革。其中主要的制度变化，是《律师法》于 2007 年和 2012 年的修订。修订后的《律师法》在律师的调查取证、查阅案卷材料、法庭辩护、会见刑事案件当事人等方面，都加强了律师的权利保障，这些修改对于改善刑辩律师的执业环境意义重大。

除了上述多年的老问题之外，笔者在和律师的访谈中还发现了一些新的问题，这些问题一样不利于律师的执业活动。这些问题归结起来，主要有两种情形。一种情形是有关部门提高了律师查询登记信息的门槛，使得原有的一些法律业务无法顺利开展。因为这种情形发生于 2012 年，所以本文稍后再具体讨论。另一种情形是许多律师反映，律师在诉讼业务中，得不到一些法院应有的尊重。比如，一些被访谈者反映，律师进法院需要安检，让律师和被告人由同一个门进出，在法庭上律师发言被随意打断甚至被无理呵斥，等等。最近，最高人民法院常务副院长沈德咏在一篇文章中的表述也间接地指出了这些现象的存在。他说："现在出现了一种非常奇怪的现象，律师不与公诉人对抗，反而同主持庭审的法官进行对抗，甚至演变成了'对手'，律师要'死磕'法官，社会上有人说现在的律师与法官关系是'像雾像雨又像风'，深层原因在哪里？要进行深入分析。个别律师不遵守规则的情况是客观存在的，但法官是否也存在小题大做、反应过度的问题？思想深处有无轻视刑事辩护、不尊重律师依法履职的问题？工作关系上有无存在重视法检配合而忽视发挥律师作用的问题？法官是否恪守了司法中立的原则和公正的立场？对此，我们必须认真进行深刻反思。要充分认识到，律师是法律职业共同体的重要一员，是人民法院的同盟军，是实现公正审判、有效防范冤假错案的无可替代的重要力量。对个别律师违规发难、无理'闹庭'的问题，可采取一事一议、就事论事方式，及时向有关主管部门，也就是司法行政机关和律师协会进行通报，请他们配合做好工作，不要将这种情况轻易扩大为对整个律师群体的偏见，要充分相信绝大多数律师是具备良好职业素养的，是理性、客观、公正、中肯的，是人民法院可以依靠而且应当依靠的重要力量。"①

接下来的问题是，律师的执业环境对北京律师2011年业务收入增长变缓有何影响？概括起来说，主要有两点。首先，从长期来看，现实的执业环境对于律师的行业发展具有制约作用，这一点无须更多的说明。其次，具体在2011年，执业环境对于北京律师业务收入有一定负面影响，但是在统计数据中，不太显著，可以忽略。一是因为，律师执业环境不好是多年的老问题，近年来说虽然出现了一些新的情形，但是相比过去并无质的变化，尽管这些新的苗头应该引起社会各界的关注和重视。二是因为，受到执业环境影响最大的主要是刑事案件，但是刑事案件在2011年只有小幅度下降，而且刑事案件本身在律师业务中所占比重很小。三是因为，有些负面影响需要较长时期才能体现

---

① 沈德咏：《我们应当如何防范冤假错案》，《人民法院报》2013年5月6日第2版。

出来，比如人才的流失等。

2012 年的执业环境总体上延续了 2011 年的情况，但是有两个新发生的事件需要特别指出。这两个事件对北京律师执业环境影响的方向不一样。第一个事件是前面提到的，有关部门提高了律师查询登记信息的门槛，使得原有的一些法律业务无法顺利开展。

另一个需要特别提及的重大事件是 2012 年刑事诉讼法的修改。从内容上看，刑事诉讼法修改主要体现在三个方面：一是增加了犯罪嫌疑人、被告人的权利，从而拓展了律师的业务范围。这方面最为明显的是，修正案将犯罪嫌疑人、被告人委托人有权委托辩护人的起始时间，从移送审查起诉之日，向前延伸到了被侦查机关第一次讯问或者采取强制措施之日，从而大幅度地拓展了律师的业务办理范围，极大幅度地增加了潜在委托人的数量。二是新增一些当事人权利或辩护人权利，有利于辩护作用的发挥，从而可能提升当事人委托律师的积极性。在修正案中，这样的情形是大量存在的，比如在强制措施的变更方面，在对侦控机关非法取证的制约方面，在提交证据和提请办案人员收集证据方面，等等。由于这类新增的权利，辩护律师基于其身份和技能，将更有力地维护当事人的权利和利益。三是新刑事诉讼法直接加强了律师权利的保障，有助于改善刑辩律师的执业环境，降低律师执业的人身风险。在这方面，有的权利是重申或强化 2007 年的律师法修正案，比如律师在会见、通信、阅卷、法庭辩论等方面的权利；有的则是刑事诉讼法修改新增的权利保障，比如应当由异地的侦查机关办理辩护人涉嫌犯罪的案件的规定（新《刑事诉讼法》第 42条），辩护人、诉讼代理人有权向同级或者上一级人民检察院申诉或者控告的规定（新《刑事诉讼法》第 47 条），等等。

由此可见，2012 年刑事诉讼业务的显著增长，主要作用应当归因于刑事诉讼法的修改。当然，由于刑事诉讼业务在律师业务总额中的比重较低，前者 27.3%的增幅，也只能带来后者 0.5%的增长，不能影响律师业务收入增长放缓的大势。

六 北京律师 2011 年业务收入增长放缓的原因总结

在我国当前的法律服务体制下，地区律师业务收入总额是由多方面因素决定的，这些因素包括社会形势变化、市场竞争、人员增减、执业环境、收费方式与收费标准等方面。因此，在理论上，各种因素都可能是北京律师业务收入2011年以来增长放缓的原因。但是在实际中，有些因素因为前后年度变化不大而没有发挥影响，有些因素因为同时产生不同性质的作用而相互抵消，有些因素虽然产生了影响，但是在统计上所占比重很小，所以，真正实际产生影响的因素可能只是其中的某些方面。本报告的具体分析表明，在理论上可能的影响因素中，只有下列三个方面产生了显著的影响。

首先，统计上的偏差放大了2011年来律师业务收入增长放缓的印象。由于全国各地律师业务收入的税率存在差异，也由于未来北京将率先试点"营改增"和实行查账征收的税制变化预期，一些大型律所将部分业务收入转入了税率较低或税制相对宽松的外地分支机构结算，从而使得北京地区律师的业务收入水平和实际的统计结果之间，存在一定的偏差。

其次，经济形势的变化是2011年来律师业务收入增长放缓的最根本因素。在各种社会因素中，经济形势波动最大、变化最频繁，因而几乎每年都是影响律师业务收入的最重要也是最根本的因素。在2011年，经济形势分别从两个方面影响了律师收入。一方面，全国的国内生产总值和北京的地区生产总值显著增长，促进非诉讼法律事务、民事代理等业务的收入显著增加。其中，非诉讼法律事务的增长幅度尤其显著，达到17.4%。另一方面，2010年以来的经济运行总体平稳，加上2008年、2009年因为国际金融危机而产生的大量经济纠纷的解决接近尾声，所以，2011年的经济案件数量大幅下滑，较前一年减少了13.2%。这两种作用一增一减，增加稍大于减少，所以总体上使得律师业务收入保持了增长的趋势，但是增长放缓。

而在2012年，北京律师非诉讼法律事务和经济案件的收入都出现了显著的下滑，民事代理和法律顾问业务也只有小幅的增长。正是因为这些变化，2012年北京律师业务收入总额的增幅甚至显著地小于2011年。对于这种变化，虽然不排除其他因素的作用，但是2012年的经济形势是主要原因。从统计数据上看，2012年的经济形势不如2011年。一方面，无论是全国还是北京，2012年的生产总值都显著低于上一年；另一方面，2012年的采购经理人指数也略低于前一年。总体来看，这种经济形势未能增加北京律师2012年的业务收入，而仅有的 1.5% 的增幅主要来自刑事诉讼、行政诉讼等受经济因素影响较小的业务类型。

最后，律师人数减少是导致 2011 年来律师业务收入增长放缓的又一个重要因素。由于律师行业的特点，律师人数的减少，意味着律师人力资源的减少，也意味着获取外地业务资源的渠道减少，进而导致北京律师占全国法律业务的份额减少。因为存在这种影响，所以，虽然 2011 年北京律师的人均业务收入增长明显，增幅达到 7.9%，但是由于律师人员数量不增反降，反而降低了律师业务收入总额的增长速度。

上述三个因素是结合起来发挥作用的，正是上述三个方面的因素共同作用，决定了 2011 年的大势，导致了北京地区律师业务收入增长放缓的结果。而在 2012 年，则主要是后两个因素在发挥作用，而其减缓增长的效果则更甚于前一年。

除此之外，还有一些因素的影响也是客观存在的，应当引起足够的关注和重视，但是统计上不太显著。这些因素包括：

第一，服务水平竞争的影响。相对于全国各地区来说，北京律师队伍专业性强，律所组织形式先进，处于知识、观念、信息的最前沿。这些特点确保北京律师在全国的竞争中保持着显著的优势，使得北京律师能够承揽全国较大比例的高端业务，能够获得最高的律师人均收入，能够占得全国接近 1/3 的业务收入。但是，这些优势是国家特殊的经济、政治、文化体制和长期的市场竞争所形成的，非一朝一夕之功，年度之间的变化不是特别显著，因此，对于 2011 年来北京律师业务收入增长突然放缓，这一因素没有发挥显著的正面或负面影响。尽管如此，影响还是存在的。总体上看，北京律师较高的服务水平能够更有效地抵御经济形势的各种波动，使得律师业务费的变化相较其他地区更为平稳。具体地看，在国际金融危机带来的严峻经济形势下，北京律师创造了先进的融资形式，增加了北京律师的业务收入。因此，尽管北京律师的服务水平不断拉大北京地区的竞争优势，增加了北京律师的业务收入，但是这种影响是渐进的，年度统计数据上的差异并不显著。

第二，低价竞争的影响。总体而言，在当前的法律服务需求形势下，低价竞争对北京律师行业发展不利，对北京律师业务收入总额增长不利。在访谈中，一些律师介绍了很多低价竞争的事例，表明在当前的北京律师行业中，价格竞争作为一种策略屡被使用，进而对北京律师业务收入的增长产生了负面影响。然而，低价竞争的现象，并非近两年独有，或许这两年更为普遍一些，但是没有证据表明这两年显著地多于其他年份。因此，这一因素虽然应当引起关注和重视，但不是 2011 年来北京律师业务收入增长放缓的主要影响因素。

第三，收费标准变化的影响。2010 年 7 月，北京律师行业管理有关部门发布了律师收费新规，对于政府指导价范围内的律师业务，收费标准较 2009 年的实际收费标准有所下调。由于法律服务需求弹性不大，也由于北京律师在全国的竞争中主打高端业务的特点，新的收费标准对 2011 年的业务收入增长有一定的负面影响。但是，不能高估这种影响。因为一是新的收费标准调整的范围有限，仅涉及政府指导价范围内的律师业务；二是在实践中，律师可以采取许多手段来规避新的收费标准的限制。从实际统计数据来看，可能刑事诉讼收入在 2011 年 1.3% 的负增长部分原因在此。此外，收费新规关于最低收费不受限制的表述，在一定程度上助推了低价竞争现象的扩展。

第四，执业环境的影响。社会各界对律师执业环境十分关注，近年来也一直试图从制度、政策、实践不同层面予以改善。从结果来看，制度上有了一些改革，律师在某些方面的权益得到了进一步的保障。然而，总体上看，律师执业环境中的一些问题仍然没有得到改善，所以，2011 年的律师业务收入增长受到了一些不利的影响。但是，由于受到执业环境影响最大的刑事诉讼业务比例较小，有些限制措施的影响在 2011 年还没有完全显现，也由于执业环境是多年来的老问题，所以，对于北京 2011 年律师业务收入增长放缓，执业环境的影响不是主要因素。而在 2012 年，刑事诉讼法的修改一方面扩展了刑事诉讼的业务范围，另一方面也在制度上改善了刑辩律师的执业环境。尽管修正案要到 2013 年才开始施行，但是在 2012 年的制定和公布也发挥了一定的影响：促进了刑事诉讼业务收入 27.3% 的增长，并为北京律师业务收入总额贡献了 0.5% 的增幅。

B.6
北京律师从事法律援助的制度与实践

郭　辉*

摘　要：

　　北京市近五年来法律援助案件的数量基本维持不变，平均每年1.5万件以上，来访来电法律咨询数也基本维持在23万人次。在受理的法律援助案件中，民事案件所占的比例最大，平均每年在1.1万件左右，2013年升至13804件，比上年增加18.1%。其次是刑事案件4000件左右，行政案件最少，20件左右。在近五年已结法律援助案件中，可以看出，社会律师已结法律援助案件总数占已结法律援助案件总数的60%以上，即超过2/3的已结案件都是由社会律师完成的。当前社会律师承担法律援助方面，应该引起关注和思考的问题主要是：法律援助案件在社会律师中如何公平分配？法律援助机构如何更多地把享有较高知名度、经验丰富的律师吸收到法律援助工作中来，通过什么方式让这些律师承担更多的公益服务？如何对案件的办理进行监督和评查？如何在社会律师和其他法律援助人员之间形成良好的互补局面，等等。

关键词：

　　北京　社会律师　法律援助　制度　实践

一　北京律师从事法律援助的基本制度

（一）律师从事法律援助的理论基础

律师从事法律援助制度是指符合法律规定条件的公民从律师处获得法律咨

---

　　* 郭辉，中国劳动关系学院法学系讲师，法学博士。

询、民事或行政代理、刑事辩护等无偿法律服务的制度。律师从事法律援助的理论基础，即律师基于何种理由提供法律援助。一般而言，主要有以下几个方面。

第一，保障司法公正。从法的运行角度，司法公正的实现至少需要两个前提，一是立法的保障，即通过立法方式在确保法律面前人人平等的同时，对弱势者的权益提供额外保障。二是在司法过程中，保证当事人双方实力上的相对平等。在此意义上，律师提供法律援助行为就成为必需。

第二，保障人权。在现代社会，保障人权已成为人类普适价值的重要组成部分，尤其是那些在财产、政治身份、性别、种族、民族、宗教信仰等方面处于弱势一方的主体的人权更应受到保护，而这些主体在纠纷中基于上述背景而无力聘请律师，其权利的保障和救济就难免出现问题，此时，律师提供法律援助在一定程度上能够解决该问题。

第三，职业伦理。对公平正义的追求是律师的一项职业伦理义务，即以法律为武器保障公平正义的实现。世界上多数国家都把提供法律援助作为律师的伦理义务，不少国家甚至将此行为通过法律的形式固定下来，从而使得律师从事法律援助成为应尽的一项法律义务。

律师通过从事法律援助这种行为，在实现自己对法治理念追求、履行社会责任的同时，也在某种程度上提升了律师职业的社会荣誉感，尤其是改变了公众对律师的某些误解。

（二）我国律师从事法律援助的法律和政策依据

目前，我国宪法对"律师法律援助"无明文规定，该制度在法律、行政法规、司法解释、行业规范等方面都有相应的体现。下面举其要点并进行简要评析。

1. 法律

我国法律层面没有单独的《法律援助法》，涉及律师法律援助的制度主要体现在《刑事诉讼法》、《律师法》的相关条文中。

比如《刑事诉讼法》第34条规定："犯罪嫌疑人、被告人因经济困难或者其他原因没有委托辩护人的，本人及其近亲属可以向法律援助机构提出申请。对符合法律援助条件的，法律援助机构应当指派律师为其提供辩护。"

"犯罪嫌疑人、被告人是盲、聋、哑人，或者是尚未完全丧失辨认或者控制自己行为能力的精神病人，没有委托辩护人的，人民法院、人民检察院和公安机关应当通知法律援助机构指派律师为其提供辩护。"

"犯罪嫌疑人、被告人可能被判处无期徒刑、死刑，没有委托辩护人的，人民法院、人民检察院和公安机关应当通知法律援助机构指派律师为其提供辩护。"

第36条规定："辩护律师在侦查期间可以为犯罪嫌疑人提供法律帮助；代理申诉、控告；申请变更强制措施；向侦查机关了解犯罪嫌疑人涉嫌的罪名和案件有关情况，提出意见。"

第266条规定："对犯罪的未成年人实行教育、感化、挽救的方针，坚持教育为主、惩罚为辅的原则。"

"人民法院、人民检察院和公安机关办理未成年人刑事案件，应当保障未成年人行使其诉讼权利，保障未成年人得到法律帮助，并由熟悉未成年人身心特点的审判人员、检察人员、侦查人员承办。"

第267条规定："未成年犯罪嫌疑人、被告人没有委托辩护人的，人民法院、人民检察院、公安机关应当通知法律援助机构指派律师为其提供辩护。"

《民事诉讼法》第8条规定："民事诉讼当事人有平等的诉讼权利。人民法院审理民事案件，应当保障和便利当事人行使诉讼权利，对当事人在适用法律上一律平等。"

《律师法》第42条规定："律师、律师事务所应当按照国家规定履行法律援助义务，为受援人提供符合标准的法律服务，维护受援人的合法权益。"

第28条规定，律师"接受刑事案件犯罪嫌疑人、被告人的委托或者依法接受法律援助机构的指派，担任辩护人，接受自诉案件自诉人、公诉案件被害人或者其近亲属的委托，担任代理人，参加诉讼"。

尽管上述法律层面的内容在明确性、可操作性方面仍有一定的空间，但仍为行政法规、司法解释、行业规范等更细化的规定提供了依据。

2. 行政法规

2003年9月1日施行的《法律援助条例》共6章31条，规定了法律援助的机构、援助范围、援助的申请和审查、法律援助实施、法律责任等内容。其

中，涉及律师的主要有第 2 条，"符合本条例规定的公民，可以依照本条例获得法律咨询、代理、刑事辩护等无偿法律服务"。

第 4 条第 2 款规定："中华全国律师协会和地方律师协会应当按照律师协会章程对依据本条例实施的法律援助工作予以协助。"

第 6 条规定："律师应当依照律师法和本条例的规定履行法律援助义务，为受援人提供符合标准的法律服务，依法维护受援人的合法权益，接受律师协会和司法行政部门的监督。"

第 21 条规定："法律援助机构可以指派律师事务所安排律师或者安排本机构的工作人员办理法律援助案件；也可以根据其他社会组织的要求，安排其所属人员办理法律援助案件。对人民法院指定辩护的案件，法律援助机构应当在开庭 3 日前将确定的承办人员名单回复作出指定的人民法院。"

第 24 条规定："受指派办理法律援助案件的律师或者接受安排办理法律援助案件的社会组织人员在案件结案时，应当向法律援助机构提交有关的法律文书副本或者复印件以及结案报告等材料。"

"法律援助机构收到前款规定的结案材料后，应当向受指派办理法律援助案件的律师或者接受安排办理法律援助案件的社会组织人员支付法律援助办案补贴。"

"法律援助办案补贴的标准由省、自治区、直辖市人民政府司法行政部门会同同级财政部门，根据当地经济发展水平，参考法律援助机构办理各类法律援助案件的平均成本等因素核定，并可以根据需要调整。"

3. 部委规章

司法部 2004 年制定的《律师和基层法律服务工作者开展法律援助工作暂行管理办法》第 2 条规定："律师应当根据《律师法》、《法律援助条例》的有关规定履行法律援助义务，为受援人提供符合标准的法律援助，维护受援人的合法权益。"该规章对律师在法律援助工作中的具体职责进行了规定。

司法部 2002 年 10 月 22 日发布的《关于开展公职律师试点工作的意见》中，规定公职律师的职责范围包括"为受援人提供法律援助"的内容。

司法部 2012 年制定的《办理法律援助案件程序规定》对法律援助的具体

程序作了细化规定。该规定第四章对律师承办法律援助案件提供了明确性的指引。

4. 司法解释

涉及法律援助制度的司法解释主要有最高人民法院、司法部《关于民事法律援助工作若干问题的联合通知》（1994 年）、《最高人民法院关于对经济确有困难的当事人提供司法救助的规定》（2000 年）、《最高人民法院、司法部关于民事诉讼法律援助工作的规定》（2005 年）、《最高人民法院、最高人民检察院、公安部、司法部关于刑事诉讼法律援助工作的规定》（2005 年）等，对法律援助工作在具体司法实践中的具体操作进行了规定。

5. 行业规范

2002 年 5 月 21 日第五次全国律师代表大会修订的《中华全国律师协会章程》第 8 条"个人会员的义务"第 4 款规定了"承担律师协会委托的工作，履行律师协会规定的法律援助义务"。

上述有关律师的法律援助制度分散在不同的规范性文件中，不同的条文应与相应法律的原则和精神结合起来进行理解。由于缺乏统一的规定，在实践中往往出现不同部门联合作出具体规定的情况，因此，如何把这些分散的制度统一起来是今后面临的课题。

（三）北京市律师从事法律援助的法律和政策依据

上述的法律、法规及其他规范性文件为律师从事法律援助提供了依据，由于我国不同地区具有不同特点，因此，上述依据在具体的操作方面仍然保留了一定的空间，这些空间需要地方有关部门根据本地的特点通过制定实施性细则进行弥补。在此意义上，北京市相关部门通过制定地方性法规等规范性文件为北京律师从事法律援助提供了法律和政策依据，举其要者，主要有以下几个方面。

1. 《北京市法律援助条例》

该条例于 2008 年 12 月 19 日北京市第十三届人民代表大会第八次会议通过，2009 年 3 月 1 日起施行。该条例对法律援助范围、法律援助申请和审查、法律援助实施和法律责任都有进一步的细化。如第 5 条第 2 款规定："律师应

当依照律师法和本条例的规定履行法律援助义务，为受援人提供符合标准的法律服务，依法维护受援人的合法权益。"

2. 《北京市司法局关于确定公民申请法律援助经济困难标准和法律援助案件范围的通知》

该通知制定于 2005 年，是"为了进一步贯彻落实国务院《法律援助条例》和全国第四次法律援助工作会议精神，降低法律援助门槛，扩大法律援助覆盖面"而制定的。该办法对经济困难的标准进行明确外，还对法律援助案件的范围除《法律援助条例》规定的以外，还可就"请求给予工伤待遇的"等三种情况予以援助。

3. 《北京市司法局关于为建设社会主义新农村服务的意见》

该意见由北京市司法局于 2006 年制定，其中第二部分专门提及"扩大农村法律援助范围"，即"坚持法律援助向农村和农民倾斜的方针，将农民在劳务方面因签订、履行、变更、解除和中止合同导致利益受到侵害，因所购种子、化肥、农药、饲料等农业生产资料质量低劣导致经济受到损失，因遭受家庭暴力、虐待、遗弃导致合法权益受到损害等情形纳入法律援助的范围，进一步扩大我市农村地区法律援助的覆盖面"，"简化受理农民和农民工申请法律援助的程序，快速办理严重侵害农民和农民工利益的案件"，"有效利用法律援助基金，探索建立将农村各类弱势群体的法律服务纳入法律援助范畴的机制。对农民工申请支付劳动报酬和工伤赔偿的法律援助案件，只需确认农民工身份，不再审查其他条件，并予以优先办理。探索建立农民工输出地与输入地法律援助协调机制，为农民工接受法律援助提供便利条件。鼓励律师事务所和基层法律服务所对经济确有困难、但不符合法律援助条件的农民和农民工减免收费"。

4. 《北京市司法局关于进一步加强农民工法律援助工作的意见》

该意见由北京市司法局 2006 年制定，是"为了贯彻落实《国务院关于解决农民工问题的若干意见》，充分发挥法律援助在建设社会主义新农村中的作用，扩大法律援助覆盖面，进一步提高法律援助工作质量，切实维护农民工合法权益"。比如，该意见要求"各区县司法局、各法律援助中心"提高对农民工法律援助工作的认识，"采取切实有效的措施，采用多种形式，抓好农民工法律援助工作"，对"农民工申请法律援助的案件，特别是群体性案件"，"给予法律援助承办人员人力和物力上的保障"，"使此类案件能够及时、稳妥地得到解决"，对"因情况特殊无法提供身份证明的农民工，有事实证明为保障自己的合法权益需要法律援助的，情况特殊、不及时处理可能引发严重事件，或者即将超过仲裁时效或诉讼时效的，要及时受理"等。

5.《北京市法律援助公职律师管理办法（试行）》

该办法由北京市司法局于 2006 年制定。该办法对公职律师提供法律援助作出了具体规定，如第 6 条规定，"法律援助公职律师在履行职务时，应为法律援助受援人提供符合标准的法律服务，依法维护当事人的合法权益"。第 8 条规定："法律援助公职律师每人每年应办理不少于 2 件法律援助案件，各法律援助机构要在每年律师注册前将上一年度法律援助公职律师承办法律援助案件的情况书面报送市司法局法律援助工作指导处，连续两年未完成办案数量的，将暂缓或不予注册。"第 9 条规定："法律援助公职律师办理法律援助案件，不享有社会律师办理法律援助案件的补贴待遇，但所在机构应提供办理法律援助案件的必要保障。"第 10 条规定："法律援助公职律师不得办理收费案件或为当事人提供有偿服务；不得在办理法律援助案件中，接受当事人的钱物或取得其他不正当利益。"

6.《北京市司法局关于公民申请法律援助经济困难标准和事项补充范围的意见》

该意见由北京市司法局于 2008 年制定，对于公民申请法律援助经济困难标准进行了明确规定，同时规定，公民符合经济困难标准的，除《法律援助条例》第 10 条规定的六项法律援助范围外，还可就"残疾人、老年人、未成年人请求人身损害赔偿"等四种事项向法律援助机构申请法律援助。

7.《北京市法律援助案件指派管理办法》

北京市司法局 2010 年制定。该办法较为详细地规定了法律援助案件指派的具体操作流程以及对律师的具体要求。

8. 各区/县有关法律援助的规范性文件

如《丰台区法律援助工作程序规定》、丰台区《未成年人刑事法律援助案

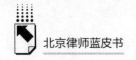

北京律师蓝皮书

件评估标准》及其实施办法等。

9.《北京市开展刑事被害人救助工作的意见》

由北京市高级人民法院、市财政局、市司法局以及市人力资源和社会保障局等七部门于 2010 年 1 月 21 日联合下发。

10.《北京市法律援助补贴办法》

北京市财政局、北京市司法局 2011 年制定。对法律援助的补贴进行了明确的规定。

通过上面的列举可以发现，北京市有关律师从事法律援助的规定具有下述特点：一是在时间上都出现在 2005 年以后，这与《法律援助条例》（2003年）、《律师和基层法律服务工作者开展法律援助工作暂行管理办法》（2004年）、《关于开展公职律师试点工作的意见》（2002 年）的出台时间有较大的关系。二是在有关法律援助的对象上作出了较为具体的规定，如未成年人、刑事被害人、经济困难者、服刑人员、农民工、农村弱势群体等。这些规定对法律、行政法规、部委规章和司法解释的相关规定在具体化和可操行方面提升的同时，也在不少方面进行了突破。

二 北京律师从事法律援助的数量

（一）受理法律援助案件的总体情况

从表 6-1 可以看出，北京市近五年法律援助机构批准受理的法律援助案件的数量基本维持不变，平均每年 1.5 万件以上。2008 年数量最多，达到17688 件，2009 年、2010 年和 2011 年稍下降，2012 年又恢复到 2008 年时的数量。在每年受理的法律援助案件中，民事案件平均 1.1 万件，所占的比例最大，每年都超过所有案件的一半以上，2011 年和 2012 年甚至接近 80%。尤其是 2012 年上升至 13804 件，比上年增加 18.1%。其次是刑事案件 4000 件左右，行政案件最少，20 件左右。另外一个特点是，刑事案件所占的比例在逐年降低，由 2008 年近 33% 下降到 2012 年的 20.59%（图 6-2），这反映出律师对不同类型法律援助案件的偏好。

表 6 - 1   2008~2012 年北京法律援助机构批准受理法律援助案件总数

单位：件

年度	办理案件总数	刑事案件数	民事案件数	行政案件数
2008	17688	5842	11829	17
2009	15147	4508	10631	8
2010	14775	3812	10952	11
2011	15066	3357	11688	21
2012	17419	3587	13804	28

数据来源：司法部法律援助中心编《中国法律援助年鉴》（2008~2010），中国民主法制出版社；司法部法律援助工作司编《法律援助业务发展数据统计分析报告》（2008~2010）；其中 2012 年数据见北京市司法局"全年统计数据及分析"，http：//www.bjsf.gov.cn/publish/portal0/tab83/info13445.htm。

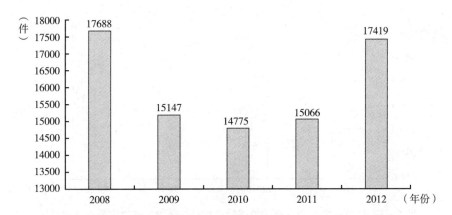

图 6 - 1   2008~2012 年北京法律援助机构批准受理法律援助案件总数变化

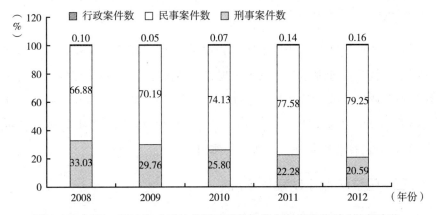

图 6 - 2   2008~2012 年北京法律援助案件总数中各类案件所占比例变化

（二）接待来访来电法律咨询情况

如图6-3所示，从2009~2012年法律援助机构接待来访来电法律咨询总数来看，来访来电法律咨询数均在22万人次以上，其中2012年增至259739人次之多，出现了质的飞跃。这与北京市司法局近年来加强法律援助机构规范化建设以及法律服务专线工作的规范化、制度化有关，比如2011年制定的《北京市"12348"法律服务专线工作管理办法》和同年制定的《北京市司法局关于加强法律援助机构规范化建设的意见》对来访来电的具体操作、规范标准、工作制度、监督检查等作了详尽规定。

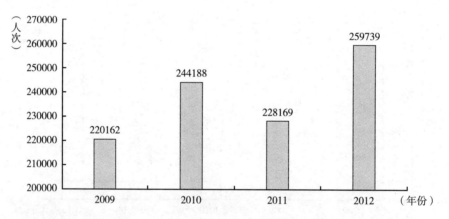

图6-3 2009~2012年北京法律援助机构接待来访来电法律咨询总数变化

数据来源：司法部法律援助工作司编《法律援助业务发展数据统计分析报告》，司法部法律援助中心编《中国法律援助年鉴》，二者数据不一致的，以后者为准。2012年数据见北京市司法局"全年统计数据及分析"，http://www.bjsf.gov.cn/publish/portal0/tab83/info13445.htm。

尽管无法得出社会律师在上述工作中的比例，但根据《北京市"12348"法律服务专线工作管理办法》第1条规定"各区县'12348'专线至少有1名法律专业专职工作人员"和第7条规定"区县'12348'专线可安排本机构人员或指派本辖区内的律师、法律援助志愿者、法律工作者从事接待咨询工作"，可以看出社会律师在其中所起的作用。

（三）已结法律援助案件情况

从表6-2和图6-5中可以看出，在最近几年已结法律援助案件中，社会律师已结法律援助案件总数占已结法律援助案件总数的60%以上，即大约2/3的已结案件都是由社会律师完成的。其中，2008年和2009年社会律师已结法律援助案件总数占已结法律援助案件总数的70%以上，2009年以后，该比例有所下降，但还是维持在62.4%左右（见图6-6）。

表6-2　2008～2011年北京市法律援助结案数及各类人员办理案件的构成

年份	项目	已结案件总数	各类人员承担数量及比例				
			法律援助机构工作人员	社会律师	基层法律服务工作者	社会组织人员	注册法律援助志愿者
2008	件数(件)	13621	331	10541	2744		5
	比例(%)	100	2.43	77.39	20.15		0.04
2009	件数(件)	13984	175	10398	1980	1430	1
	比例(%)	100	1.25	74.36	14.16	10.23	0.01
2010	件数(件)	12343	117	7670	1617	2939	
	比例(%)	100	0.95	62.14	13.10	23.81	
2011	件数(件)	11399	54	7114	1706	2525	
	比例(%)	100	0.47	62.41	14.97	22.15	

数据来源：司法部法律援助工作司编《法律援助业务发展数据统计分析报告》(2009～2012)。

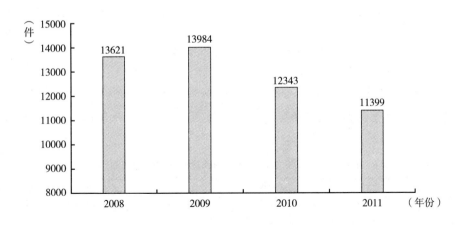

图6-4　2008～2011年北京法律援助已结案件总数变化

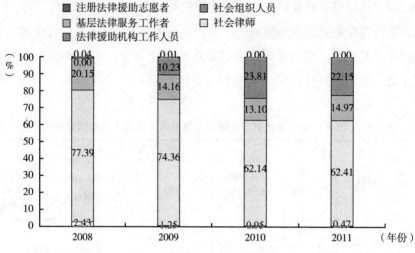

图 6-5　2008~2011 年北京法律援助结案中各类人员承担比例

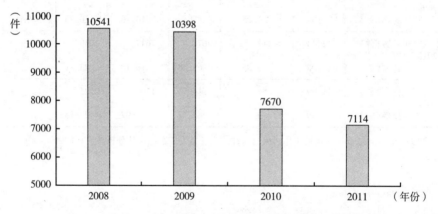

图 6-6　2008~2011 年北京社会律师办结法律援助案件数变化

　　从表 6-3 中可以看出，在社会律师所结的法律援助案件中，一半以上的案件都是民事案件，最高达 67.7%。刑事案件超过 1/3，其余属于行政案件。

表 6-3　2008~2011 年北京社会律师已结法律援助案件的构成

年份	项目	已结案件总数	刑事	民事	行政
2008	件数（件）	10541	5080	5445	16
	比例（%）	100	48.2	51.7	0.2
2009	件数（件）	10398	3356	7039	3
	比例（%）	100	32.3	67.7	0.02

续表

年份	项目	已结案件总数	刑事	民事	行政
2010	件数(件)	7670	3179	4483	8
	比例(%)	100	41.4	58.5	0.1
2011	件数(件)	7114	2492	4613	9
	比例(%)	100	35.0	64.8	0.2

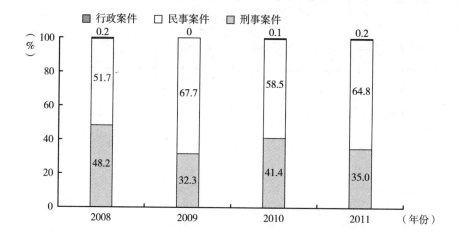

图 6 - 7 2008～2011 年北京社会律师已结法律援助案件的构成

但是,一个不容忽视的问题是,尽管超过一半的已结法律援助案件属于民事案件,而这些民事案件占此前受理的民事案件的比例并没有想象的那样大。由表 6 - 4 可以看出,在已结的各类案件中,社会律师几乎处理了所有的受理的刑事法律援助案件,民事案件仅占 60% 左右,行政案件超过了 80% (见图 6 - 8)。原因之一是,如果从案件的类型来看,也许是与刑事案件和行政案件对法律援助人员的执业经验、办案技巧、专业能力、法律思维能力、社会影响力等方面提出了更高的要求有关,而有些民事案件并不需要法律援助人员具备特别高的能力。原因之二是,刑事案件和行政案件相对于民事案件而言,"结果"的确定性或可预测性往往要大一点。但即便如此,相对于其他法律援助主体,社会律师的法律援助质量还是应得到正视。

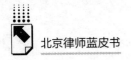

表 6 - 4　2008～2011 年北京社会律师办理法律援助案件的结案比例

年份	刑　事			民　事			行　政		
	总数（件）	已结（件）	结案比例（％）	总数（件）	已结（件）	结案比例（％）	总数（件）	已结（件）	结案比例（％）
2008	5133	5080	99.0	8472	5445	64.3	16	16	100
2009	3401	3356	98.7	10579	7039	66.5	4	3	75
2010	3197	3179	99.4	9137	4483	48.8	9	8	88.9
2011	2515	2492	99.1	6349	4613	72.7	10	9	90.0

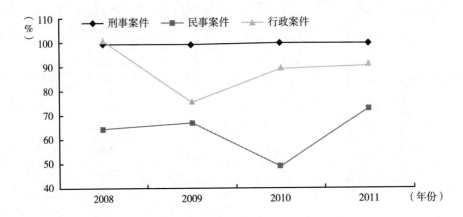

图 6 - 8　2008～2011 年北京社会律师各类法律援助案件结案比例变化

三　分析和展望

通过前面的描述和分析可以看出，北京在社会律师参与法律援助方面，有关的工作在不断推进。一方面，社会律师从事法律援助的法律依据不断健全和完善，并且其可操作性和规范性也在不断增强；另一方面，社会律师承担法律援助的数量和比例一直具有相当的规模。尽管如此，对于北京社会律师参与法律援助的具体实践和未来发展，还有一些问题需要进一步分析和讨论。

（一）律师进行法律援助案件的数量

对公职律师而言，一年至少要进行不少于两件案件的法律援助，我们在调研中发现，由于目前法律援助案件较多，除了代理诉讼案件外，还有大量的法律咨询案件，因此，除区县的公职律师还代理少量的法律援助案件外，市一级的公职律师已基本退出法律援助的代理和咨询事项，而转入实际的管理工作之中。换言之，实践中从事法律援助的具有律师"身份"的人主要是社会律师。

但问题是，社会律师每年代理多少法律援助案件才算合适？这不仅影响到法律援助的效果和质量，更会影响到需要法律援助的当事人的权利实现。就现有制度而言，社会律师每年至少办理多少法律援助案件，法律、法规及其他规范性文件并没有明确规定。《北京市法律援助案件指派管理办法》第 13 条规定："每位律师一年内办理法律援助案件超过 5 件的，法律援助机构不再指派其承办法律援助案件。""受援人自主选择、机构选任法律援助人员与本条第一款规定发生冲突的，法律援助机构应当查明情况，依据本办法第五条规定指派案件。""本地区律师人数较少不能满足指派工作需要的，不受本条第一款规定的限制。"

从上述规定来看，一名社会律师原则上要办理 5 件法律援助案件。但如果一年办理法律援助案件超过 5 件，而受援人自主选择该律师或者本地区律师人数较少时，他可能还要继续办理更多的法律援助案件。在调研中，个别律师也印证了这一点。

另一个不容忽视的现象是，并非是所有社会律师都会办理法律援助案件。目前，北京市法律援助的指派方法共有六种。第一种：按律所名称顺序轮流指派，如海淀区、房山区法援中心；第二种：律所志愿报名参加，如东城区、丰台区法援中心；第三种：轮流指派和志愿报名相结合，如北京市法援中心、朝阳区法援中心；第四种：集中指派兼顾其他律所，如昌平区法援中心；第五种：固定律所并固定律师，如西城区法援中心；第六种：按律师的专业与分工安排，如通州区法援中心。[①] 这六种方式无疑是不同地区结合本地特点创造的模式，通过这些模式可以使得"指定"制度得以有效贯彻，同时可以很好地弘扬律师的公益精神，即通过"自愿报名"的方式参与法律援助工作当中。

---

① 靖力：《死刑案法律援助存问题，不均等指派规则受争议》，《方圆》第 313 期。

但问题是，一方面，"自愿"的律师往往占据律师群体的少数；另一方面，不可能所有的律师都会受到指派，因为实践中往往是法律援助中心把任务派发给律师事务所，再由律师事务所派发给具体的律师。在调研中，我们发现，那些受到指定从事法律援助的律师大多是不那么知名、执业经验不那么丰富、个人能力相对不很突出，尤其是案源不多的律师，其他律师接受法律援助的机会相对就少甚至几年没有承办一件法律援助性质的案件。

（二）法律援助案件的补贴

《北京市法律援助补贴办法》第3条对法律援助案件的补贴标准作出了规定："……补贴标准包括承办法律援助事项所需的交通费、差旅费、通讯费、复印费、误餐费、调查取证费等办案基本费用。法律援助人员承办法律援助事项过程中发生的需要向翻译人员支付的翻译费，应当列入法律援助业务经费。"第4条规定："接受法律援助中心指派，以接待来访、来电、网络等形式为群众提供免费法律咨询，或者为符合本市法律援助经济困难条件的群众免费代书的，每个工作日补贴150元。"该办法还对刑事案件、民事案件、非诉讼案件、行政案件援助补贴进行了明确规定。具体如表6-5所示。

表6-5　北京市法律援助案件补贴标准

刑事案件（每件补贴）	侦查阶段1200元	审查起诉阶段1200元	一审、二审、再审、自诉案件2000元	为同一受援人提供刑事辩护同时代理附带民事诉讼的，以相应案件补贴标准为基数，增加补贴20%
民事案件（每件补贴）	审判阶段2000元	民事执行1000元	为刑事诉讼案件被害人代理刑事附带民事诉讼2000元	为同一被害人代理刑事附带民事诉讼同时代理刑事诉讼的，以相应案件补贴标准为基数，增加补贴20%
劳动仲裁、人事争议仲裁代理或其他非诉讼法律事务案件（每件补贴）	2000元			
行政诉讼案件或者国家赔偿案件（每件补贴）	审判阶段2000元			

相对于不少地区而言，北京市对律师从事法律援助的补贴并不低，而且，在特殊情况下，会有额外的增补。如该办法第 10 条规定："同一法律援助服务机构代理法律援助案件有下列情形的，自第二个阶段起按照相应补贴阶段标准的 50% 予以补贴：（一）代理一个刑事案件的多个阶段的；（二）代理一个民事诉讼、行政诉讼案件的多个阶段的；（三）代理劳动仲裁、人事争议仲裁后再办理民事诉讼或者行政诉讼案件的。"这种规定的出发点无疑是鼓励律师多参加法律援助工作。但在调研中发现，这种目的并没有很好地实现，因为多数律师参与法律援助都是经过指派的方式，对于那些年轻的、案源较少的律师而言，通过参与法律援助，可以在创收的同时，更快地熟悉法律业务和工作流程，甚至通过法律援助，可以逐渐积累知名度，并在受援人中和业界获得良好的口碑。

一些律师之所以不愿从事法律援助工作，一个原因就是补贴太少。因此，针对案件的补贴情况，未来的可能发展方向是：第一，总体原则是，根据北京的经济发展情况、居民收入、物价等因素调整案件的补贴标准。第二，针对那些案源较少的律师，可以多指派他们代理法律援助案件，在增加他们收入的同时，也会锻炼他们的执业经验和能力。第三，为了鼓励知名律师和有经验的律师参与法律援助，可以用非经济因素的措施进行鼓励。

（三）法律援助的质量

对于法律援助的质量，目前并没有统一的标准，实践中主要依靠北京市目前已制定的如《关于加强侦查阶段法律援助工作的意见》、《北京市法律援助业务档案立卷归档办法》等相关规范予以保证。就主客观方面而言，法律援助的质量往往受当事人对法律援助的满意程度和法律援助者对案件解决的能力的影响，这两种因素在理想状态下应该是统一的。因此，实际操作中，为提高法律援助的质量，应尽量排除一些非法律因素的干预，比如，在刑事法律援助中，提供法律援助的律师除了"需具备丰富的法律知识和生活经验"外，"需方方面面的理解和支持，在侦、控、辩、审制度设置上需各部门通力合作"。[1]

---

[1] 许冷：《刑事法律援助亟需精细化管理——对刑事法律援助辩护技术的思考》，《中国司法》2012 年第 12 期。

对于律师而言，从主动的角度，可以加强律师对案件的"自选"制度（即根据律师擅长的专业领域建立律师信息库，受援对象可以根据自身案件性质和个人意愿，在信息库中自选律师为自己服务）；从被动的角度，可以建立健全"案件评查机制"（即由法律援助律师、法官、其他社会律师等组成委员会评查案件质量，并对案件的指派、庭审、案件归档等进行全程监督）。①

（四）社会律师和其他法律援助工作人员的关系

从表6-2和图6-5中可以看出，基层法律服务工作者和社会组织人员所处理的法律援助案件数量仅次于社会律师。无疑，有些社会律师"不感兴趣"的法律援助案件会分流到基层法律服务工作者和社会组织人员那里，这对落实法律援助制度，以及对当事人权利的救济和正义的实现会起到良好的作用。但表6-4所反映出在已结的各类案件中，社会律师几乎处理了所有的刑事法律援助案件、超过近60%的民事案件，和超过80%的行政案件，由此来看，他们仍然是法律援助的中流砥柱以及保证案件质量的主要力量。在此意义上，一方面应继续通过各种渠道来发挥社会律师在法律援助中的主体作用，对于法律援助的办案经费应充分且优先进行保障；另一方面，相关部门在资金投入、政策扶持方面对其他法律援助工作人员也应加大力度，以提升其积极性。此外，法律援助机构可根据案件的类型、影响力、受援人的基本情况等在社会律师和其他法律援助工作人员之间进行案件分配，使得社会律师和其他法律援助工作人员在法律援助方面进行相互配合，形成良好的互补局面。

（五）制定《法律援助法》

目前我国的法律援助体系由《刑事诉讼法》、《律师法》、《法律援助条例》等法律法规和一系列司法解释、规范性文件共同组成。"但随着经济

---

① 这两种制度具体可参见天津市司法局课题组《关于法律援助服务为民的探索与思考》，《中国司法》2012年第7期。

社会的不断发展和法律援助工作的快速推进，条例已经不能完全适应工作需要。"① 因此，把法律援助条例由行政法规上升为法律，从而提升法律援助的地位，与其他法律实现对接就有了必要。但从立法角度而言，在制定一部新法之前必须慎之又慎，在各方面工作成熟以前盲目地立法会带来很多问题。因此，"当前的主要工作应着重于贯彻落实条例规定，健全完善工作机制，积累实践经验，更好地发挥法律援助在维护公民合法权益、促进社会公平正义中的作用，待条件成熟时再考虑制定法律援助法。"②

---

① 司法部：《法援法立法条件成熟，可纳入立法规划》，司法部法律援助工作司网站，http：// www. legalinfo. gov. cn/moj/flyzs/content/2012 – 02/15/content_ 3352077. htm？ node = 7674。
② 司法部：《法援法立法条件成熟，可纳入立法规划》，司法部法律援助工作司网站，http：// www. legalinfo. gov. cn/moj/flyzs/content/2012 – 02/15/content_ 3352077. htm？ node = 7674。

B.7

北京市两级律师协会的行业自律实践

陈宜*

摘 要：

根据 2009 年北京市司法局印发《关于建立区县律师协会进一步完善我市律师管理和服务体制的工作意见》的通知精神，2010 年底全市成立了 13 家区县律师协会。首都功能核心区行政区划调整后，目前北京市有东城、西城、海淀、朝阳、丰台、石景山、通州、顺义、房山、大兴、昌平 11 家区县律师协会。本部分内容从以下方面对市区律师协会两级架构的运行情况进行总结，并在此基础上加以分析，展望未来的发展：（1）市律师协会加强对区县协会的沟通协调，及时提供政策支持和业务指导；（2）各区县协会自觉接受区县司法局的指导、监督和管理；（3）各区县协会建立健全组织制度，完善规章制度；（4）区县律师协会开展基础建设工作，对辖区内律师行业的基本情况进行调查摸底；（5）区县律师协会积极参加市协会组织的活动；（6）加强律师队伍建设、行风建设、职业道德和执业纪律建设，规范律师执业行为，提高律师队伍整体水平；（7）积极搭建服务平台，为区域经济社会发展提供优质高效的法律服务；（8）区县律师协会纪律处分工作的开展；（9）各区县律师协会积极改善辖区律师执业环境，维护辖区律师合法权益；（10）区县律师协会积极推进律师参政议政工作；（11）组织、引导律师维护社会和谐稳定，参加公益活动；（12）积极配合区县律师党委开展党建工作；（13）积极组织辖区律师开展文体活动，做好会员福利工作。

关键词：

北京市 区县律师协会 行业自律 实践

---

* 陈宜，中国政法大学律师学研究中心副教授。

2009 年 10 月 16 日，北京市司法局印发了《关于建立区县律师协会进一步完善我市律师管理和服务体制的工作意见》的通知（京司发〔2009〕323 号）。宣武区律师协会是北京市试点成立的第一家区（县）律师协会（后并入西城区律师协会）。截至 2010 年底，全市成立了东城、西城、海淀、朝阳、丰台、石景山、通州、顺义、房山、大兴、昌平 11 家区县律师协会。

《关于建立区县律师协会进一步完善我市律师管理和服务体制的工作意见》明确了区县律师协会的职能。2011 年，北京市司法局又制定了《关于加强区县律师协会建设的若干意见》（京司发〔2011〕148 号），明确了区县律师协会的职能定位、机构设置、运行机制、党的建设等内容。强调"加强区县律师协会建设的工作目标是：通过建立市、区县的律师协会及其党组织，完善行业管理体制和工作机制，推进行业管理各司其职、优势互补、形成合力，管理工作与党建工作有机结合、相互依托、相互促进，不断强化律师行业的整体性和统一性，进一步加强和改进律师管理和服务工作"，使"两结合"管理体制在区县层面落到实处。

《关于加强区县律师协会建设的若干意见》明确，区县律师协会主要承担以下职能：（1）对辖区律师和律师事务所进行日常管理和服务；（2）改善辖区律师执业环境、维护辖区律师合法权益；（3）总结、交流辖区律师工作经验，为辖区律师和律师事务所提供指导和帮助；（4）组织辖区律师行业开展对外宣传与交流，扩大律师行业的对外影响；（5）对辖区律师和律师事务所进行表彰和奖励；（6）依据全市统一规范，对辖区律师进行业务指导，对律师事务所的规范化管理进行指导和监督；（7）根据全市统一要求，组织辖区律师的政治、业务、职业道德和执业纪律培训；（8）受理对辖区律师和律师事务所的投诉，对受理的投诉进行调查并向市律师协会或区县司法行政机关提出初步处理意见；（9）调解辖区律师执业活动中发生的纠纷；（10）按照全市统一部署，对辖区律师的执业活动进行考核并提出考核意见；（11）组织辖区律师和律师事务所为区域经济社会发展服务；（12）组织辖区律师开展文体活动和会员福利工作；（13）协调与辖区党委政府、司法机关以及其他组织的关系；（14）市律师协会或区县司法行政机关委托履行的其

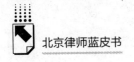

他职责。

各区县协会成立以来，通过市、区（县）两级协会及全体会员的共同努力，区县律协各项工作成绩显著，取得了积极的社会效果。由于没有先例可遵循，市区（县）两级协会在探索中，紧紧围绕市、区司法局和市律师协会的行业整体工作部署，相应开展各项工作。截至目前，各区县律协已经完成了基础建设，初步建立起有效的工作机制和工作网络，各项具体工作有序展开。

一　市律师协会加强区县协会的沟通协调，及时提供政策支持和业务指导

《关于建立区县律师协会进一步完善我市律师管理和服务体制的工作意见》明确，市司法局律管部门和北京市律师协会要成立专门机构，对建立区县律师协会过程中遇到的代表选举、章程起草、经费保障等问题及时给予指导协调。市司法局组织、人事、财务部门和各区县司法局，要及时和市、区县两级组织、编制、财政、社团管理等部门加强沟通协调，积极出台相关政策，为区县律师协会的工作开展提供政策支持和保障。

2010年，市律师协会积极参与了朝阳、海淀、东城、西城、丰台、顺义等10个区县律师协会的筹建工作，从章程制定、规则起草到代表资格审查以及选举程序设定等方面都给予了具体的指导，并在年度会费预算中就区县律师协会的工作经费作出了具体安排，为区县律师协会的筹建及运转提供了经费保障。同时，协会还就尚不具备成立律师协会条件的区县如何有效地开展会员服务工作等问题也进行了专题研讨。为给区县律师协会的工作提供具体指导，协会就区县律协的工作规则模板、受理投诉及案件调查、为辖区会员提供服务与管理等问题组织了多次研讨会，出台了《关于区（县）律师协会纪处工作若干问题的指导意见》，并组织了由区县律协相关人员参加的交流座谈会。为了规范市区两级律协的职能分工及工作对接，协会启动了北京市律师行业两级管理架构专题调研活动，就市区两级律师协会之间的职能划分、工作对接及信息沟通进行研讨论证，研究建立相应的工作机制和工作

流程。

2012 年北京律师协会工作计划明确，围绕整合两级协会的管理力量，拓宽律师参与行业建设和行业管理的渠道，进一步扩大行业自律管理的覆盖面和参与度，组织开展市区两级律师协会管理架构及职能划分课题调研活动，深入研究与探讨市区两级律师行业组织之间的职责分工、工作协调配合及对接机制，进一步整合管理力量，提升管理效能。

（一）建立相应的规章制度

2009 年 9 月，根据北京市司法局和北京市律协的安排，市律协规章制度委员会和区县律师工作委员会召开联席会议，讨论关于制定区县律师协会章程模板的相关问题。会议为即将成立的区县律师协会（试点）制定出《北京市区县律师协会章程》、《北京市区县律师协会代表大会规则》、《北京市区县律师协会理事会规则》、《北京市区县律师协会监事会规则》和《北京市区县律师协会会长会议规则》等模板初稿，并就起草中遇到的有争议的问题，在征询市司法局意见的基础上，作出《起草说明》，详细陈述制定上述规则模板的理由，为区县律师协会的组建提供了规则依据。

2011 年，市律师协会规章制度委员会与市律师协会"区县律师工作委员会"共同召开"区县律协行规建设工作研讨会"，对区县律协的规章制度建立健全提出了建设性意见。

（二）市律师协会调研区县律协工作，研讨工作的开展与衔接

为了规范市区两级律协职能分工及工作对接，2011～2012 年，北京市律师协会领导多次到区县律师协会进行调研指导工作，并开展了市、区（县）两级律师行业组织管理架构及职能分工课题调研活动，对区县律协成立以来市区两级协会之间的职责分工及工作的协调配合机制进行了全面梳理、总结，并起草完成了《市、区（县）律师协会职能分工的调研报告》。2012 年 11 月，北京律协监事会在朝阳律协召开了区县律协监事长座谈会，与各区县律协监事长交流了各自工作的开展情况，与会人员就监事会监督工作的范围、内容和方法，监事会在监督过程中的经验、体会和面临的问题，监事会如何对预算制

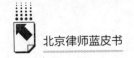

定、执行、决算等财务工作实施监督等进行了探讨。会议还征询了各区县律协监事会对市律协及市律协监事会工作的意见和建议。协会建立了区县律协及律师工作联席会和经费拨付工作联席会议制度，加强了对区县律协、联席会经费管理工作的指导力度。

二 各区县协会自觉接受区县司法局的指导、监督和管理

北京市司法局《关于加强区县律师协会建设的若干意见》规定，区县律师协会由本区县司法行政机关、社会团体登记管理机关依法进行监督、指导，律师协会成立后，区司法局将继续加强对行业的宏观指导和管理，积极创造各种有利条件，完善"两结合"管理体制，不断开创律师工作的新局面。区县律师协会应自觉接受区县司法局的指导、监督和管理，坚持和完善"两结合"管理体制。

各区县推进建设区县司法局与律协之间决策会商、信息沟通、资源共享、程序衔接的互动机制，探索建立律协秘书处与区县司法局律管科的信息共享、工作会商协调等工作机制，建立惩戒信息沟通制度。

2012年9月，昌平区、大兴区、顺义区律师协会、平谷律师联席会及延庆律师联席会联合召开工作经验交流会，3个区县律师协会会长及平谷、延庆律师联席会主任分别就本区县律师工作开展情况进行了介绍，重点就事关郊区县律师行业发展的"机构建设、制度建设、人才培养"等方面的经验做法、存在问题等进行了交流。在塑造北京律师职业精神、拓展律师执业领域、改善律师执业环境等方面达成了多项共识。

三 各区县协会建立健全组织制度，完善规章制度

北京市司法局《关于加强区县律师协会建设的若干意见》明确指出，区县律师协会应当按照行业管理的要求，设立便于履职的机构，建立协会的基本组织制度。会员人数在200人以上的区县，应当设立会员代表大会、理事会、

会长会议三级机构。区县律师协会应当设立监事会作为监督机构。各区县按照便于议事、决策、执行和监督的原则，确定会员代表大会、理事会、监事会、会长会议组成人员的数量，但不得超过市律师协会相应机构组成人员的数量。区县律师协会可以根据实际情况，参照市律师协会的组织机构设置工作部门，发挥行业自律的职能作用。区县律师协会还可以根据工作需要设立专门工作委员会，协助决策机构就相关工作进行调研，提供咨询意见。

（一）建立健全组织制度

为有序开展各项工作，各区县均在律师代表大会第一次会议上审议通过了区（县）律师协会章程，选举产生了第一届区（县）律师协会理事会、监事会以及会长、监事长、副会长，聘任了秘书长，并陆续健全协会的组织机构。区县律师协会的建立满足了广大律师更多地参与行业管理活动的愿望，为律师行业的自我管理及规范打下良好的基础。

东城区律师协会成立了 13 个专门委员会，并结合东城区域经济发展状况，为律师拓展业务领域和业务机会，成立了参与新东城区法制建设、促进依法行政、为东城区政府提供法律咨询服务的大律师顾问团。西城区律师协会在调查研究的基础上，结合本区实际情况，组建了 9 个工作委员会。海淀区律师协会成立了 9 个专门委员会。朝阳区律师协会先后成立了 20 个专门工作委员会和综合调研部等 6 个秘书处职能部门。同时，协会还聘请了顾问，组织律师代表和广大会员积极参加专门工作委员会工作，初步完成了组织队伍建设。2012 年朝阳区律师协会增设老律师联谊会、老律师联络工作委员会、人大代表和政协委员联络工作委员会、律师行业研究会。丰台区律师协会设立了 8 个专门委员会，制定了相应的工作规则。石景山区律师协会设立了 4 个专业委员会，2011 年还对各委员会有针对性地开展了定向培训课程。顺义区律师协会设立了 4 个专业工作委员会；房山区律师协会成立了行业发展委员会和纪律惩戒委员会及律师顾问团；大兴区律师协会成立了 4 个专门工作委员会。

在没有条件设立专门委员会的区县律师协会，也有相应的人员与市律师协会专门委员会的工作相对接。

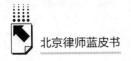

（二）完善规章制度建设

规范行业自律，制度先行。区县律师协会成立以后，逐步完善以章程为核心的决策、执行、监督等协会内部各类机构的运行规则及管理制度，建立健全决策、执行、监督机构既相互制约又相互协调的管理结构。区县律师协会在区县司法行政机关和市律师协会的指导下，依据北京市司法局《关于加强区县律师协会建设的若干意见》的精神制定章程，并按照章程不断完善内部运行机制。加快建立健全机构设置和规章制度，夯实行业自律管理基础。制定行业发展规划和年度工作计划、预算方案，为协会全局工作做出安排、提供指引，是各区县律协所开展的重要工作内容。

2012 年，东城律协对律协办事机构在规范服务行为方面积极探索，制度建设取得新进展，相继制定了《东城区律师协会印章管理规定》、《东城区律师协会秘书处工作人员行为规范》等规章。西城区第一届律师协会成立之初，就在制度建设方面做了较大努力，制定并通过各种规章制度 7 个。海淀区律师协会为规范协会工作，制定了一系列的规章制度，包括《北京市海淀区律师协会会长会议事规程》、《北京市海淀区律师协会财务管理办法》、《北京市海淀区律师协会秘书处工作人员考核办法》等。朝阳律师协会自成立以来，先后制定了《北京市朝阳区律师协会会长会议议事规则》、《"十二五"期间北京市朝阳区律师业发展规划（2011～2015 年）》等文件，还进一步加强了内部规章体系建设。丰台区律师协会自成立以来，制定了《北京市丰台区律师协会会长会议议事规则》、《北京市丰台区律师协会理事会议事规则》等规则。石景山区律师协会进一步完善了律师协会的各项制度。顺义区律师协会理事会先后审议通过了《专业委员会工作规则》、《会长会议工作规则》等文件，用制度来引领和规范各项工作。房山区律师协会 2011 年以来召开了两次律师代表大会，通过了相关工作制度和财务预算，使协会工作更加规范化。大兴区律师协会在 2010 年通过《大兴区律师协会会长会议规则》、《大兴区律师协会执业纪律与执业调处委员会规则》草案等文件的基础上，为了有效处置辖区内律师事务所突发事件，依法建立应急处置机制，预防和减少突发事件的发生，最大程度地降低事件发生造成的影响，2011 年大兴区司法局、区律协制定了

《关于处理突发性事件应急预案》。昌平区律师协会制定了《北京市昌平区律师协会财务管理办法》等规定。

四 区县律师协会开展基础建设工作，对辖区内律师行业的基本情况进行调查摸底

区县律协如何围绕党和政府的中心工作、服务大局、全心全意为会员服务是区县律师协会成立后面临的首要课题。要服务管理好律师队伍，首先必须掌握并深入了解这支队伍的基本情况，为此，各区县都开展了辖区内律师基本情况的摸排调研，为履职打下牢固的基础。

2011~2012年，东城区律师协会摸排全区律师综合情况，建立了区律师协会、律师代表和全区律师事务所日常性的联系渠道，通过多种途径定期交流；在切实强化律协内部运行的规范性和制度性建设力度方面，起草制定了办事机构工作人员行为规范、考勤和财务管理、公章使用及物品采买等一系列规章制度，并组织秘书处工作人员学习、培训各项规章制度，切实提高秘书处的综合素质及团队能力，确保服务水平及服务质量适应行业发展的要求。

从2010年底到2012年，西城区律师协会多次组织会长、理事与监事会成员对全区190多家律师事务所进行走访、调研，听取广大会员对协会工作的需求和建议。对辖区内律所及律师执业情况进行调研，从人员规模、业务领域、执业环境等方面进行摸底，总结归纳出当前影响和制约西城律师行业发展的问题及解决途径，为西城律师行业的规模所、精品所建设及制定西城区律师行业发展的中长期规划奠定了基础。通过走访调研，加强各所与协会之间的相互交流，增加了协会服务会员、促进行业发展的意识。此外，还建立了行政主管QQ群，加强了律所之间、律所与区司法局和律师协会之间的联系和沟通，及时了解律所的需求，为律协及律所管理提供咨询性建议。

2011年4月，海淀区律师协会正式启用短信交流平台，将已有律师事务所、律师信息记录在平台上，通过平台发送通知短信，增强协会与律师事务所

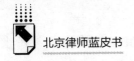

及律师之间的联系与沟通。

朝阳区律师协会组建了律师管理与服务新机制课题调研组，对朝阳区律师业发展情况展开调研，对新形势下如何有效改进律师管理和服务工作展开研究，加强律师事务所管理指导，改善和优化律师的执业环境。2012年，协会还聘请了第三方机构对朝阳区律师事务所的基本情况进行全面调研。在全面了解行业工作需求和会员需求的基础上，协会对朝阳律师网站进行了改版升级。

丰台区律师协会自成立伊始，就开始调查了解丰台律师行业的基本情况，召开律所主任座谈会，推动丰台律师业的健康发展。自2010年7月初到2010年8月底，丰台区律师协会开展了"丰台区律师事务所管理现状调研活动"，向各律师事务所发放的调查问卷长达32页，共计116个问题，主要为律师事务所管理问题，包括合伙人及合伙人关系问题、管理机构及管理现状问题、总所和分所关系问题、制度建设问题、业务管理与专业化问题、投诉处理与风险防范问题、社会活动及荣誉问题等。问卷回收后，律师协会聘请专业的信息分析公司对问卷进行分析并制作了调研报告，该报告使协会对丰台律师行业的基本情况有了较为详尽的了解。

2012年，昌平区律师协会在已有的协会网站基础上，进一步畅通协会与会员的沟通平台，开通了昌平律师手机短信平台。在协会组织的研讨会、座谈会以及文体活动中，短信平台拉近了协会与会员的距离。此外，昌平区律师协会还制作了《北京市昌平区律师事务所简介》1000册，《北京市法律援助条例》小册子20000册。该"简介"及"条例"通过对辖区内律师事务所的名称、地址、联系方式、负责人等信息向社会大众进行了介绍，并在全区律师事务所和昌平各大街道、村庄、酒店、高校均有发放。

五　区县律师协会积极参加市协会组织的活动

2011年，由司法部、中华全国律师协会、最高人民检察院、中央电视台联合举办"首届全国公诉人与律师电视论辩大赛"，北京市律师协会作为六个律师代表队之一参加了比赛。北京律师代表队最终获得了"首届全国公诉人与律师电视论辩大赛"团体三等奖，一辩姜志强获得优秀风采奖，二辩杨龙飞和三辩郑莉获得优秀选手奖。在这次活动中，共有来自东城区、西城区、朝阳区、丰台区、海淀区等地的6支队伍18名选手参加北京律师代表队选拔。各区县律协高度重视此次比赛，在接到市律协通知后，立即成立了专门的活动组织机构，聘请资深律师担任指导老师，通知各律师事务所选派优秀律师参赛，并对选拔出来的选手进行培训，为最终获得优异成绩奠定了良好基础。

2011年9月，为了丰富广大律师的文化体育生活，加强各区县律师协会之间的联系，北京律协举办了"慈铭杯"第一届北京律师足球赛，这一赛事得到了各区县律协的积极响应，共有6个区的8支球队报名参赛。各参赛区县一如既往地秉持了对北京律师协会各项组织活动热情参与的精神。精心组织，周密布置，参赛队员都高度重视，积极备战，认真集训。

2012年6月，市司法局和市律师协会共同开展了"北京市律师行业创先争优先进集体先进个人"评选活动，并举办"北京市律师行业创先争优活动颁奖典礼"。各区县律师协会对本次"创先争优"评选活动给予了高度重视，在评定工作中，严格按照北京市律师协会下发的评定办法和评定标准，按照要求进行推荐。坚持公正、公平、公开的原则，做到程序公正、条件公平、结果公开，接受业内外的监督。在评选活动中，50个集体、100名个人和11家区县律师协会分别被评为北京市律师行业创先争优活动先进集体、先进个人和优秀组织奖。

2012年9～10月，北京市律师协会举办了首届北京律师辩论赛。东城、西城、朝阳、海淀、丰台、石景山、通州、大兴、昌平、顺义和密云11个区县组成17支代表队参赛。各区县高度重视、精心准备，各参赛队员全心投入、认真训练。

2012年9月1～2日，北京律协在国家奥林匹克体育中心体育馆举办第一届北京律师羽毛球赛。东城、西城、朝阳、海淀、丰台、石景山、通州、大兴、昌平区律师协会组队参赛。丰台、朝阳区律协二队、海淀、石景山、通州、大兴、昌平区律师协会获得优秀组织奖。

2012年8月，北京律协响应全国妇联号召，倡导各区律师协会组织全市律师捐款。各区县律协响应北京市律协倡导，积极组织了捐款活动。

六　加强律师队伍建设、行风建设、职业道德和执业纪律建设，规范律师执业行为，提高律师队伍整体水平

规范律师事务所管理，加强律师队伍建设、行风建设、职业道德和执业纪律建设，规范律师执业行为，保持律师的称职性，提高律师队伍的整体水平，是律师协会的职责，也是律师工作专业化、职业化、精英化的刚性需求。北京市各区县律师协会自成立以来从以下方面开展了大量工作。

（一）组织辖区律所深入开展了律师队伍执业纪律和组织观念专项教育活动

2011 年北京市开展了律师队伍执业纪律和组织观念专项教育活动，此次专项检查活动是落实全市律师工作会议精神及律师队伍和组织观念专项教育活动的一项重要举措，主要针对律师事务所的内部管理工作，目的是帮助律师事务所规范内部管理，完善管理措施，提升管理水平。专项检查活动由各区县律协负责组织落实，检查方式包括深入律师事务所实地检查及组织相关律师事务所座谈会等。根据市司法局、市律师协会的总体部署和安排，各区县律师协会配合区县司法局积极开展了律师队伍执业纪律和组织观念专项教育活动。

东城区通过召开动员部署大会，明确方向、部署工作、提出要求；组织观摩、参访大成和尚公律师事务所，组织专题座谈会，组成 3 个小组，对 10 个重点律师事务所就内部规范制度建设、委托代理协议、收费情况和档案管理、案件处理及善后工作等进行了专项检查。本次专项教育活动覆盖了全区近 200家律师事务所，73% 的律师事务所围绕本次活动开展了丰富多彩的专题工作，并及时向区律协反馈工作成果。本次活动全区形成了上下联动、点面结合、共同发展的良好局面。区律师协会也充分展示了自我管理、自我教育、自我服务的自助职能。

西城区律师协会组织辖区各律所深入开展了律师队伍执业纪律和组织观念专项教育活动，并由区律协纪处委和律管委联合研究制定了专项检查工作方案，举办了律所专项检查座谈会，针对律所管理中存在的问题和薄弱环节，成立了以主管副会长为组长的专项检查小组，分组对相关律所走访检查，研讨律所管理中出现的问题，提高了律所规范化的管理水平。

顺义区律师协会根据区司法局的统一部署，在律师队伍中深入开展执业纪律和组织观念专项教育活动，采取集中学习和分散学习相结合，正面教育同反面教育相结合的方式，组织协会理事、监事及各律师事务所学习会议精神，要求各律师事务所组织全体律师认真学习律师管理的有关法律、法规和《北京市律师队伍执业纪律和组织观念专项教育活动案例选编》，汲取反面教训，形成教育氛围。让执业纪律、职业道德、组织观念在广大律师当中真正地入耳、入脑、入心。要求各律师事务所以此为契机加强管理，切实保证律师队伍健康、稳定、有序发展，发挥广大律师在维护社会和谐稳定方面的重要作用。

为了进一步贯彻落实北京市司法局专项教育活动精神，昌平区制定了《昌平区律师队伍执业纪律和组织观念专项教育活动实施方案》；组织召开了"青年律师执业纪律和组织观念"专项教育活动座谈会、"律师队伍执业纪律和组织观念专项教育活动"研讨会。此外，昌平区律师协会还发出了关于"做一名有担当的律师"倡议，倡议"信守誓言、行业自律、提高素养、热心公益、遵纪守法"。

房山区律协制定了 2011 年第四季度开展律师事务所专项检查活动方案，对全区律师队伍专项教育活动作出重要部署，并对律师事务所各项规章制度以及执行落实情况、律师事务所收接案登记情况、律师事务所财务管理情况及律师事务所卷宗管理情况进行检查。

大兴专项检查工作起步早、动手快，方案制订得全面具体，突出了灵活性、整体性和一致性。司法局有实施方案、律师协会有工作部署、律师事务所有活动安排，主任合伙人带头，党员率先垂范，能够把实际工作和专项教育活动结合起来，把思想建设与组织建设结合起来，把作风建设与队伍建设结合起来，达到法律效果、政治效果与社会效果的统一。①

---

① 大兴区司法局召开律师队伍"执业纪律和组织观念"专项教育活动工作部署会，http：//www.dxlx.org/web/lsxh/xydt/tpxw/366574.htm，2012 年 9 月 8 日最后访问。

（二）强化律师事务所的规范管理

东城区律师事务所管理指导委员会成立了律所行政主管课题组，制定出有可操作性的《调查问卷》，并在此基础上深入开展进一步工作。2012 年，东城区律师协会特别关注中小律师事务所的发展，深入调研召开部分律所主任座谈会、茶话会、观摩会，学习、交流内部管理经验，还举办了"律师事务所管理创新与青年律师发展"研讨会。研讨会、业务辩论大赛和业务培训等活动，对于全面提高律师素质和律师事务所的管理水平起到了积极作用。

西城协会在进一步加强律师事务所律师队伍建设和规范化建设方面开展了一系列的活动。如组织召开了"律所人力资源管理"、"行政主管经验交流"等专题座谈会；组织相关律所的管理合伙人、行政主管等人员，聘请辖区内有专业特长的律师，就律所的劳动合同、社会保险、管理经验等问题进行了探讨，对律所规范化管理起到了指导性作用；举办了行政主管经验交流会，通过几个优秀行政主管的经验介绍，进一步提高了各所行政人员做好本职工作、促进律所建设的积极性和主动性。

2011 年 8 月，海淀区律师协会举办了"海淀区律师协会事务所管理与行业发展论坛"，并邀请香港 Deacons 律师行代表团及海淀区各律师事务所主任、合伙人共计 200 余人参加了本次会议。以海淀区律师事务所的管理与行业的发展为主题，分为主题演讲和主题沙龙两个环节，就律师从业中遇到的相关问题进行了广泛、深入的讨论。2011 年 10 月，召开了"海淀律协行政主管培训会"。此次会议共有 30 家律师事务所行政主管参加，并在会上对所内的管理相关事宜进行交流讨论。2012 年，海淀律协更关注中小型律师事务所的发展。市司法局律管处栾淼淼副处长一行莅临指导海淀区中小型律师事务所行业发展工作，并召开海淀区中小型律师事务所行业发展工作座谈会。

朝阳律协通过制定朝阳律师业务操作指引和合同示范文本，对律师办理疑难复杂案件提供指导。

为切实加强辖区律师行业规范化建设，促进辖区律师事业进一步发展，进一步完善对辖区律师事务所和律师的监督和指导工作机制，建立健全律师事务所检查考核制度，不断提高律师管理工作质量和效果，石景山区司法局、区律师协会共同组织，结合律师监督管理工作实际，开展了全区律师事务所巡查检查工作。采用定期巡查和不定期检查相结合的方式，对本区律师事务所进行巡查检查，每年于上、下半年各安排一次。巡查检查工作情况作为年终工作评查的重要依据。通过巡查检查工作，根据律师事务所各项具体情况，由巡查检查组进行总结和评定。对优秀的律所、律师个人给予表彰，对较差的情况进行批评，并要求整改。

房山区律协指导监督律师事务所强化内部管理，完善管理制度，规范律师执业活动，成立了巡查检查工作组并制定了巡查检查工作方案，对该区3家律师事务所的法定设立条件情况，参加律协组织开展的重点工作和重大情况，代理重大、群体性案件报告备案及代理情况等事项进行抽查。

（三）举办讲座、研讨会、沙龙，开阔视野，提高会员素质

各区县律师协会在律师培训工作上创新培训形式，组织律师业务培训和实务研讨，开展了一系列务实的活动，反响良好。同时，区县律师协会组织的培训显示出它贴近会员、了解会员需求、充分互动的优势。通过培训，会员们提高了素质，增进了同行间的交流，还感受到了区律协的贴心服务。

朝阳区律师协会成立以来，各专门委员会、业务研究会相互配合，积极举办多项惠及全区律师的研讨会、座谈会、培训、沙龙等，表现尤为突出。例如，举办了"私募股权及跨国并购"研讨会、"香港与内地家事法对比研讨会"、"Investments in Texas（如何在德克萨斯州投资）"研讨会、"为CBD企业知识产权保护提供法律服务研讨会"、"《〈公司法〉若干问题的规定（三）》的理解与适用"主题研讨会、《婚姻法司法解释（三）》第七条理解与适用专题研讨会、《婚姻法司法解释（三）》实施一周年暨民诉法修改热点难点问题研讨会、"朝阳区律协财务委员会业务研讨会"，"国际法律业务开展及涉外律师人才交流与培训研讨会"、"如何在国际仲裁中步步为营——律师和公司法律顾问的实务技巧研讨会"、"刑事诉讼法修改研讨会"，"法官眼中的诉讼律师"主题沙龙、"青年律师生存与发展"主题沙龙、"金融证券法律沙龙会"、"律师办理再审案件应注意的问题"主题沙龙活动、"中德律师互动交流沙龙"，《行政诉讼实务》讲座、"推进依法行政 建设法治政府"的讲座、"人

身损害侵权纠纷案件司法鉴定"的讲座、"从比较法角度探讨继承审判实务"的专题讲座；朝阳区高端服务业（律师事务所）座谈会、"未成年人违法犯罪现状、原因及对策"座谈会、建立多元化调解机制座谈会，"走向最高国际舞台——世界经济合作组织企业合规论坛"，等等。此外，还举办多期"朝阳律师"起航培训，组织"青年律师朝阳培养计划"，对青年律师进行培训。这些活动的开展，促进了朝阳区律师的相互沟通与交流，提高了律师队伍的整体素质。

西城区律师协会则拓宽培训方式，提升律师的业务素质和服务能力。开展"名家讲坛"活动，举办各类业务研讨会、专题讲座、律师文化沙龙，以及"新三板业务"和"房地产业务"等论坛，采取研讨式、对话式及互动式等形式，为广大律师提供了一个业务交流、学术研讨和思想交汇的平台，开阔视野，提高"律"的知识，丰富"师"的内涵。此外，还针对青年律师和女律师，开展了一系列执业纪律培训、法律思维拓展、职业女性的商业礼仪等主题沙龙活动，得到了青年律师和女律师的好评和认可。

为全面展示大兴区律师的专业知识技能和良好的形象，不断提高律师刑事辩护工作水平，2012 年 8 月，大兴区律师协会成功举办了"首届律师刑辩大赛"。全区 8 家律师事务所的 18 名执业律师组成 6 支代表队参赛。大赛特邀市律师协会、区政法委、区法院、区检察院、区司法局的相关领导作为评委和嘉宾点评，经过各参赛队紧张激烈的角逐，评出团队一等奖 1 名、二等奖 2 名、三等奖 3 名，最佳辩手奖 1 名、优秀辩手奖 2 名、最佳风采奖 1 名。

顺义律师协会结合顺义区拆迁案件较多的情况，邀请顺义区人民法院行政审判庭庭长为全区 100 余名律师讲解《行政法》、《行政诉讼法》、《北京市集体土地房屋拆迁管理办法》及相关政策法规。

房山区律师协会积极加强培训，促进律师队伍专业化，为提高律师业务素质，促进律师事业发展，律协鼓励律师参加继续教育。为了激发律师学习的积极性和热情，使每一名律师得到很好的继续教育机会，区律师协会广泛征求意见，鼓励律师、律师事务所自行购买资料进行学习，通过组织观看光盘、定期召开座谈会、经验交流、参加专业培训等方式进行学习。

丰台区律师协会成立以来举办了多次业务培训，通过邀请专家学者对律师进行授课，提升了律师的业务水平，开拓了律师的视野，为拓展律师业务创造了条件。

东城区律师协会2011年成功举办法律文书写作沙龙；第一届海淀区律师协会企业法治沙龙也圆满召开。

七　积极搭建服务平台，为区域经济社会发展提供优质高效的法律服务

律师作为为当事人，和为社会提供法律服务的执业人员，主动服务地方经济社会发展是律师的重要职责，各区县律师协会在推动律师服务区域经济社会发展方面进行了有益的尝试和实践，取得了一些成果，积累了一些经验。

（一）东城区律师协会成立促进经济社会发展与协调委员会、社会管理创新工作委员会

为积极引导东城律师在区域经济社会发展、维护社会和谐稳定方面发挥积极作用，推动东城律师行业与东城区"十二五"规划的实施同步发展，东城区律师协会摸索成立了促进经济社会发展与协调委员会、社会管理创新工作委员会。以服务东城区域经济社会发展、创建和谐东城为指导，以贯彻落实区"十二五"规划、全面开展法律服务为宗旨，搭建政府及职能部门和律师之间的桥梁，服务于政府、企业和全体东城律师，积极参加区政府及职能部门组织的研讨会、宣讲会，展示东城律师的专业水平和形象。2012年，东城律师协会与东城工商联对接，成立了全市首家工商联律师顾问团，为辖区内企业提供优质高效便捷的咨询与维权服务。

（二）西城区律师协会全面推进法律服务"三进"工作

西城区律师协会全面推进法律服务"三进"工作。根据区司法局关于开展法律"进社区、进企业、进机关"的通知和"千名律师进社区"实施意见，为有效发挥律师职能作用，协会积极组织律师参与保障民生和"三进"活动，并取得了一定的实效。

（1）2011 年分别成立了"金融街法律服务顾问团"、"政府信访法律服务团"、"中小企业法律服务团"、"女律师公益法律服务团"和"重大工程法律服务团"，举办了知识产权保护、金融风险防范等专题讲座，为金融企业、中小企业、政府信访工作和社区居民提供了专业化、系统化的法律服务。其中，2011 年全区律师参加区政府信访接待服务 98 人次，接待来访 400 余人次，解答法律咨询 106 件，共有 188 家律所与 255 个社区签订了法律服务协议，有 1000 余名律师参与社区活动，为居民提供法律咨询、举办法律讲座 1364 次，代写法律文书 200 余份，发放法律宣传资料 3 万余份。女律师公益法律服务团先后与区妇联、街道共同举办了"维护儿童权益、构筑和谐家庭"、"营造温暖之家、共享美好生活"等活动，树立了西城律师在广大西城居民中的良好形象，扩大了影响力。

（2）积极参与"法律服务进楼宇"项目。根据西城区域特点，结合政府购买法律服务的契机，向区社工委成功申报"法律服务进楼宇"项目。这在全市是第一家获得政府资金支持的区县级律协。协会在获得项目后，组织选拔了 27 家律师事务所、123 名律师作为首批进楼宇的律师进行培训。

（三）朝阳区律师协会与 CBD 管委会签订战略合作协议

朝阳区律协围绕政府中心工作，组织和引导律师为朝阳经济社会发展提供服务。2011 年，协会与北京商务中心区（CBD）管委会签订战略合作协议①，在北京商务中心区开展"法律服务进企业"活动。战略合作协议包括三方面内容：一是搭建法律服务平台，引导律师对企业提供优惠服务。为推动 CBD 的产业发展，充分发挥各自优势，各方共同搭建对接与合作服务平台，定期组织协会间交流活动。朝阳区律师协会组织在知识产权保护、企业并购与重组、金融证券、国际投资、劳动人事、反商业贿赂等方面有专长的律师事务所，为 CBD 企业发展提供相关咨询和法律服务。二是加强 CBD 法制环境建设。为加强 CBD 法制环境建设，各方共同组织开展了法制宣传活动，并根据 CBD 企业

---

① 大兴区司法局召开律师队伍"执业纪律和组织观念"专项教育活动工作部署会，http：//www.dxlx.org/web/lsxh/xydt/tpxw/366574.htm，2012 年 9 月 8 日最后访问。

需求，定期组织专家举办有关法律专题研讨会，充分利用各类社会资源和载体开展形式多样的法制宣传活动。三是建立工作协调机制。提出各方合作的阶段性目标，协调沟通合作过程中的重大事项和问题。

（四）丰台区律师协会引导律师服务政府中心工作

丰台区律师协会结合北京城南行动计划和丰台区"两带四区"建设，引导律师积极服务政府中心工作，提供法律服务，参与社会矛盾化解。

（五）石景山律师协会依靠区司法局做好"法律三进"工作，为律师开展业务搭建平台

为满足中关村科技园石景山园区企业的法律需求，石景山区律师协会设立了中关村石景山园区知识产权法律保护律师顾问团，为园区企业开展法律咨询，接受企业委托提供案件代理。积极为区委、区政府中心工作提供专业法律服务，如积极参与矛盾纠纷排查化解，成立地区拆迁律师服务团等，为区域经济发展和社会稳定作出贡献。组建了区政府法律顾问团，为区政府及相关职能部门、街道办事处决策及工作落实提供专业法律服务。石景山区律师每周参与区领导信访接待日接访活动形成制度，引导上访群众依法理性表达利益诉求。

（六）通州律师为通州区国际新城建设保驾护航

在通州区国际新城建设中，律师起到了保驾护航的作用。有 5 名律师担任区政府、区长法律顾问。在招商引资方面，合同意向书首先由律师把关，并由律师出具法律意向书后，区长才正式签字，为通州区的经济建设奠定了良好的法律基础。在城市建设拆迁过程中，律师代理非诉讼法律案件 160 余件、非诉强拆案件 150 余件、复议案件 80 余件，上述 390 余件案件无一发生矛盾激化。

（七）顺义以开展法律服务"三进"为契机，拓展律师业务覆盖面

按照市司法局、市律师协会的统一部署，顺义区律师协会在区司法局的领导下，深入开展法律服务"三进"活动。组织律师事务所和街道进行结对，

一个律师服务一个社区。社区公益律师采取解答法律咨询、提供法律援助、开展法制讲座等方式为社区广大居民提供法律服务。

（八）大兴律师法律服务团进驻大兴区行政服务大厅

2011 年 9 月，大兴区召开由区经信委、经管站、工商联、行政服务大厅四个单位的相关领导参加的律师工作专题研讨会，探讨如何为律师搭建平台，更好地发挥律师的职能作用，面对面服务需要人群。12 月，大兴区司法局、律师协会对 40 余名法律服务团成员和律师事务所主任进行岗前培训；中旬，律师法律服务团正式进驻大兴区行政服务大厅。

（九）昌平区律师协会积极组织律师开展"和谐之声——以法律服务促进和谐项目"活动

昌平区律师协会积极组织律师开展"和谐之声——以法律服务促进和谐项目"活动，在"和谐之声"项目的工作中，一是高度重视项目的申报、部署、实施工作；二是针对社区、农村、企业，组织大型普法宣传活动；三是为行政机关、社会组织和社会公众提供法律服务。经北京市社会组织工委"政府购买社会组织服务项目"评估小组对 2011 年度社会组织服务项目专项经费使用情况的终期考评，昌平区律师协会"和谐之声——以法律服务促和谐项目"被评为 2011 年度全市政府购买社会组织服务活动优秀项目。

昌平区律师协会及各律师事务所认真组织、积极参与，区司法局在全区范围内组织开展了"围绕中心　服务重点　保障民生，法律服务进企业进社区进村庄"活动，努力为各类企业和基层群众提供更加便捷、高效、精细的法律服务。[①]

八　区（县）律师协会纪处工作的开展

为贯彻北京市司法局《关于建立区县律师协会进一步完善我市律师管理

---

① 《北京市昌平区律师协会第六次理事会会议》，http：//www. bjchplawyer. org/News/2011/4/y5ghbw18rs. htm，2012 年 9 月 8 日最后访问。

和服务体制的工作意见》，明确各区（县）律师协会在会员纪律处分、执业纠纷调处工作中的职权划分，2010 年，北京市律师协会出台《关于区（县）律师协会纪处工作若干问题的指导意见》，就区（县）律师协会受理、调查投诉和调处律师执业纠纷的相关工作，提出了相关指导意见。依据市律师协会的授权，区（县）律师协会负责受理对其本辖区内律师和律师事务所的投诉，对受理的投诉进行调查，向市律师协会提出初步处理意见，调解辖区内律师执业活动中发生的纠纷。市律师协会对区（县）律师协会的纪律处分和执业纠纷调处工作进行监督和指导。

针对投诉案件立案及调查工作下放区县后形成的新格局，协会开展了市、区两级律协纪处工作调研，对原有纪律处分的工作流程、现行体制下需要调整的工作环节以及市、区两级纪处部门的衔接机制等进行了研究和梳理，并多次与市司法局律师监管处召开联席会议，以会议纪要的形式对区县调查结束建议给予处分的案件的办理程序、市律协纪处委直接受理的投诉案件范围以及区县经审查决定不予处分的案件处理等急需解决的几个问题进行了规范，并已进入正常运转。为使新委员更好地熟悉纪律惩戒工作，进一步促进市律协和区县律协的工作衔接，协会就执业纪律规范、纪律惩戒工作流程、投诉案件审查报告撰写等内容对市律协、区县律协纪处委委员进行了多次培训，提高了行业纪律惩戒工作的质量和水平。

（一）北京市律师协会对区县律师协会纪处工作的监督和指导

（1）为尽快解决市、区两级律协纪律惩戒工作面临的迫切问题，市律师协会与市司法局律师监管处多次召开联席会议，研究市律协与区县律协纪处工作衔接机制，以及在市、区两级律师协会纪处委架构下，工作职能的划分、衔接程序、操作规程以及纪处规则的完善等。2012 年 8 月 27 日，纪处委与市司法局律师监管处召开联席工作会议。会议就区县律协立案审查并得出初步处理意见建议给予处分的案件受理程序、市律协纪处委直接受理的案件范围及区县律协审查后作结案处理的案件如何处理等问题达成了一致意见，形成了会议纪要。会后印发给各区县律协、律师工作联席会，以指导区县两级律协纪处工作的顺利开展。

（2）《关于区（县）律师协会纪处工作若干问题的指导意见》为区县律师协会纪处工作提供了指引。2010年9月份，由纪处委草拟的《关于区（县）律师协会纪处工作若干问题的指导意见》，经北京市律师协会审查通过并公布实施，对市律协、区县律协的惩戒职能进行了划分，明确工作思路，为以后顺畅开展工作提供了基础，为区县律师协会纪处委工作提供了指引。2011年5月6日，市律协出台了《关于各区县律协受理投诉及执业纠纷调解案件的通知》，规定自2011年5月25日起，凡投诉人对律师和律师事务所提起的投诉案件及律师和律师事务所之间提起的执业纠纷调解案件，均由各区县律协受理、调查。

（3）市律师协会对区县律师协会纪处工作提供多层次的培训。为使新委员更好地熟悉纪律惩戒工作，进一步促进市律协和区县律协的工作衔接，市律协就执业纪律规范、纪律惩戒工作流程、投诉案件审查报告撰写等内容对市律协和区县律协纪处委委员进行了多次培训，以提高行业纪律惩戒工作的质量和水平。

2010年5月，市律协纪处委召开全体委员培训会议，并邀请已成立律师协会的九个区（县）律师协会的33名委员参加了会议。市律协纪处委各位副主任向与会人员逐条解释了《关于区（县）律师协会纪处工作若干问题的指导意见》，明确了两级律师协会的职权划分和工作衔接；详细介绍了《纪律处分适用标准》、《审查庭工作规则》等相关纪处规范和工作规则，交流了纪处工作中的办案技巧，规则培训为区县律协处理投诉案件奠定了基础。

在区县纪处委开展工作以后，市纪处委的各位副主任又相继为海淀、朝阳、西城、丰台区律师协会的纪处委委员、部分律师事务所主任和青年律师作了行业纪律和规范化执业的培训达10余次。

（4）建立市律协纪处委主任与区（县）律协的联系人制度。为了加强与区（县）律师协会的联系、沟通机制，市律师协会建立了市律协纪处委主任与区（县）律协的联系人制度，每一位副主任分别负责2~3个区（县）律协的联系指导工作，各位副主任经常与区（县）律师协会联系，了解相关区（县）律协律师投诉处理情况及存在的问题，区（县）律协也可就遇到的问题随时与各位副主任联系沟通，取得了良好的效果。

此外，为了加强对区县纪处工作的指导及各区县纪处工作的信息交流和沟通，市律师协会纪处委还每季度出版《纪处工作通讯》。

（5）召开各区县律协纪处委主任联席会议。2011年8月，市律协执业纪律与执业调处委员会召开了各区县律协纪处委主任联席会议。北京市司法局副局长李公田、律管处副处长柴磊应邀参会，王隽副会长、各区县律协纪处委主任及负责纪处工作的人员参加了会议。纪处委主任于君要求各区县律协每月应及时向市律协报告投诉案件统计情况。王隽副会长强调，各区县应当严格按照市律协的各种规则进行行业惩戒工作，并随时就发现的问题提出意见和建议，以便市律协完善相关规定。希望各区县律协与市律协多沟通、多交流，互相合作，做好行业惩戒工作，取得更好的成绩。市司法局李公田副局长在会上提出明确要求：第一，区县律协要充分发挥职能作用。要严格按照市司法局下发的《关于建立区县律师协会进一步完善我市律师管理和服务体制的工作意见》和《关于加强区县律师协会建设的若干意见》的要求，认真履行职能。第二，市律协要加强对区县律协行业纪处工作的支持与指导。李公田副局长要求市律协帮助各区县熟悉工作：一是市、区两级律协加强交流，搭建平台，保障沟通顺畅；二是市律协要认真组织区县律协纪处委委员的培训工作，加强在业务上的指导，培训内容可以先征求区县律师协会的意见；三是要建立重大疑难投诉案件讨论制度，针对疑难或者敏感案件，市、区两级律协纪处委认真讨论；四是对律师人数多、投诉案件数量大的部分区县开展有针对性的帮扶。第三，区县司法行政机关要加强对行业纪处工作的指导。可由各区县律管科、律协协商，建立律管科和区县律协纪处委工作会商机制，做好两部门的沟通工作。第四，是要注重发挥行业纪处工作的警示作用。一是督促各律师事务所加强自身内部管理，建立规章制度，防止违规违纪行为的出现；二是要充分发挥媒体的作用，对受到行业惩戒屡教不改的会员适当曝光，起到警示作用；三是将已处理的典型案例编辑成警示刊物，教育广大会员吸取教训；四是要做到奖惩分明。第五，在开展行业惩戒工作中正确运用调解手段化解社会矛盾。市、区两级律师协会都应当认真研究和把握好调解与惩戒两者之间的关系，既要积极地化解社会矛盾，又要使律所和律

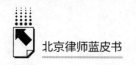

师在调解、惩戒中确实受到教育。①

（6）市纪处委对区县律师协会纪处工作进行调研。2012 年，纪处委对区县律师协会纪处工作进行调研，以摸清各区县律协接待、处理投诉案件的情况，存在的问题、成因及解决的方案，并形成完整的《区（县）律师协会纪处工作调研报告》，供领导决策。

（二）区县律师协会纪处工作实践

东城区律师协会行业纪律委员会对委员进行了专门培训，通过培训，委员们的业务水平得到了提高。结合本区实际情况，建立了每周三下午由理事和委员接待投诉的值班制度，每月末对本月案件进行会议讨论处理。

西城区律协针对本区实际情况，参考市律协有关规定，制定了纪律处分与执业调处相结合的工作规则，并在受理本区投诉案件时，严格按照相关法律、法规进行调解并撰写审查报告，出具初步意见。在加强纪处委委员的纪处实务工作培训的同时，注重对会员的培训，举办执业纪律和风险防范方面的专题讲座，强化会员的纪律观念和道德意识，增强了会员依法诚信执业的自觉性。海淀区律师协会执业纪律与执业调处委员会成立后，开展了多次纪处相关培训会。2011 年 11 月召开了"海淀律师与司法所长座谈会暨纪处委工作会议"，就规范律师执业，加强律师执业监督，律师年检过程中出现的常见问题，采取何种措施来防范、减少或者杜绝律师不规范执业问题的议题进行了深入讨论。

2011 年 11 月，朝阳区律协执业纪律与执业调处委员会召开关于受理投诉事项的工作会议，讨论案件承办中存在的问题，总结交流经验。为了探索、实践富有朝阳特色的"大调解"工作思路，切实提高投诉案件审查处理工作的效率与质量，协会建立了理事值班制度，制定了《理事值班规则》。

2010 年 10 月，丰台区律师协会建立了理事、代表值班制度，每周三安排一名理事或代表在律师协会办公室值班，接待当事人投诉，并提供免费法律咨

---

① 《市律协召开区县纪处委主任联席会议》，http：//www.bjchplawyer.org/News/2011/8/56uw3chtb5.htm，2012 年 9 月 8 日最后访问。

询等法律服务。

石景山区律师协会执业纪律与执业调处委员会定期开展执业纪律学习，并且设立值班制度接待投诉，还组成投诉处理小组处理投诉工作。

房山区律师协会自成立执业纪律与执业调处委员会以来，认真抓好投诉查处工作，对投诉律师案件，纪处委及其委员坚持独立、公正的原则，进行调查、调解和处理等各项工作。

2011年4月，大兴区律师协会举办"大兴区全体执业律师执业纪律和职业道德培训班"。北京市律师协会监事长赵晓鲁应邀到场授课，大兴区全体执业律师参加了培训。

九　各区县律师协会积极改善辖区律师执业环境、维护辖区律师合法权益

北京市司法局《关于加强区县律师协会建设的若干意见》明确提出，改善辖区律师执业环境、维护辖区律师合法权益是区县律师协会的职责之一。区县律师协会成立以后，根据辖区的实际情况，采取了一些有效的举措，改善辖区律师执业环境，维护律师合法权益。

（一）探索与公检法等部门的工作联系机制

东城区律师协会积极探索与区公检法部门和区政法有关职能部门的工作联系机制，确保信息有效畅通，维护辖区律师的合法执业权益，打造律师良好执业环境。

西城区律师协会就"证据开示制度"与西城区人民检察院进行了充分的沟通和深入交流，建立了律师与检察官的良性沟通机制。

海淀区律师协会律师权益保障委员会与市律协权益保障委员会共同合作创办了律师权益小册子；在法院及看守所设立的电子信息大屏幕上展示海淀律师名录。2011年12月，北京市海淀区律师协会律师权益保障工作委员会召开了"海淀律协权保委工作的突破与创新论坛"。会议议题主要是：如何解决刑事案件的律师在实践中被抓、被打现象；律师执业权益受到侵害和限制；律协权

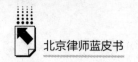

保委队伍的建设问题等。2012年，海淀区律师协会在区委区政府的支持下，与发改委、地税局等有关单位多次协调，走访有关街镇、司法所与律师事务所，了解律师事务所变更纳税地工作过程中存在的困难与问题，与相关单位进行沟通，解决该区部分大中型律师事务所纳税地不在海淀区的情况。

2012年，朝阳区律师协会积极与区法院、区检察院、区公安局等相关部门联系，积极推动有关部门依法公正处理涉及律师权益的相关案件；起草了《朝阳区律师协会律师权益保障委员会个案工作流程》，完成了《执业风险防范指引》，出台了《维权调查方案》。

丰台区律师协会与区法院召开座谈会，就立案难、执行难、律师在诉讼中的权利和地位等问题建立联系机制；针对公安等部门出台的有关律师会见当事人、车辆查询等规定，及时地协调联络相关部门，解决实践中产生的有关问题；加强与区人大的联系，及时反映并协调律师执业中存在的问题。丰台区律师协会还协调丰台区人民法院、丰台区司法局、北京市律师协会制定出台了《丰台法院、丰台司法局、北京律协、丰台律协关于建立区法律服务联动机制的意见》，以进一步加强对丰台区法律服务市场的监管和律师依法执业权利的维护。2012年，丰台区律师协会权益保障委员会聘请了"两代一委"律师作为特约委员，增加了律师与政府及公检法机关的沟通渠道。

2011年，昌平区律师协会联合昌平区人民检察院召开加强民事行政检察与法律服务工作座谈会，并讨论通过了共同制定的《关于加强民事行政检察与法律服务工作的办法（试行）》，建立了联席会议制度。通过每半年召开一次联席会议，总结双方开展工作的经验与不足，通报办理民事行政案件情况，交流民事行政申诉案件信息。区人民检察院在区律师协会确定的律师事务所设立民事行政检察联系点，提供《民事行政案件申诉指南》和民事行政检察联席卡，宣传民事行政检察职能。被确定的律师事务所设立民事行政检察联络员，负责信息联络工作。双方密切配合，共同开展检调对接工作，共同化解矛盾纠纷，促进社会和谐稳定。2012年7月11日，昌平区律师协会和昌平区人民检察院会签了《律师介入审查起诉工作的实施细则》，该实施细则主要在"律师会见犯罪嫌疑人"、"律师查阅、摘抄、复制案卷材料"、"听取律师意见和审查相关证据"等方面，在相关法律法规规定的基础上，结合昌平实际，进行了进一步细化。

2010 年 12 月，大兴区司法局、区律师协会成功举办大兴区律师工作交流座谈会，邀请大兴区人大、政协、政法委、经信委、商委、流管办、公安局、检察院、法院、劳动局、城管大队等有关部门的领导参会，介绍律师协会的组织机构和职能作用，汇报了律师协会成立以来各项工作的开展情况，确定了 2011 年的工作思路和工作重点，听取了人大、政协以及各委办局领导提出的建议和意见。

2012 年，顺义区律师协会积极同社工委、社团办、工商联等部门联系沟通，申报项目，争取支持、寻求合作。协会向社工委申报的项目"加强社会管理创新　组团为社会提供矛盾化解服务"得到审批并获取资金 5 万元。

（二）整顿法律服务市场

为净化法律服务市场，规范律师执业行为，进一步提高律师管理和服务水平，各区县律师协会根据辖区的不同情况采取了相应举措，以整顿法律服务市场。

东城区律师协会权益保障委员会为配合区司法局关于整顿法律服务市场的工作，对北京市东城区人民法院北区和南区附近提供法律服务的场所和人员进行了摸底调查，形成调查报告，提交东城律协和东城司法局。

西城区律师协会建立了全区律所维权联系人制度，便于律师及时快捷地找到维权渠道，受理律师维权申请，有针对性地解决律师的合理诉求。

2011 年，昌平区司法局、昌平区律师协会与昌平区人民法院召开了关于律师管理与服务座谈会。与会人员认真探讨措施办法，寻求突破路径，以改善律师执业环境，优化法律服务市场，最后三方达成了多项共识。

（三）加强律师行业宣传，不断扩大律师的社会影响力

组织辖区律师行业开展对外宣传与交流，扩大律师行业的对外影响，是区县律师协会担负的一项重要职责。

东城、西城、海淀、朝阳、顺义、昌平区律师协会开通了网站，通州律师协会开通了博客，以展示辖区律师风采，加强行业正面宣传，反映协会及业界

动态，加深与公众的沟通交流。

西城区律师协会打造了《西城律师通讯》宣传平台。加强与 BTV、《西城报》、《华夏时报》等媒体的联络与合作，及时宣传律师参与的各项公益活动，增进社会各界对西城律师工作的理解和支持，进一步提升西城律师的社会形象和影响力。

海淀区律师协会青工委举办了"海淀区律师 DV 风采大赛"，律师们踊跃参加，展现律师风采，获得社会好评。2012 年，创办海淀律师行业内部刊物《海淀律师》，在党团建设、行业建设、海律文化、创先争优、法律服务等方面展现了海淀律师行业的风貌，并顺利于十八大召开前将《海淀律师》刊出并寄送至海淀 300 多家律师事务所。

朝阳区律师协会与《中国律师》、《北京 CBD》等媒体合作，及时推出关于朝阳律协的相关报道，大力宣传朝阳律师在首都社会经济建设中的作用和贡献，积极树立朝阳律师行业的主流形象。协会与北京 CBD 跨国公司商会、北京 CBD 传媒产业商会、北京 CBD 金融商会等机构开展合作，扩大了朝阳律协的社会影响力。

丰台区律师协会设计制作律师协会的小册子，制作和发布律师协会会长会议、理事会会议简报；通过举办团拜会，广泛邀请主管单位和各有关单位领导、各兄弟单位同志、律师界同仁等各界人士出席，向社会各界推介、宣传丰台律师、律师协会。2012 年，为了树立丰台区律师行业楷模，引领行业发展方向，展示律师群体形象，协会组织开展了"突出贡献律师"、"十佳律师"、"积极参与协会活动律师"评选工作。

2012 年，大兴区律师协会编发了会刊《大兴律师》，并下发到相关村镇、居委会 2000 余份。

十　区县律师协会积极推进律师参政议政工作

（一）推进律师代表参政、议政工作

截至 2012 年 12 月，北京市律师担任各级人大代表及政协委员会的人数达

94 人次，推动律师人大代表、政协委员在参政议政领域弘扬行业形象、反映行业诉求，是市、区县律师协会的一项重要工作。

2011 年度，适值区县人大、政协换届，各区县律师协会积极推荐优秀律师进入区县人大、政协，推进律师代表参政、议政工作，推动律师人大代表、政协委员在参政议政领域弘扬行业形象、反映行业诉求。

东城人大代表和政协委员联络委员会就委员会的成立情况、工作职责、工作计划等向区人大、政协、区委统战部、区工商联主要领导进行了专门汇报；就进一步加强律师参政议政作用，进行了专门的调研和分析，形成了《关于进一步加强律师参政议政作用的建议》，并呈报有关部门和领导，受到了充分的肯定和支持。

据不完全统计，朝阳区近一万名律师中有 37 人在全国、北京市、朝阳区及其他各区等人大和政协担任代表和委员。朝阳区律师协会第七次理事会表决通过设立朝阳律协人大代表政协委员联络委员会，旨在发挥服务联络职能，为朝阳律师人大代表、政协委员提供更多交流学习的平台，畅通律师协会与律师人大代表、政协委员的沟通渠道。朝阳区律师协会多次召开朝阳区律师行业人大代表、政协委员座谈会，就推动律师参政议政工作，充分发挥律师人大代表、政协委员的作用等行业热点问题进行了热烈的讨论和交流。

（二）组织研讨，提交立法建议

东城、西城、朝阳区律师协会组织召开多次刑诉法修改研讨会，通过交流、研讨，提出了合理建议供立法机关参考，使修订后的刑事诉讼法能有效保障律师权益，符合经济社会发展的实际需要和新的司法要求，有利于进一步维护司法公正。并形成了一份几十条、上百页的修改意见稿，上交市律协转交全国人大的立法机构。

2012 年，朝阳区律师协会行政业务研究会部分委员在北京市人民政府法制办公室与李灵雁副主任就"律师与法治政府建设"进行了座谈。双方就行政复议及《行政复议法》修改的相关问题进行了交流，特别是就行政调解机制的建设进行了深度的探讨。

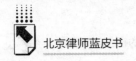

为配合《民事诉讼法》修改，北京市朝阳区律师协会民事业务研究会于2012年6月召开了"对《民事诉讼法》（修正案草案）征求意见的研讨会"。到场律师就各自关心的《民事诉讼法》适用过程中遇到的热点、难点问题发表了修改意见，研讨会持续了3个多小时，并就"确立调查令制度、案件受理费统一收取标准、反对小额诉讼的一审终审、删除保全制度中'情况紧急'的规定"等问题形成了书面修改建议。

（三）参与信访工作，维护社会和谐稳定

朝阳区律师协会组织律师每周一次为信访群众提供义务的专业的法律服务，为群众答疑解惑、排忧解难，更有效地保障人民生活促进社会稳定。昌平律协把组织律师参与涉法信访工作，作为律师维护社会稳定、推动依法行政的重要工作来抓。通过为上访人员提供法律咨询和法律帮助，引导上访群众通过合法、理性的渠道表达自己的利益诉求。

十一　组织、引导律师维护社会和谐稳定，参加公益活动

律师以维护当事人合法权益、维护法律正确实施、维护社会公平和正义为己任，北京律师群体素来就有坚定的大局意识，在维护社会和谐稳定、参加公益活动方面表现突出，展示了律师作为中国特色社会主义法律工作者的精神风采和公益形象。区县律师协会成立以后，将这一工作更加全面、深入地开展下去，各区县根据辖区的实际情况，推出了更为切实、有效的举措。

（一）深入开展法律服务"三进"工作，贴近基层，服务百姓

2011年，北京市司法局在全市范围内部署开展了"围绕中心、服务重点、保障民生，法律服务进企业、进社区、进村庄"活动。各区县律师协会与司法局组织律师积极参与，坚持贴近中心、贴近基层、贴近群众的工作方针，牢固树立服务为民的理念，进一步扩大服务领域、丰富服务内容、创新服务手

段，巩固和扩大法律服务进企业进社区进村庄活动的成果，逐步建立常态化服务基层的工作机制，亮点纷呈，赢得一片赞誉。

围绕"促和谐，谋发展"主线，积极拓展渠道，东城律师与东城区域文化经济发展形成对接，使广大律师尤其是年轻律师、老律师在以公益服务为先导的前提下，走进文化产业、走进写字楼、走进社区探索寻找发展。

通州区律师协会成立后，立足于"办实事、见实效"开展工作，为辖区提供有效的法律服务。为适应形势的发展和要求，2010年底，通州区律师协会建立了由20名经验丰富的律师组成的"处理区域突发事件律师团"，在维护社会稳定上发挥了作用。

石景山区建立律师、法律工作者与社区"一对一"定点联系，为各社区配置一名常年联系律师，积极为社区居民提供全方位的法律服务，更好地将法律知识带进社区，带进群众的生活中，使法律深入群众，更好地服务于群众。

顺义区律师协会以公益律师进社区为切入点，以打造"一刻钟法律服务圈"为主题，向社工委申报了政府购买社会组织服务的项目，旨在提高律师服务社会的积极性，扩大律师的社会影响力。以律师为重大项目建设提供法律服务为主题向民政局申报了政府购买社会组织公益服务项目。

房山区律师协会与区司法局一起认真研究如何落实律师法律服务"三进"工作，积极组织各律师事务所和律师根据自己近几年联系或服务社区、村庄的情况以及公共关系等因素从中选择、确定联系的村庄和社区。同时，深入律师事务所了解情况，反复征求律师、律师事务所和乡镇、街道的意见，最终形成了基本符合律师、律师事务所和乡镇、街道意愿以及律师执业特点的律师法律服务"三进"工作的实施意见和具体分配方案，实现了对全区582个社区、村庄的律师服务全覆盖。此外，还及时组织、督促律师开展法律咨询、讲座等活动，为群众提供切实有效的法律服务。

在组织律师参加公益法律服务方面，昌平区组建了由23名律师组成的顾问团、30名律师组成的普法志愿团、5名律师组成的重点地区律师服务团。2名青年党员律师工作在区农民工法律援助站，承担法律咨询、代书、参加区领导接访，以及承办农民工法律援助案件。

（二）承担法律援助工作

《律师法》明确规定，律师、律师事务所应当按照国家规定履行法律援助义务，为受援人提供符合标准的法律服务，维护受援人的合法权益。各区县律师协会在引导律师、律师事务所承担法律援助工作方面做了大量工作，获得社会好评。

2011年7月，中华见义勇为基金会和北京市朝阳区律师协会签订了战略合作协议书，共同发起"律师与见义勇为英雄手拉手"公益活动，以提供法律援助服务的方式，帮扶见义勇为英雄或英雄家属。

通州区律师协会全面履行法律援助工作职责，积极开展法律援助工作，努力为弱势群体提供法律援助服务，切实维护了弱势群体的合法权益，取得了较好的社会效果。健全了法律援助联络员制度，完善法律援助网络。2011年3月，开展了法律援助宣传月活动，组织律师发放宣传材料、进行现场宣传，解答社区居民法律咨询。

2011年，昌平区司法局与昌平区公安分局研商制定了《关于加强法律援助和法律服务工作切实维护公安民警及其家属合法权益暂行办法》，以昌平区公安分局民警、职工及其家属为服务对象；以整合辖区律师法律服务资源，派遣法律援助律师维护公安民警及其家属合法权益为形式；以双方单位建立联系制度，定期加强对干警的维权分析为制度保障。昌平区律师协会联合昌平区司法局开展法律援助零盲点行动，即以居委会为法律援助宣传的初始点，以司法局法律援助中心为弱势群体开展法律援助为指导点，以专业律师为具体困难群众解答疑惑为契合点的三点合一的零盲点援助行动，向群众全面铺开，以发放宣传资料和解答咨询为平台，为群众提供便捷、高效的法律服务。

（三）积极组织辖区律师参与公益活动，树立律师良好社会形象

2012年，朝阳区律协党委、律师协会组织"情系房山灾区人民　奉献朝阳律师爱心"现场捐助仪式。东城区律师协会建立了全市区县首家"律

师公益法律服务热线",并围绕公益热线建设,积极组织协调东城律协有关职能机构,力求实现公益热线的制度化、规范化。昌平区律师协会马玉兰副会长代表参与法律村居行活动的广大法律服务工作者郑重承诺:第一,坚持以人为本,服务于弱势群体;第二,践行社会责任,做好公益法律服务;第三,弘扬法治精神,促进法治文化建设;第四,发挥专业特长,维护社会和谐稳定。

(四)开展法制宣传活动

党的十七大报告明确指出,要"深入开展法制宣传教育,弘扬法治精神,形成自觉学法守法用法的社会氛围"。律师作为法治理念的践行者,在开展法制宣传教育的活动中担负着重任,各区县律师协会根据辖区的实际情况,组织律师进行了各具特色的法制宣传活动。

2010~2012年期间,昌平区律师协会组织开展了"创先争优比贡献、律师党员送法宣传咨询"活动、以"构建和谐社会,律师在您身边"为主题的"12·4全国法制宣传日"普法活动、"法律服务村居行"系列活动,通过法律咨询、专题座谈会、发放宣传手册和宣传品、解答群众法律咨询等方式,进行法制宣传。2012年3月,昌平区律师、公证员代表和司法所、社区(村)的代表共同签订了"北京市昌平区'法律服务村居行'法律服务合作协议",成立"法律服务村居行"服务总队,服务总队由昌平区律师协会会长吴晓刚任队长,成员由区律师协会理事、监事、全区律师事务所党支部书记和北京市利兆公证处公证员组成,服务总队紧紧围绕服务保障和改善民生,切实提高基层群众学法守法意识,通过开展系列主题活动,确保"法律服务村居行"活动全面实施。

昌平区委社工委、区社会办通过购买志愿服务项目的方式,自2011年开始,为"枢纽型"社会组织开展工作提供一定的资金支持。昌平区律师协会是昌平区十大社会枢纽组织之一,律协在协助政府实施依法行政,合理解决涉法涉诉信访,保护农民工的合法权益,化解征地拆迁中的矛盾和公民普法等方面工作的表现是值得肯定的。

十二 积极配合区县律师党委开展党建工作

各区县律师协会积极配合区县律师党委加强党建工作，开展各种主题活动，推进行业水平整体提高。

2011 年，东城区律师协会召开了东城区律师党员代表大会，完成了区律协党委的成立工作，完成了对东城律师党员的信息统计工作。

西城区律师协会切实加强党对律师行业的领导，健全区委统一领导、司法局党组直接指导、基层党组织建在区律师协会和律师事务所、各相关部门党委（党组）齐抓共管的律师行业党建工作格局。以律所党支部为单位，对行业党建工作进行部署安排，切实发挥律师事务所党组织的政治核心作用，建立党建联络员制度，召开党支部书记培训会和入党积极分子集中培训会，充分发挥党员律师在服务区域经济社会和谐发展中的骨干作用。西城区律师协会还建立了律师行业党建工作机制，健全上级党委联系律所党支部、律党支部联系无党员律所、司法所联系律所制度。

朝阳律协党委在"摸清底数、健全组织、开展活动、发挥作用"和"巩固成果、夯实基础、加强培训、增加凝聚"工作思路的指导下，建立长效机制，通过制度建设加强管理。通过"三个创新"，即创新方法、摸清底数、创新机制，实现组织建设全覆盖，创新党员活动平台，活跃组织生活，取得了显著成绩。党委的工作得到各级领导的认可，先后被评为"朝阳区先进基层党组织"、"基层党建创新奖"、北京市委社工委"先进基层党组织"。① 朝阳区律师协会还结合朝阳区律师行业实际，制定了《关于开展律师事务所党支部分类定级工作的实施方案》，并部署相关落实工作。

丰台区律师协会党委在党建工作方面积极推进律师行业创先争优工作的开展。依托丰台律师党总支，协调联络律师党支部与司法所党支部、楼宇企业党支部等其他有关单位党支部结对共建；督促各支部及律师党员作出公开

---

① 《中组部到朝阳区调研律师行业党建工作》，朝阳律师网，http://chylawyer.bjchy.gov.cn/sub/viewDetail.jsp？newsid＝199980&subjectid＝8586，2012 年 9 月 8 日最后访问。

承诺并积极落实；协调联络信访办、工商分局等各级政府有关部门及楼宇企业、私营个体户协会、消费者保护协会等有关单位，为律师党员服务区域经济社会发展提供平台，充分发挥律师党支部战斗堡垒作用和律师党员先锋模范作用。

2011年，石景山区律师协会把完善律师行业党建体制列为重点工作。和区委组织部共同商议，按照新的管理体制要求，进行律师协会党总支及律师事务所党支部的组建工作。一是丰台区律师每周参与区领导信访接待日接访活动形成制度，引导上访群众依法理性表达利益诉求；二是以律师党员为主体组建了区政府法律顾问团，为区政府及相关职能部门、街道办事处决策及工作落实提供专业法律服务；三是党员律师带头提供法律援助服务，坚持为外来务工人员维权，成效明显；四是积极为区委、区政府中心工作提供专业法律服务，如积极参与矛盾纠纷排查化解，成立地区拆迁律师服务团等，为石景山区的经济发展和社会稳定作出贡献。

顺义区律师协会深入开展创先争优活动，通过党建工作的开展，党支部战斗堡垒作用得到了更好的发挥。2011年，组成的律师红歌合唱团，先后参加区政法委和北京市律师协会组织的纪念建党90周年演出活动。此外，还组织协会党总支成员、各党支部书记召开"纪念建党90周年座谈会"；组织各律师事务所党支部参加司法局开展的"党在我心中"的主题演讲比赛。

房山区加强律师行业党建工作，确保律师行业发展的正确方向，形成了局党组统一领导、律师党总支直接领导、党支部建在律师事务所的有机组织体系。此外，为落实京办发〔2011〕25号文件精神，房山区律师协会积极请示区司法局上报组建成立了区律师工作领导小组，作为区律师工作协调机构，推动律师工作发展。坚持定期到律所了解情况，交流思想，扎实开展调研，结合律师行业特点，制定了党支部工作制度、党员活动日制度等各项制度。通过对党建工作进行指导和检查，确保各项制度的落实，确保了党建工作在律师事务所正常开展。同时，还积极组织开展律师党员活动。

昌平区形成了从司法局党委，到律师协会党总支，再到律师事务所党支部，三级递进、层层管理的链条，以及局党委统一领导，行业管理和党的管理相结合，党支部全面覆盖的工作格局和管理体制。开拓思路、多措并举，实现

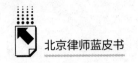

党建工作全面覆盖。2011年，昌平区律师协会进一步培养和提高青年执业律师的综合素质和能力，凝聚青年律师力量，展现新时代青年执业律师的风采，使其茁壮成长，发挥他们在服务社会、经济和维护社会稳定中的积极作用。昌平区律师协会还成立了"北京市昌平区律师协会团支部"。

十三　积极组织辖区律师开展文体活动，做好会员福利工作

（一）各区县律师协会积极组织律师开展文体活动，展示律师别样风采

各区县律师协会高度重视辖区律师文化建设，积极开展文体活动，各具特色、各有千秋，通过这些文娱活动，不仅丰富了律师业余生活，展示了律师别样风采，也增强了律师的团队协作精神，体现了律师协会作为律师组织的凝聚力。

以让东城律师快乐起来为目标，东城区律师协会会员事务委员会结合市律师协会组织开展的相关活动，组建了东城区律师协会足球队、乒乓球队、羽毛球队和"东城区律之声爱乐合唱团"，组织开展了一系列丰富多彩的文体活动。

西城区律师协会先后举办了"颂歌献给党——西城区律师行业纪念建党90周年红歌汇演活动"和"祖国江山美、镜头颂党恩"大型摄影展、"我爱我所"征文演讲比赛、陶艺制作活动和青年律师拓展等活动，从不同角度充分展现了律师积极向上的精神风貌。

海淀区律师协会成立了海淀律师合唱团并组织多次歌唱训练，参加北京市律师协会庆祝建党90周年文艺汇演；举办了海淀区律师协会乒乓球比赛、羽毛球比赛；成立海淀区律师协会两支足球队；成立了海淀区律师协会书画摄影俱乐部，举办艺术采风活动，等等。

朝阳区律师协会会员事务委员会积极组建了体育、文艺等兴趣小组，开展了许多丰富多彩的活动，成立朝阳区律师协会乒乓球俱乐部，组织了朝阳区律师乒乓球赛、"兰台"杯篮球联赛，举办"龙腾华夏、凤舞朝阳"朝阳律师元

宵联欢会。

房山区律协高度重视文化建设，积极开展文体活动。除积极组织律师参加纪念建党90周年开展的唱红歌、乒乓球赛等活动外，还组织律师前往北宫国家森林公园进行登山活动。

昌平区律师协会组建成立了"昌平区律师乒乓球队"、"昌平区律师羽毛球队"，组织开展了律师金秋健身登山活动、"做中国特色法律工作者"暨"我把青春献给党，我为社会作贡献"主题活动、篝火晚会、"真人CS"拓展等活动。

（二）做好会员事务福利工作

关心会员，体现人文关怀。如东城、西城区律师协会会员事务委员会建立博客及微博，制作了会员情况调查表，还制作了精美的生日卡片，在会员生日的当天，以电子邮件的名义发送给会员，体现了协会的人文关怀，受到了会员们的欢迎和赞许。昌平区律师协会特邀专业礼仪培训讲师对全区执业律师进行"学好律师职业礼仪，提高律师职业修养"主题培训，近100名律师参加了本次培训。

关注新执业律师的执业危机问题，从工作和生活上给予一定帮助。东城区律师协会联合新东方学校共同举办了"分享快乐，缘聚蟒山"联谊活动。海淀区律师协会举办了"青年律师成长分享交流会"，分享青年律师成长的经验，拓宽青年律师执业的视野，同时丰富了青年律师的业余生活。西城区律师协会青工委组织的"北京国际山地徒步大会暨西城律协第一届徒步大会"，西城律师参赛队伍被《北京青年报》、《华夏时报》等多家媒体评价"徒步大会首次引入了公益元素"、"长走不忘公益"。为激发青年律师在行业发展中的活力，西城区律师协会还开展了"优秀青年律师"评选活动，15名优秀青年律师受到了表彰。昌平区律师协会组织青年律师召开了"昌平区青年律师建言献策座谈会"。

关心女律师的工作与生活。东城区律师协会在"三八"妇女节当天为各位女律师发送了慰问邮件，在母亲节成功举办"情系女律师，相聚母亲节"感恩活动，组织女律师参加茶艺讲座。朝阳区律师协会女律师委员会组织召开

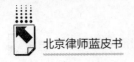

了女律师事务所主任座谈会,并积极开展与妇联等女性团体的交流。丰台区律协召开女律师座谈会,20名女律师汇聚一堂,畅谈女律师的职业规划、执业需求,共同探讨女律师的执业前景以及如何减轻女律师面临的职业压力,以促进丰台区女律师的发展。

为老律师送温暖。西城区律师协会在重阳节组织60岁以上男律师、55岁以上女律师召开了"秋风送爽,丹桂飘香"老友沙龙活动和秋季登山活动。昌平区律师协会组织召开了"新春佳节老律师座谈会",向老律师、老领导们赠送慰问品。在座老律师们感慨道:"在这新春佳节之际受到协会邀请,心里很温暖,律师协会就是我们律师的家啊!"

十四　各级党委和政府对区县律协
工作给予重视和支持

2011年11月4~5日,中组部组织二局副局长许鹏一行到朝阳区调研律师党建工作,调研组一行深入金杜律师事务所、易和律师事务所等听取了金杜、易和、潮阳、中创、兰台、远东等律师事务所开展党建工作的情况汇报,并就朝阳区律师行业开展党建工作情况专门听取汇报,许鹏副局长对朝阳区律师行业党建工作给予了充分肯定。

2011年10月,司法部副部长、党组成员赵大程在北京市司法局副局长郑振远和法律援助工作指导处副处长任彦超以及朝阳区司法局领导荣容、魏毅力、曹宏的陪同下到朝阳区律师协会调研。赵大程副部长对朝阳区律师协会自成立以来所做的工作给予了充分的肯定。

2012年2月7日上午,共青团北京市朝阳区委书记王洪涛、副书记金华民等赴朝阳区律师协会调研团组织建设工作。

2012年3月31日,在第一届北京市朝阳区律师代表大会第三次会议上,朝阳区司法局局长王远捷发表讲话指出朝阳律师行业具有"三个一流"的特点:第一,发展在全国是一流的,无论从发展规模、发展速度和发展方向都是一流的,朝阳律师代表了全国律师的发展。第二,朝阳律师行业的业务在全国是一流的,从人才队伍到业务范围、业务水平、业务影响都是一流的,在全国都是当之无愧的。第三，朝阳律师党建工作在全国是一流的，从参加朝阳区律师党委的活动来看，朝阳区律师党委的工作很有活力。

2010年12月朝阳区律师协会成立，区委、区政府拨专款对律师办事大厅进行重新规划，并配备了现代化的办公设备和家具，解决了原来办公地点分散的问题，为更好地服务全区律师、树立协会对外形象创造了良好的硬件环境。

十五　区县律师协会运行两年来存在的不足

区县律师协会运行两年多以来，充分发挥了区县律师协会贴近基层、服务会员的优势，更多的律师参与到行业自律管理中来，充分调动了律师们的积极性。但仍存在一些不足和问题：一是因协会成立时间不长，基础设施薄弱，信息渠道不够畅通，开展的活动还不能覆盖到大多数会员，会员对各项活动的参与率还不够高。二是区县律师协会各专门工作委员会之间协调配合不够，造成了一些不必要的工作交叉和重叠。三是区县协会之间存在比较大的差异，城区律师协会会员人数多，实力较强，可支配的会费基数也较大，其组织的各类活动，数量多、层次高；而一些力量较弱的区县律师协会开展活动受各方面制约比较大。

在市、区县律师协会管理体制两级架构的探索中，应进一步加强和完善"两结合"的管理体制，推动律师行业服务体系向区县层面延伸和拓展，团结和带动更多的律师参与行业管理工作，同时，避免形成事实上的"割据"影响律师协会管理及服务职能的开展，这是在改革中必须警惕的。

B.8
北京市律师协会行业
自律中的规则之治

王进喜 陈 宜*

摘 要：

　　规则之治是北京律师协会履行职责中一项重要的内容。目前，已经基本建立和形成了北京市律师协会的规章制度体系。本报告对北京律师协会规则之治的历程作了简要回顾，并对主要的规范及执业指引加以简要介绍和评析，在此基础上，展望北京律师协会规则之治的进一步深化。

关键词：

　　北京律师　律师协会　行业自律　规则之治

一　北京市律师协会规则之治的历史回顾

　　律师协会的规则之治与律师管理体制的变迁、律师行业的发展密切相关，北京律师协会的规则之治也映现出这一规律。

（一）律师制度初创及恢复重建时期

　　1950～1993 年这一时期，律师管理体制主要为司法行政机关的行政管理。1956 年 2 月，北京市律师协会筹备委员会正式成立，1957 年反右斗争开始，1958 年北京市律师协会筹备委员会被撤销。

　　十一届三中全会以后，我国迎来了民主与法制建设的新时期。1979 年 4 月 9 日，中共北京市委决定建立北京市律师协会。1980 年第五届全国人大常

＊ 王进喜，中国政法大学律师学研究中心教授；陈宜，中国政法大学律师学研究中心副教授。

委会第十五次会议制定的《律师暂行条例》第 19 条规定："为维护律师的合法权益，交流工作经验，促进律师工作的开展，增进国内外法律工作者的联系，建立律师协会。律师协会是社会团体。组织章程由律师协会制订。"1982 年 4 月 12～14 日，北京市律师协会第一次代表大会召开，会议讨论通过了《北京市律师协会章程》。从这一时期的律师协会与司法行政机关之间的关系看，律师协会并不具有管理职能，北京律师的行政管理工作由司法局组织实施。

（二）"两结合"管理体制时期

1993 年司法部关于深化律师工作改革的方案指出，要努力建设有中国特色的律师管理体制，即建立司法行政机关的行政管理与律师协会的行业管理相结合的管理体制，经过一段时期的实践后，逐步向司法行政机关宏观管理下的律师协会行业管理体制过渡。司法行政机关对律师工作主要实行宏观管理，其职责是：（1）制定律师行业发展规划，起草和制定有关律师工作的法律草案、法规草案和规章制度；（2）批准律师事务所及其分支机构的设立；（3）负责律师资格的授予和撤销；（4）负责执业律师的年检注册登记；（5）加强律师机构的组织建设和思想政治工作。

1996 年通过的《律师法》将这种管理体制确立了下来，对于律师协会的职责，《律师法》规定：（1）保障律师依法执业，维护律师的合法权益；（2）总结、交流律师工作经验；（3）组织律师业务培训；（4）进行律师职业道德和执业纪律的教育、检查和监督；（5）组织律师开展对外交流；（6）调解律师执业活动中发生的执业纠纷；（7）法律规定的其他职责。但值得注意的是，并没有赋予律师协会制定规范、规则的职责。这一时期，司法行政机关制定的律师执业规则数量相对较多。尽管《律师法》没有明确规定律师协会制定行业规范的职责，但北京律协在规章的制定方面走在律师行业的前列，较早成立了规章制度工作委员会，并开展工作。

1998 年 8 月，市律师协会制定的《北京市律师协会理事会规则（试行）》、《北京市律师协会律师纪律处分委员会规则（试行）》、《律师违纪处分办法（试行）》、《律师执业纠纷调解处理委员会规则（试行）》、《维护律师执业合法权益委员会规则（试行）》等六项行业管理规章，正式下发各律师事

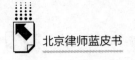

务所。

1999 年 12 月，北京市律师协会召开五届四次理事会。会议表决通过了《律师事务所广告宣传管理办法》、《北京律师执业责任保险办法》、《北京律师医疗互助会办法》、《北京律师业务培训办法》和《执业律师宣誓制度》等。

2001 年 6 月，北京市律师协会制定并发布了全面指导北京市律师执业行为的根本性行规——《北京市律师执业规范（试行）》。

（三）司法行政机关宏观管理下的律师协会行业管理

2007 年修订后的《律师法》明确规定，律师协会的职责包括制定行业规范和惩戒规则，同时规定"律师协会制定的行业规范和惩戒规则，不得与有关法律、行政法规、规章相抵触"。这一时期，律师协会从行业自律的角度以制定律师规则为主。

第七届北京市律师代表大会充分认识到，加强律师事务所的管理已经成为北京律师业发展迫切需要解决的问题。基于此，协会决定结合目前本市律师事务所的发展现状和特点，建立一套新的有效的律师事务所管理评价体系，对律师事务所的健康发展给予正确的指引。这项工作历时两年半，协会在参考英国、澳大利亚、新加坡等国律师协会制定的相关标准的基础上，召开了多次工作调研会，组织了不同层面的专家和律师召开座谈会，并结合我国具体国情，起草了《北京市律师协会律师事务所管理评价体系标准及评估指南》。经多次修改完善，2008 年 7 月，《北京市律师协会律师事务所管理评价体系标准及评估指南》（以下简称"评价体系"）经第七届理事会第十四次会议审议通过。"评价体系"对律所的管理有很强的指导性，成为衡量律师事务所管理水平的标杆和促进完善律师事务所管理工作的有效工具。

2010 年 6 月，第八届北京市律师协会理事会审议通过了《北京市律师协会会员执业纠纷调解处理规则》、《北京市律师协会执业纪律与执业调处委员会规则》、《北京市律师协会执业纪律与执业调处委员会听证规则》、《北京市律师协会纪律处分决定执行细则》、《北京市律师协会投诉立案规则》及《北京市律师协会执业纪律投诉调解规则》。

2010 年 9 月，第八届北京市律师协会理事会第九次会议审议通过了《北京市律师事务所计时收费指引》、《北京市律师协会重新申请律师执业人员和异地变更执业机构人员审查考核办法》、《北京市律师协会申请律师执业人员实习管理办法》草案。

2010 年 10 月,市律师协会通过首都律师网发布三份律师事务所劳动合同范本,分别适用于执业律师、行政管理人员、律师助理和实习律师,以帮助律师事务所准确适用《劳动合同法》及《劳动合同法实施条例》,依法规范用工管理。

第八届北京市律师协会已经基本建立和形成了北京市律师协会的规章制度体系,编辑、出版的《北京市律师协会行业规范汇编》和《境外律师行业规范汇编》两部书,也得到业界的肯定。

二 北京市律师协会行业自律的规范体系

(一)北京市律协关于行业自律的规范

北京市律师协会依据《律师法》和中华全国律师协会的相关规范,针对北京市律师行业具体情况,制定一系列的规则,进一步完善行业自律规范,进而使得北京市律师执业有了更加明确的标准。

自 2000 年起,北京市律协关于行业自律的规范共有 14 部,其中关涉律师资格的取得的共有三部,即 2010 年的《北京市律师协会申请律师执业人员实习管理办法》、2010 年的《北京市律师协会重新申请律师执业人员和异地变更执业机构人员审查考核办法(试行)》、2000 年的《北京市律师协会执业律师宣誓办法(试行)》;关涉律师保密制度的有一部,即 2004 年出台的《北京市律师保守执业秘密规则》;关涉律师执业中利益冲突的是 2001 年出台的《北京市律师业避免利益冲突的规则(试行)》;关涉律师收费与财务管理的是 2010 年的《北京市律师事务所计时收费指引》;关涉广告等服务信息传播的是 2000 年出台的《北京市律师事务所执业广告管理办法(试行)》;关涉律师平等竞争和执业纪律的是 2003 年出台的《北京市律师诚信信息系统管理办法(试行)》;关涉律师争议及纠纷协调的是 2010 年出台的《北京市律师协会会员执业纠纷调解处理规则》；而关涉律师处罚及责任承担的有 2005 年出台的《北京市律师协会会员处分复查委员会规则（试行）》，2006 年修订的《北京市律师协会会员纪律处分规则》，以及 2010 年出台的《北京市律师协会执业纪律与执业调处委员会听证规则》、《北京市律师协会执业纪律与执业调处委员会规则》、《北京市律师协会执业纪律投诉调解规则》、《北京市律师协会投诉立案规则》和《北京市律师协会纪律处分决定执行细则》。

北京律协规章制度委员会还制定了《北京市律师协会行业管理规章制度规划》，有计划、有步骤地完善北京律协在规章制度的制定方面的职能。

北京市律师协会自 1982 年 4 月成立以来，现行有效的全部规则共计 44 部。其中施行于 2000 年以后的规则，是北京市律师行业管理、律师事务所和律师执业的依据。2010 年 11 月，北京律协规章制度委员会经清理全部规则类规范后编纂并出版了《北京市律师协会行业规范汇编》，这一成果展现了北京律协的主要行业规范制定情况。到目前为止，这些规范涉及的方面主要有：北京律协的组织规则，主要涵盖各个部门的组织和运行规则；北京律协涉及行业自身发展的具体工作规则；北京律师行业执业规范及争议处理规则。北京律协行业规范主要包括三部分：第一，北京市律师协会主要的、基本的、现行有效的规则 20 部。这些规则系该会经法定程序审议通过的律师行业行为准则类的规范，是律师行业管理、律师事务所和律师执业普遍适用的依据。第二，同律师行业有关的基础性法规和规章 14 部。第三，纪律委员会的 14 部指引，系北京市律师事务所和律师执业中避免相关争议和纠纷、规范执业行为的参照性规范。

下面将详细介绍北京市律协相关规则的主要内容与特征。

1. 《北京市律师执业规范（试行）》

2001 年，北京市律师协会第五届理事会发布了《北京市律师执业规范（试行）》，该规范是对律师执业行为的统一概括规定，其主要内容包括：序言；第一章总则；第二章律师职业道德的基本准则；第三章执业开始；第四章执业组织；第五章合伙律师、律师及辅助人员；第六章执业范围；第七章执业推广；第八章委托代理关系的建立；第九章委托代理的基本要求；第十章委托代理关系的终止；第十一章执业处分；第十二章附则。共 82 条。

作为北京市律师协会早年的行业规范，其为之后的各类具体行业规范建立了一个重要框架。这是北京市律师协会对律师行业全国性规范在北京市的实践进行详细规划的蓝图，从此，北京市律师协会沿着该执业规范的道路不断发展着北京市律师执业行业规范。

目前，北京市律师协会正在对该执业规范进行修订。

2.《北京市律师保守执业秘密规则》

为完善《北京市律师执业规范（试行）》相关配套规则，进一步规范律师的执业行为，为北京律师提供执业依据，北京市律师协会在广泛征求会员意见的基础上，制定了《北京市律师保守执业秘密规则》，并经 2004 年 5 月 15 日第六届北京市律师协会理事会第六次会议审议通过。

《北京市律师保守执业秘密规则》专门对北京市律师在执业活动中需要注意的保密事项进行了更为详细的规定。其主要内容包括：首先，界定了律师应当保守的秘密种类，即个人隐私、商业秘密和国家秘密，并且对各种秘密进行界定从而确定了其范围。其次，说明了律师保密义务的例外，指向了上位法规定的例外，并且增加了"得到当事人明示或默示的授权，或基于维护律师自身的合法权益"这两种情况。再次，进一步详细区分了在特殊情况下律师应当保守执业秘密。这些特殊情况主要包括：律师的流动、律师的退休、律师事务所的分立和合并。特别是明确了在律师转入其他律师事务所时，原委托人应当解除其与原律所的委托合同，并与新的律所重新签订合同。最后，声明了违反保密规定的行为应当受到执业纪律处分，并且界定了执业行为包括实习律师的行为等。

3.《北京市律师业避免利益冲突的规则》

北京律协 2001 年 6 月实施的《北京市律师业避免利益冲突的规则》对北京执业律师所从事的活动作了进一步明晰，从而分门别类地建立了北京律师及律师事务所的利益冲突规则。

该规则能够从实践出发，针对北京律师在执业活动中产生的大量利益冲突的可能情形，在当时全国性规范规定甚少的情况，作了较为全面、有操作性的规定。这部规则不但将利益冲突规则作为一个系统进行了全方位的构架，同时能适应实践中的律师执业活动，对相关细节进行统筹规定，使得利益冲突规定

更加适应北京市律师执业的现状和特点。

4.《北京市律师事务所执业广告管理办法（试行）》

1999 年 12 月 18 日北京市律师协会第五届理事会第四次会议通过，并于 2000 年 9 月 23 日经第五届理事会第六次会议修改的《北京市律师事务所执业广告管理办法（试行）》自 2000 年 7 月 1 日起开始施行。该规范首先规定了在北京从事律师执业活动可以发布广告的主体，即律师事务所而非律师个人；并对广告主体的资格进行了界定，即通过年检且未受到处分两项。其次，规定了广告的内容，从正面和反面对广告可以包含的内容和不能包含的内容进行了说明。最后，该规范对违反广告规定的相关行为应当受到的处罚进行了规定，并将处罚的主体界定为北京市律师协会纪律处分委员会。

北京市律协的《北京市律师事务所执业广告管理办法（试行）》的亮点在于从具体实例上说明了律所广告应当和不应当包含的内容；并且在律所广告不应当包括的内容上进行了详细规定，其主要针对的是律所广告的真实性方面。但是，由于该规则发布时间较早，在这之后中华全国律师协会 2011 年的《律师执业行为规范》对律师和律所广告的相关规定作出了一些变动，这是需要引起注意的。

5.《北京市律师诚信信息系统管理办法（试行）》

2003 年 2 月，北京市律师协会顺应时代发展潮流，通过了《北京市律师诚信信息系统管理办法（试行）》，对北京市律师的执业活动进行监管，并将其执业活动中的优良或者不良记录进行归纳总结，作为对律师群体质量的监督和对外公开的依据，从而加强律师行业信用建设，促进本市律师和律师事务所在执业过程中增强诚信观念，更好地为社会提供法律服务，加强北京律师行业自律管理。

该办法将律师的诚信系统分成律师和律师事务所身份信息系统、提示信息系统和警示信息系统三个部分。其中身份信息是关于律师和律师事务所的相关基本信息的记录，如姓名、民族、取得从业资格证的时间等一系列中性信息；而提示信息主要包含了一些对律师有负面影响的轻微的过错记录；如果律师继续进行违规违法执业，则其相关信息会被记录在警示信息中。

北京律协的这一创举对于北京市律师行业的职业道德建设具有重大意义。

这使得律师执业环境更加透明，也为当事人营造了一个放心的环境，从而对北京的律师行业更加信任。但是，律师诚信记录对律师的执业生涯事关重大，在相关程序的记录上北京律协应作出更加有效和详细的规定来加强对诚信记录的监督管理以及律师的救济制度。

6. 关于申请律师执业人员考核办法

2010年9月28日，第八届北京市律师协会理事会第九次会议审议通过了《北京市律师协会申请律师执业人员实习管理办法》和《北京市律师协会重新申请律师执业人员和异地变更执业机构人员审查考核办法（试行）》。

《北京市律师协会申请律师执业人员实习管理办法》是对司法部、全国律协有关规定的细化。该办法进一步落实了对实习律师进行管理的资格限制、培训机构及其要求，以及实习律师培训方面的程序和资格证书的颁布。其亮点有：（1）落实了实习律师考核的组织机构，即对申请律师执业人员的实习管理工作由北京律协申请律师执业人员管理考核工作委员会负责组织实施。（2）规定了申请律师执业人员管理考核工作委员会的工作规则，进一步提高了实习律师申请执业程序的效率。（3）规定了《申请律师执业人员集中培训结业证书》的颁发办法、时限以及撤回条件。（4）在考核方式上增加了面试考核的方式，并且在后续监督上新增了实习监督的规定。通过以上方式，实习律师的管理将更加规范和切实可行。

《北京市律师协会重新申请律师执业人员和异地变更执业机构人员审查考核办法（试行）》则对北京市司法局《律师执业管理办法实施细则》和《关于对律师停止执业后申请重新执业如何办理执业证的批复》进行了细化，其规定了该办法及另外两个相关文件的适用范围，由北京市律师协会申请律师执业人员管理考核工作委员会作为考核机构，在方式上选择书面审查和面试考核的方式。

通过上述文件，北京律协对于实习律师及其他情况下律师执业资格的取得有了切实可依的规定，内容翔实，涉及面广。并且，北京律协将这一职能的发挥细分给申请律师执业人员管理考核工作委员会，从而形成了明确的职能分工。

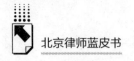

7. 《北京市律师协会会员执业纠纷调解处理规则》

为更好应对律师执业活动中发生的执业纠纷，妥善对之进行处理，减少律师执业活动之间的矛盾和摩擦，加强行业团结，2010 年 6 月由第八届北京市律师协会理事会第八次会议通过的《北京市律师协会会员执业纠纷调解处理规则》，是对北京律师在执业活动中形成的争议进行调解的具体实施办法。

该规则分成四章，对律师执业争议调解活动的全过程进行了详细的构架。该规则有详细的程序性规定，与我国民事诉讼规则相仿，具有极大的科学性；注重程序正义和公平性。

8. 行业纪律处分的系列规则

根据《律师法》第五章律师协会的职责，北京市律师协会具有制定行业规范和惩戒措施的权力和职责，而在第六章法律责任中，又将一些具体的纪律惩戒权赋予了律师协会。

对会员违规行为的处理，涉及律师行业的整体素质和秩序，对于加强律师行业的公平竞争、诚实守信、维护律师行业的社会形象有着极其重大的意义，因此，对会员的违规行为的规制，是北京律协制定规则的重点，也是相关规则相对最为完善的一个方面。这些规则涉及了从投诉、立案，听证，到结果作出、复查和执行的各个程序，还包括对于作出纪律处分的相关内部机构的组织规则。

北京市律协先后制定了一系列的行业纪律处分规则，涵盖行业纪律处分的各个环节。这些规则具体包括：（1）2002 年 7 月 13 日第六届北京市律师协会理事会第三次会议通过《北京市律师协会会员纪律处分规则》；（2）2003 年第七届北京市律师协会第二十五次会长会议审议通过《北京市律师协会会员处分复查委员会规则（试行）》；（3）2010 年 6 月第八届北京市律师协会理事会第八次会议审议通过《北京市律师协会投诉立案规则》、《北京市律师协会执业纪律投诉调解规则》、《北京市律师协会执业纪律与执业调处委员会听证规则》和《北京市律师协会纪律处分决定执行细则》。

律协上述规定几乎每部都有其优势，都有其特别能够适应律师行业发展状况之处。虽然随着社会的不断发展，在内容规定上对律协的各个部分提出了更高的要求，因此还有需要进一步加强规定之处，但是这些规定着实奠定了北京律师纪律管理的坚实基础。

（二）北京市律师协会纪律委员会制定的执业指引

通过上述行业规范性文件，北京市律师协会建立起了行业规范的基本框架，为北京律师的执业行为提供了可以规范的依据和行业自律监管的标尺。

然而，随着实践的发展，律师执业过程中的矛盾超出了以上领域，并且在一些更为具体的方面产生了被规范的必要性。因此，北京市律师协会纪律委员会总结实践中发生的纠纷和问题，对一些急切需要规范的领域出台了纪律委员会的执业指引，以此补充其行业规范，并且在有合适的机会时将其转化为正式的行业规范。

1. 第 1 号执业指引——关于资金托管

针对若干起个别律师利用办理房地产业务的便利侵占委托人托付给律师事务所代收代付款项的案件，北京市律协纪律委员会认为有必要重申和进一步明确律师事务所财务管理规范和与此相关的执业纪律，从而维护委托人的合法利益和律师职业的声誉。由此，北京律协纪律委员会于 2006 年 4 月 3 日发布了关于资金托管的第 1 号执业指引。

该指引对资金托管问题作出了详细的规定：强调律所代管资金必须具有合同依据或者明确的书面形式的委托并存入案卷；代管资金必须及时存入律师事务所专项账户，代管资金的支出事项必须事先得到委托人的书面授权或者确认并存入案卷，承办律师应当定期（最长不得超过 3 个月）向委托人报告代管款项的使用情况以及余额；受托代管委托人资金的律师事务所应当在该款到账后的两个工作日内将委托人的书面授权、已开设的专项账户、代管资金金额、承办律师姓名、业务种类五项基本信息以书面报告、原始凭证的复印件的形式报送律师协会秘书处行业纪律部备案，并保证随时接受核查。随后，指引规定了对相关违规行为的处罚。

另外，该指引还界定了一个重要的概念——"律师费"："律师费是律师的工作报酬，在支付时发生权属的转移，即其所有权仍然属于委托人而并非属于律师事务所或者承办律师。因此，律师和律师事务所必须正确区分和对待律

师业务收入和律师代委托人管理并代为支付的款项。"

通过以上严格的强制书面记录及审查程序，该指引为律所更加合理透明地管理托管资金创造了条件，从而确保了当事人的利益以及律师的职业形象不受破坏。

2. 第 2 号执业指引——关于实习律师和律师转所的规范管理

对实习律师的规定涉及律师资格的取得问题，在发布了《北京市律师协会申请律师执业人员实习管理办法》之后，北京市律师协会于 2006 年 4 月针对实践中发生的纠纷和实际情况对这方面的问题专门作出了第 2 号指引。

根据该指引，律师事务所有义务为实习律师提供导师，并且对导师的资质进行了一些详细的要求。为了对实习律师的导师进行更加严格的界定，规定了导师必须作出书面承诺并在北京市律协备案，同时还要在实习结束时作出书面评价，作为对实习律师认真负责培训的证据。最为重要的是，该指引指出，违反上述做法，会受到纪律处分委员会的相关处理。

这些补充规定对于加强对实习律师的管理，培训出更加符合要求的律师，保证北京律师的茁壮成长十分必要。因此，我们期待这些指引中的规定能够早日在正式的规范中被吸收，并且细化对违反该规定的处理结果，从而保证其有效地实施。

3. 第 3 号执业指引——关于律师执业身份的规范管理

鉴于涉及律师执业身份及律师事务所为非律师提供执业便利的违纪案件呈明显上升的趋势，且一些律师和律师事务所对于相关的规定认识不足，为了进一步明确律师的执业纪律及律师事务所的管理规范，根据《律师法》第 14 条、《律师执业行为规范（试行）》第 22 条和第 34 条，《北京市律师执业规范（试行）》第 14 条、第 18 条、第 19 条、第 20 条等相关规定，北京律协纪律委员会于 2008 年 1 月 29 日发布了关于律师执业身份的规范管理的第 3 号执业指引，以遏制律师事务所为非律师提供执业便利的违纪行为。

根据该指引，首先，执业律师不得以非律师的名义提供法律服务；律师在担任代理人或辩护人时，不得向受理案件的司法机关或仲裁机构隐瞒律师身份，也不得虽未隐瞒律师身份但是仍然以公民或法律顾问等非律师的名义从事代理或者辩护。其次，律师事务所在指派律师提供法律服务时，在委托协议、授权委托书、律师事务所函等各类文件中，只可指派本所执业律师，非执业律师，包括实习律师，都不能作为被指派的对象。最后，规定了律师事务所在广告宣传、吸收合伙人等方面都不得为非执业律师提供方便。

该指引解决了法律规定在这方面过于原则的问题，从律师不得隐瞒自己的律师身份代理案件，到执业律师和律所不得为非执业律师提供执业便利这两个方面，以详细的规定界定了究竟怎样的行为是为非执业律师提供执业便利而扰乱法律服务行业秩序，可能会造成一系列后果，从而使得律师行业对违规行为及其边界有了更加明确的认识，有助于加强北京律师行业的秩序性，保障委托人能够得到更加专业、质量更高的法律服务。

4. 第 4 号执业指引——关于律师转所业务交接的规范管理

律师的流动问题涉及关于律师的执业时长的记录、律师的委托关系的转移以及利益冲突、档案管理等问题。之前北京律协并没有专门的文件对律师的流动问题进行规定，但是随着律师流动中产生的问题不断增加，对其进行详细规定显得尤为重要，因此，北京市律师协会纪律委员会于 2008 年 1 月作出了第 4 号规范指引，对律师流动问题进行了有关补充。

根据该指引，律师在转换律所时，首先应当与律所一起将保护委托人的利益放在第一位。其次，委托人有权利选择是否与新的律所建立委托关系，但前提是不产生利益冲突问题。再次，明确了律师在办理案件中的案卷等资料属于律师事务所，律所有权主动向需要转所的律师索要。最后，对律师因为停止执业造成的问题适用相同的规定。

同时，在其第 2 号指引中，纪律委员会也对其他律所转入的律师的接纳问题进行了规定。主要涉及的是流动律师需要之前的执业单位的推荐信，并对推荐信的内容的真实性进行了要求。

如此一来，关于律师在流转方面产生的问题便有了相关的详细规定，从而避免了律师流转造成委托关系的中断等问题。

5. 第 5 号执业指引——关于出具法律意见书的规范管理

针对一些冒充外商投资的不法分子骗取法律意见书的违法行为，为防止更多的企业上当受骗，遭受利益损失，北京市律师协会纪律委员会于 2008 年 1 月 29 日出台了关于出具法律意见书的规范管理的第 5 号执业指引，以进一步

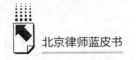

规范律师对法律意见书的出具行为。

根据该指引，凡涉及律师介入投融资业务中对投资对象进行法律尽职调查或者出具法律意见书，因为律师的工作成果主要用于投资人的投资决策，所以律师必须确认委托人为投资人，并由投资人支付律师费，除非融资方在可自由选择律师和律师事务所的前提下主动表明自愿委托律师并支付律师服务费。凡有委托人以第三方指定为由前来洽谈委托事宜的，律师应当告知委托人有权自由选择律师和律师事务所。涉及类似投融资业务时，如果融资方自愿委托律师并支付律师费，律师必须向其做好充分的风险提示，要求投资人出具有效的主体资格和资质的文书，并将其通报给融资人，履行保护委托人合法权益的义务。同时，北京市律协严格禁止律师和律师事务所向案件介绍人、中间人、指定人支付律师费回扣、分成、分账等一切形式的非法交易。

律师对委托人的委托事项应勤勉尽责，以维护委托人的利益以及最大程度地保护委托人正当权益不受侵害为己任，虽然在不法分子利用律师出具的法律意见书进行诈骗的活动中，律师事务所并没有过错，但是出于对委托人负责的态度，对其资质进行审查，提醒委托人的权利是有着极好的意义的。北京律协在法律意见书出具过程中对律师的要求体现了北京律师行业的社会责任心和职业正义感，对律师业提高社会形象起到了巨大作用。

6. 第 6 号执业指引——关于律师函的规范管理

律师函是在律师执业活动中应用广泛的法律文件，近几年连续出现了多起因律师函而引发的争议，因此北京市律师协会于 2010 年 1 月发布了第 6 号执业指引，以规范律师函的使用。

该指引的具体内容包括：（1）对于律师函的语言严肃性、得体性进行的要求；（2）对律师函的适用场合进行的要求；（3）对律所提出了妥善保管律师函的要求；（4）要求律师函的写作应符合其他法律法规和行业规范的规定，并且对违反规定的行为提出了应当受到处罚的指示。

鉴于律师函在应用上的广泛性、多样性和灵活性，北京市律师协会对于律师函的使用仅作了原则性的规定，而不对其具体种类、形式、内容和用途进行列举。这些规定使得律师函更加具有正式性、严肃性和规范性，体现了北京律师行业的水平和尽责态度。

7. 第 7 号执业指引——关于律师执业中利益冲突的有关问题

关于律师的利益冲突问题，北京市律协颁布了《北京市律师业避免利益冲突的规则（试行）》进行规定。但是利益冲突问题在社会发展中越发显得无处不在，并且随着律师行业的完善和发展，由利益冲突问题带来的矛盾显得愈发尖锐。

由此，北京市律师协会执业纪律与执业调处委员会于 2010 年发布了关于律师执业中利益冲突的有关问题的第 7 号指引。该指引对关于律师执业过程中遇到的较为复杂的利益冲突问题进行了补充。

首先，拓展了利益冲突所影响的"利益"的范围，包含了自然人的近亲属以及法人的单位整体利益。如此，将现实生活中一些间接的利益关系也纳入了利益冲突的范畴，从而使得律师执业活动的公正性得到更高的保障。

其次，对于在其他规范性文件中未能列明的利益冲突的情形，指出了判断其是否属于行业规范的标准及原则。以此来适应纷繁复杂的社会情况，避免应当得到保护的利益冲突情形被遗漏。

再次，在律师流动的问题上，该指引进行了更为详细的规定。其主要目的在于确保律师的流动不会产生利益冲突，因此规定了通过查证其业务资料的方式来确定是否存在利益冲突。

最后，将"律师事务所或律师与委托人虽然曾建立委托关系，但是并未实际展开工作，未获取该委托人相关信息，也未收取费用"的情形排除出利益冲突规范的范畴。

8. 第 8 号执业指引——关于律师会见嫌疑人、被告人的有关问题

一段时间内，涉及律师办理刑事案件的投诉集中表现在律师会见犯罪嫌疑人和调查取证等方面，具体包括律师违反会见场所的有关规定，向犯罪嫌疑人传递禁止传递的物品；律师在公共娱乐场所等不恰当的地点向证人调查取证；律师在向证人调查取证时，让犯罪嫌疑人、被告人的亲属或朋友在场等。律师的这些做法，既违反了律师办理刑事案件的规范，也给律师本人带来了执业上的风险，应当引起广大律师和律师管理部门的高度重视。

有鉴于此，为进一步规范北京律师的执业行为，维护北京律师良好的社会形象，防范执业风险，敦促律师在办理刑事案件时严格遵守法律、法规和有关

执业规范，北京市律师协会纪律委员会于 2010 年 8 月 20 日发布了关于律师会见嫌疑人、被告人的有关问题的第 8 号指引。

该指引首先对律师会见犯罪嫌疑人、被告人的行为进行了规范，明确规定：律师不得在家属及其他当事人与犯罪嫌疑人、被告人之间进行任何帮助串供或妨碍作证的行为；不得教唆犯罪嫌疑人、被告人对侦查机关、检察机关和审判机关作虚假供述；不得将手机等通信工具借给在押犯罪嫌疑人、被告人使用；不得违反监所的规定私自传递物品；不得带非律师人员（实习律师除外）或者当事人的家属会见犯罪嫌疑人、被告人。

其次，该指引还规范了律师在刑事案件中的调查取证行为，规定：律师不宜在公共娱乐场所向证人进行调查取证；不宜向证人提供可能涉嫌贿买证人的金钱或物品；向证人调查取证时不得带犯罪嫌疑人、被告人的亲属或其他与案件有利害关系的人在场旁听；不得同时向多名证人一并取证。

虽然相关法律法规对律师的会见权与调查取证权作出了相关规定，但是都具有一定的原则性，而该指引针对在北京市律师执业活动中的一些情况，从符合实际的角度出发，对律师会见权和调查取证权进行了更加详尽的规定。该指引以禁止性规定居多，但是这些规定主要针对的是律师会见、取证中的一些不规范行为、一些滥用了律师权利的行为，将其进行规范和约束，一是可以防止以上滥用权利行为的发生；二是只有律师行业更加注重纪律和规范性，才能在行使其权利时更加具有正当性，从而避免其他权力对律师会见权及调查取证权的干预和破坏，从而保证律师能够在一个更加有利的环境下充分发挥作用，保障委托人的合法权益。

9.《北京市律师事务所计时收费指引》

关于律师的收费与财物保管制度，在北京律协的规范中没有明确体现，但是 2010 年的《北京市律师事务所计时收费指引》，对计时收费问题进行了比较详细的规定。

首先，该指引明确了适用的范围，即怎样区分律师的计时收费是否适用北京市律协规定的标准。其次，指引的一个重要部分是规定了委托人和律师签订计时收费的书面合同需要包含的内容以及双方应当遵守的原则。再次，在涉及有效的工作时间的规定上，该指引详细阐述了哪些情况下应当适用政府指导价，哪些情况下应当适用市场调节价，并且指出了其他应当纳入考虑有效工作时间的情况。同时规定了计时收费清单制度，涉及计时收费清单应当包括的内容以及清单在当事人和律师之间的流动方式。最后，规定了在当事人与律师案件代理结束时，计时费用的结算的具体方式以及款项的催要条件和方式。

该指引在概念辨析和具体程序规定上十分具体，为北京律师计时收费提供了一个比较明确的规范。但是由于该指引在级别上仅为纪处委的一个指导性文件，并不是北京市律师协会通过一般严格程序产生的行业规范，因此其在级别和效力上比较低，在执行性和救济性上也就不如一般行业规范有保证。另外，由于其性质为指引，因此其在内容上以指导性条款为主、规范性条款为辅。主要提出了关于律师计时收费问题，委托人和律师各有哪些权利义务，但是并没有规定违反义务的后果和权利受到损害时的救济方式。

这些规定在律师执业实践中对于一个良好有序的环境是十分必要的，而且除了律师对委托人的资金类财产的管理之外，还存在非资金类财物的保管问题。这些问题都等着北京市律协通过指引在实践中的试验，从而形成最终正规的行业规范。

10.《律师查询利用工商企业档案操作指引》

律师在执业活动中经常涉及工商企业档案的查询，这是律师履行代理义务、实现委托人的目的所必需的一项权利，受到了法律的保护和律师及其他行业的尊重。但是，律师查询工商企业档案的行为有可能涉及他人利益，如果其滥用这一权利，特别是在有利益冲突的情况下，将给他人造成难以预料的损失。有权利就有义务，因此，在相关法律法规的指导下，北京市律师协会于2013年2月8日发布了《律师查询利用工商企业档案操作指引》。

该指引明确规定了律师办理相关法律事务进行工商企业档案查询、利用，必须遵守宪法、法律法规的规定，恪守律师职业道德和执业纪律。这体现在：首先，律师查询工商档案需要根据不同情况准备完善的相关材料，并且在查询多户档案时进行预约。其次，规定了律师在查询档案时需要履行的一些义务，如保守相关隐私及秘密，且不得利用工商企业档案从事与本人代理的诉讼及非诉讼法律事务无关的活动。最后，对律师违反上述规定所应受到的处罚进行了严格规定。

通过这些规定，一方面可以建立律师正确运用自己的权利的机制，从而保证律师行业的良好秩序；另一方面，也通过一个合理的程序，为律师查询工商档案提供了便利。该指引在规范律师正确运用权利上有着重要意义。

（三）北京市律师协会的内部工作规则

北京律协的内部工作规则主要包含了其各个部门的具体工作方式，其目的在于通过行使由法律授予北京市律协的职责和权限来实现北京市律协的宗旨和目标，即维护宪法和法律的尊严，维护会员的合法权益，维护行业的整体利益，反映会员诉求，为会员的执业提供服务，管理、教育、监督会员，规范会员执业行为，提高会员的职业操守和执业能力，从而发展律师事业，促进国家法治建设及社会的文明和进步。另外，还有一个重要部分就是关于北京律协的会费管理方式，因为这也涉及会员权利的行使和保护。

这些内部规则是北京律协作为一个由法律授权管理行业事务的社会团体的具体体现和必要组成部分，也是一个社会团体管理内部事务和展示其服务性特征的体现。通过这些规则，北京市律协内部各个部门得以整合，进一步保障了其监管机制的有效运转和其他功能的有效发挥。

1. 北京律协关于内部组织建设的工作规则

北京律协关于内部组织建设的工作规则包括：《北京市律师协会律师代表大会规则（试行）》、《北京市律师协会理事会工作规则》、《北京市律师协会理事值班规则》、《北京市律师协会监事会工作规则》、《北京市律师协会会长会议规则》、《北京市律师协会规章制度工作委员会规则（试行）》、《北京市律师协会专门委员会工作规则》等。

2. 北京律协关于具体工作方式的工作规则

北京律协关于具体工作方式的工作规则包括：《北京市律师协会权益保障委员会工作规则》、《北京市律师协会外事工作暂行规定》、《北京市律师协会财务管理委员会规则》、《北京市律师协会纪律委员会规则》、《北京市律师协会专业委员会工作规则》、《北京市律师协会执业律师宣誓办法（试行）》、《北京市律师业务培训办法（试行）》、《北京市律师协会新闻通报办法》等。

3. 北京律协关于会费管理的工作规则

北京律协有关会费管理的工作规则包括：《北京市律师协会会费管理办法》、《北京市律师协会财务管理办法》、《北京市律师协会预算、决算编制暂行规定》、《北京市律师协会对外公益捐赠办法（试行）》、《北京市律师协会关于出国费用支付办法（试行）》、《北京市律师协会出国（境）考察补助金办法（试行）》、《北京市律师协会助学金评审委员会评审规则》、《北京市律师协会出国培训助学金申请办法（试行）》、《北京市律师协会律师互助办法》、《北京市律师协会律师互助办法实施细则（试行）》。

三 北京市律协制定自律规范的体制和程序

《律师法》第43条规定："律师协会是社会团体法人，是律师的自律性组织。""全国设立中华全国律师协会，省、自治区、直辖市设立地方律师协会，设区的市根据需要可以设立地方律师协会。"北京市律师协会是依法成立的社会团体法人，是北京律师的自律性行业组织，依据《律师法》、《律师协会章程》，对北京执业律师实行行业管理。在中国律师制度的恢复重建过程中，北京最早成立律师协会，也最早实行律师机构的组织形式。

根据《律师法》，北京市律师协会（以下简称北京律协）制定了章程，规定在北京市司法行政机关的监督指导下，北京市律师协会履行下列职责：（1）保障会员依法执业，维护会员的合法权益；（2）总结、交流律师工作经验，开展对外宣传与对外交流，扩大行业的对外影响；（3）制定行业规范和惩戒规则，监督、指导和规范会员的执业行为；（4）组织对会员的业务培训和职业道德、执业纪律教育，对会员的执业活动进行考核；（5）组织管理申请律师执业人员的实习活动，对实习人员进行考核；（6）对会员给予奖励；（7）开展行业发展战略研究，拓展会员执业领域，对会员进行业务指导；（8）依法对会员进行登记管理并提供服务；（9）指导团体会员的规范化管理；（10）建立并完善会员执业责任保险制度；（11）协调与立法、司法、行政机关及其他组织的关系；（12）参与立法活动，提出立法、司法、行政执法建议，鼓励、支持会员参政议政；（13）组织会员参加社会公益活动；（14）受理对会员的

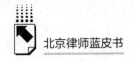

投诉或举报，对会员的违法、违规行为进行调查取证，作出行业惩戒或向司法行政机关提出处罚建议，并受理会员的复查申请；（15）调解会员在执业活动中发生的纠纷；（16）收取、管理和使用会费；（17）中华全国律师协会或北京市司法行政机关委托行使的其他职责；（18）法律、法规、规章和本章程规定的其他职责。

作为一个社会团体，北京律协一方面需要严格依照《社会团体登记管理条例》和有关法律、法规的规定开展活动；另一方面，作为行业自律组织，北京律协由法律明确授权管理北京市的律师执业事务。其职责和权限包括对律师权益的维护、通过培训交流等提升律师执业水平、调解会员之间的争议以及对律师和律所的相关行为进行奖励或者惩戒等几个方面。同时，北京律协最早实行了"两结合"管理模式，其工作需要尊重北京市司法行政机关的监督和指导，并且在工作性质上与之相区别。

在权力边界上，《律师法》第 46 条第 2 款规定："律师协会制定的行业规范和惩戒规则，不得与有关法律、行政法规、规章相抵触。"

由此，北京市律师协会围绕以上职责和权限规定，开展了一系列自律活动。其中最为重要的是通过发布各种行业规范性文件来进一步完善北京市律师行业规则的建设。

（一）北京市律师协会制定和施行有关自律规范的起草机构

在行规的起草上，主要负责的部门涉及北京律协规章制度委员会和其他相关专门工作委员会，以及秘书处下设的工作部门。

为加强行业规范的建设，进一步完善律师行业规范体系，北京市律师协会于 2002 年 2 月专门成立"规章制度委员会"，并启动规章制度体系的建设工作，以期初步建立既符合国际惯例、切合中国国情、符合北京市律师执业及行业自律实际，又具有适当超前性的、较为完善的律师行业自律管理规章制度体系，实现行业管理工作的制度化、规范化。该委员会已制定《北京市律师协会行业管理规章制度规划》，开始有计划有步骤地进行相关规章制度的整理、编纂和起草等工作。

《北京市律师协会章程》规定，律师代表大会具有制定行业发展规划及重要的行业规范的职权，除应当由律师代表大会制定的行业规范及规章制度，由理事会制定和修改。由此可见，行规制定机关应当为律师代表大会和理事会。

北京律协自 2005 年 3 月取消了常务理事会的组织机构的设置，常务理事会的权力和责任被分别划归律师代表大会、理事会和会长会议。但现行有效的部分规则的内容仍有常务理事会的规定。对此应认为，常务理事会通过的规则，在没有废止、修改或没有新的规则取代的情况下，将继续有效。

（二）北京市律师协会制定和修改有关自律规范的程序

《北京市律师协会规章制度工作委员会规则（试行）》第 6 条规定了规章制度委员会（以下简称规章委）的职责：（1）根据本协会的工作计划起草北京市律师的执业规范；（2）对已经实施但需要修订的北京市律师的执业规范提出修改意见；（3）审查或修改本协会各专业委员会或其他专门委员会的规章草案；（4）根据北京市律师行业管理的实际情况和律师事业的发展需要提出制定北京市律师执业规范的建议；（5）结合北京市律师行业发展和存在的问题研究国内外有关律师行业管理的规章制度和经验。

同时，其第四章专章规定了规章制度委员会的工作方式。

（1）应该由规章委起草的规章制度，由主任委员指定一名或数名委员提出讨论稿，经全体委员进行讨论修改。修改稿经半数以上委员同意后，上报市律协常务理事会。

（2）对专业委员会或其他专门委员提出的规章草案提出意见，应该经规章委全体委员研究讨论，及时将形成的建议或意见转达给有关专业委员会或专门委员会并上报市律协常务理事会。

（3）对现行有效的规章中存在的具体问题如果修订分歧较大，不能形成规章委半数以上委员意见相同时，应及时将意见汇总上报市律协常务理事会。

（4）在规章制度起草完成之后，依据《北京市律师协会章程》，需要由律师代表大会通过、修订或废止的行业规范及规章制度，由理事会提请律师代表大会审议；不需要提交律师代表大会通过、修订或废止的行业规范及规章制度，由会长会议提请理事会审议。

与一般规范性法律文件的制定不同的是，北京律协纪律委员会不定期发布规范执业指引，对会员违反法律和律师执业规范的行为进行调查和处分，以及对会员之间因执业而发生的纠纷进行调查和裁决。这些指引对具体的行业行为进行了说明和规范，并且指出了对指引的违背所产生的后果，即将受到怎样的纪律处罚。虽然与一般的行业规范相比，这些指引在内容上针对面较小，在强制力上稍显弱势，但其在适时补充律师行业的执业规范上起到了极大的作用，从而使得更多的律师执业行为能够得到指引，也有了依据。

四　北京市律师协会的规则之治评析

（一）北京律师协会规则之治的特点

通过多年的制度建设，北京律协通过行业规范性文件、执业指引等各种方式为北京律师的执业活动提供了大量的细化规定。在北京律师的执业领域的各个微观方面发挥着教育、指导、约束和监督等重大作用。不但为北京律师行业内部做到有规则可依起到了巨大作用，也为全中国的律师行业的规范自律起到了模范作用，更是中国法治建设的一个重要组成部分。

如前所述，北京律协在律师执业行为方面的规范主要涉及的方面有：律师的保密义务，利益冲突规则，律师广告与信息传播规则，律师执业的公平竞争与诚信规则，律师行业纪律处分。总的来看，北京律协现行的自律规则有以下几个特点。

第一，已经形成了较为系统的规则体系。这一方面表现为北京律协制定了具有法典形态的《北京市律师执业规范（试行）》，对律师的执业行为进行了比较系统的规定；另一方面表现为北京市律协制定的规则，既有针对整个律师执业行为规则的系统性规定，也有针对管理过程中出现的具体问题所作的具有针对性的规定。这突出表现为北京律协纪律委员会所制定的一系列执业指引。这些指引针对性强，反应灵活，对于指导律师正确执业发挥了重要作用。

第二，北京律协的自律规则建设走在了全国前列。北京作为首都，有着巨大的法律服务市场，有着庞大的法律服务队伍，有着层出不穷的新的法律问题。因此，北京律师的自律规则建设在全国具有重要的示范作用。例如，《北京市律师执业规范（试行）》制定后，为各地律协所纷纷效仿。上海市、天津市、河北省等制定的相应律师执业规范，无论是在体例上还是在内容上，都是以《北京市律师执业规范（试行）》为榜样的。

第三，北京律协的自律规则建设具有相当的灵活性和应对性。这突出表现在纪律委员会制定的执业指引上。法典式的规则体系尽管具有全面性、系统性、检索方便等优势，但是也存在一旦制定则滞后的特点，难以应对新的情况和问题。针对此问题，北京律协以执业指引的形式灵活应对新的情况和问题。例如，第 1 号指引的制定，针对的是当时实践中出现的委托人资金的保管这一突出问题。第 2 号指引，则针对的是实践中普遍存在的实习律师和律师转所的规范管理问题。2010 年的《北京市律师事务所计时收费指引》则是针对计时收费这一新的收费方式在实践中的需求而制定的。

（二）北京市律师协会还需要制定或完善的行业自律规范

尽管北京律协自律规则的建设具有诸多优势，但随着实践的发展，律师执业过程中的需要处理的问题已经超出了现行规则的规范领域。例如，《北京市律师执业规范（试行）》已经制定逾 10 年，需要将近 10 年制定的一些规则加以吸收，在形式上进一步完善和系统化。《律师法》的修改和司法部、中华全国律师协会相应规范的修改，也要求北京市的律师自律规范与之进行同步修改。具体而言，北京律协还需要在以下领域继续完善行业自律规范。

1. 委托人—律师关系规则

在律师与委托人的关系方面，主要涉及律师与委托人关系的建立，委托关系的维护和变更以及委托关系的终止等方面。

首先，在律师与委托人关系的建立方面，除了对律师资格进行要求外，还要对律师与委托人的关系具体建立方式及其中双方的权利义务进行具体规范。此前的全国性规范提到了律师不得随意拒绝辩护和代理，以及规定了委托人需要与律师事务所签订委托合同。而北京在律师代理合同的签订方面有着自己的特殊性，因此需要进一步细化律师与委托人的委托合同签订的具体规则。此外，由于全国性规范并没有对律师与潜在委托人的关系进行规定和说明，在北京律师市场广阔并且活跃度居全国前列的大环境下，对律师与潜在委托人的关

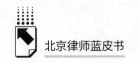

系进行规定，保护双方的利益显得十分重要。再者，公司律师与社会律师在与委托人的关系方面有着极大的区别。加上公司律师与委托人的关系不平等的现象，使得北京律师行业自律规范对这一方面进行涉及具有一定的意义。还需要提及，对公司律师与委托人的关系进行界定也解决了之前的规范并没有明确将公司律师也纳入律协行业规范的范围，同时也对其特殊性进行了区别对待。

其次，在律师与委托人关系的维持上，全国性规范在对委托人与律师关系的保护问题上有所涉及但是规定得比较模糊。司法部1995年《关于反对律师行业不正当竞争行为的若干规定》第4条第7项表示："故意在当事人与其代理律师之间制造纠纷的"，是律师或律师事务所的不正当竞争行为。中华全国律师协会2011年《律师执业行为规范》第78条第3项规定，"故意在委托人与其代理律师之间制造纠纷"，是律师执业不正当竞争行为。而除此之外，在北京律师行业的实践中还存在一些特殊情况，如恶意劝诱行为，都是需要进行细化的方面。

最后，在委托人与律师关系的终止上，尽管全国性规范有详细规定，但是在具体程序上，如查证通知、批准、备案等方面都需要各个地方的律协进行进一步的完善，从而形成行业监管的完整性。

2. 律师保密规则

在律师保密规则上，北京市律协2004年制定了《北京市律师保守执业秘密规则》，对律师的保密义务进行了规范。

近几年来，社会的发展对律师保密义务产生了极大的挑战，特别是在刑事诉讼领域，因此，从北京市律师行业的角度加强对律师保密规则的细化具有十分重要的意义。

另外，1991年司法部发布了《律师业务档案管理办法》，对律师保密义务中针对当事人档案的管理提出了一般性的要求。律师协会作为行业自律组织，在律师的档案管理方面理应发挥重要作用，由此，对此方面的规则细化具有一定的实践意义，有助于律师保密义务落到实处。

3. 律师争讼性业务规则

对于律师从事法律服务的内容和领域，《律师法》第28条规定："律师可以从事下列业务：（一）接受自然人、法人或者其他组织的委托，担任法律顾问；

（二）接受民事案件、行政案件当事人的委托，担任代理人，参加诉讼；
（三）接受犯罪嫌疑人、被告人的委托或者依法接受法律援助机构的指派，担任辩护人，接受自诉案件自诉人、公诉案件被害人或者其近亲属的委托，担任代理人，参加诉讼；（四）接受委托，代理各类诉讼案件的申诉；（五）接受委托，参加调解、仲裁活动；（六）接受委托，提供非诉讼法律服务；（七）解答有关法律的询问、代写诉讼文书和有关法律事务的其他文书。"在这些业务活动中，争讼性业务是律师执业活动的重要组成部分，也是律师执业权利的重要体现，是律师维护法律正确实施、维护社会公平和正义的重要途径。然而权利也是伴随着义务的，因此在律师的争讼业务中，也需要遵守一系列的规范来确保这些活动的顺利进行。

律师争讼性业务规则这一概念的内涵十分广阔，既包含了律师的庭审仪表与言论，也包含了律师在争讼程序中的相关权利义务，此外，还涉及律师的庭外宣传以及其他正当行为，从而保障法律程序的严肃性和公正性。律师协会作为一个行业自律组织，在这些方面的纪律强调是北京律师保持良好的执业习惯以及崇高的道德水准的体现。

在庭审仪表与言论方面，全国性规定明确了律师出庭必须着律师装，而根据北京市的律师出庭惯例和礼仪，一般也可认为律师服装上可有其符合地方特色的规定。根据全国性行业规范及相关法律法规，律师出庭必须佩戴标志，言论合法得体，这些都是可以由地方律协根据其执业特色进一步进行规定的。

在律师的程序性权利义务上，一方面，法律法规赋予律师的会见权、阅卷权、调查取证权和回避权等需要得到律师协会的进一步保障，需要律协与相关机构进行协调从而使得律师在行使权利的过程中减少障碍；另一方面，也需要其对律师的会见、调查取证等活动作出规定，与相关法律法规配套，从而保障律师执业的纪律和尊严。

虽然在正式的行业规范上北京律协尚未出台一个详尽的规定，但是针对长期以来社会各界在律师争讼性程序中义务履行上的不足提出的异议，北京市律师协会在其第6号指引中再次强调了律师会见权和调查取证权在履行时应当注意的权利义务。其规定律师在会见犯罪嫌疑人、被告人时：不得在家属及其他当事人与犯罪嫌疑人、被告人之间进行任何帮助串供或妨碍作证的行为；不得教唆犯罪嫌疑人、被告人对侦查机关、检察机关和审判机关作虚假供述；不得将手机等通信工具借给在押犯罪嫌疑人、被告人使用；不得违反监所的规定私自传递物品；不得带非律师（实习律师除外）或者当事人的家属会见犯罪嫌疑人、被告人。律师在向证人调查取证时：不宜在公共娱乐场所进行调查取证；不宜向证人提供可能涉嫌贿买证人的金钱或物品；不得带犯罪嫌疑人、被告人的亲属或其他与案件有利害关系的人在场旁听；不得同时向多名证人一并取证。

在庭外宣传的问题上，针对近年来律师滥用庭上言论自由，违规宣传庭审信息，以谋取大众媒体对法庭审理的压力，干扰法庭纪律，妨害司法独立的行为，自2013年起生效的新民事诉讼法已经对该问题进行了有关约束的情况下，地方律协也应当配合法律法规的精神，进一步规范律师的庭上言论和庭外宣传行为。

由此发展，律师维护争讼程序的正当性还有许多要求。如不得违反规定会见有关工作人员，不得直接或者间接向有关工作人员行贿或者介绍贿赂以及在证人程序上的公正严肃性。只有对这些活动进行进一步的全面规定，才能使得律师在其执业的各个领域都能有可以适用的依据和标准。

4. 律师服务信息传播规则

律师服务信息传播活动是法律服务消费者维护其合法权益的重要保障条件。律师广告业在我国是一个管理较为分散的领域，很多规定还有待完善。而在各个地区，律师广告的发展呈现不同的特色，在律师服务宣传上怎样体现其得体性和有效性，各地有着自己的经验和挑战。

北京市律师业在服务信息传播上目前为止存在的问题主要包括以下几个方面。（1）广告的主体问题。由于之前的北京律协规定法律服务宣传的主体只能是律师事务所而不能是律师个体，与全国律协的规定相左，而在实践中，针对律师个人的广告琳琅满目，其是否符合主体资格还是个急需解决的问题。（2）律师广告的内涵。究竟哪些行为属于广告行为，在全国性规范里，对这一命题并没有一个统一的界定。因此，有的律师通过一些边缘行为，如提供免费法律咨询和当面劝诱从而规避法律法规和行业规范的相关规定。（3）律师广告的内容问题。虽然在全国性和北京市的规定中也对律师广告的内容作出了大篇幅的规定，但是随着新情况的不断发生，为了保障律师执业的得体性和真实性，还需要随着实践变化对旧的规定不断进行修改。（4）广告行为的适用范围。为了维护律师广告行为的得体性和真实性，一般情况下不允许律师在有关情况下进行法律服务宣传行为，这些活动是对律师广告宣传自由的干涉，因此需要有严格的规范文本对其进行约束，并且制定有效的监督和处罚机制。

北京是中国的政治文化中心，律师广告行为在得体性上应当满足更高的要求，同时，出于对司法和行政权力的独立和公正性的考虑，北京律师的广告行为在内容和形式上理应受到更加严密的监管。

5. 律师和律师事务所的内部关系规则

律师事务所是律师的执业单位，根据全国性法律法规和行业规范的规定，律师事务所作为律师协会的团体会员，在与律师的关系方面有着其特殊的规定。律师事务所不但是律师的执业机构，并且在律师的执业活动中起到一定的组织和监管作用。

就律师事务所与律师的关系而言，全国性的法律法规以及行业规范主要包括：司法部《律师执业管理办法》（2008）、中华全国律师协会《律师执业行为规范》（2011）以及司法部2008年发布的《律师事务所管理办法》。而在这个方面，北京市律师协会暂时没有相应的规定。但实际上，建立专门的律师及律师事务所的关系的行业规范是十分必要的。

在内容上，有关律师和律师事务所的内部关系主要包括以下几个方面。

第一，律师事务所应当对其所内律师进行教育、管理和监督。包括在律师的专职执业规定方面、收费和对委托人的财务管理方面、履行法律援助方面以及对律师的执业年度考核方面的管理。

第二，在律师事务所对律师流动的接受方面的管理，包括对相关手续的完善和利益冲突的解决。

第三，在律师造成损失的责任承担方面，需要根据《律师法》第54条的规定制定出实施细则。《律师法》第54条规定："律师违法执业或者因过错给当事人造成损失的，由其所在的律师事务所承担赔偿责任。律师事务所赔偿后，可以向有故意或者重大过失行为的律师追偿。"

第四，由于根据《律师法》第23条的规定，律师事务所应当建立健全执

业管理、利益冲突审查、收费与财务管理、投诉查处、年度考核、档案管理等方面的制度，因此，在律师事务所的上述制度建设中，律师协会也应当发挥一定的监督指导作用。

另外，根据实践，律师执业的严肃性和正规性问题是十分容易被破坏的，因此，关于律师不得从事法律服务之外的经营活动的问题以及不得帮助非法律服务工作者执业的问题也需要更加详细的规定。

6. 公司律师和公职律师规则

在我国，内部律师，包括公司律师、公职律师和军队律师等，在身份上具有双重性，一方面，他们需要由特殊的法律法规如公务员法等进行管理；另一方面，根据律师法的规定，他们也应当遵守律师协会的相应规定。而这些律师在性质上跟社会律师有着很大的不同之处，因此对其管理方式也有巨大的不同。

特别是其在执业活动中会产生一些独特的问题，需要行业协会对其进行区别对待和监督管理。因此，由律师协会制定单独的规章制度来监督公司律师和公职律师的活动十分必要。

主要涉及的方面有：（1）其仅为内部委托者提供法律服务时应当注意的规章制度，如不得从事其他兼职，由此便涉及内外部法律服务的区分；（2）社会律师和内部律师进行身份转换时应当遵守的利益冲突规则。对此，律师协会应当细化 2002 年司法部《关于开展公司律师试点工作的意见》的规定。

除了上述方面，北京律协随着实践的发展不断完善相关具体规定，这主要表现在北京市律协纪律委员会发布的相关执业指引上。这些指引具有内容具体、可操作性强，能够充分与现阶段的实践结合，从而解决北京律师行业发展中产生的一些急需得到处理的问题的优势；并且指引的发布程序灵活简便，因而能够适应时局的不断变化。

然而，执业指引毕竟只是北京律协纪律委员会所发布的临时性文件，层级较低，而且在各指引中，大多只表明了违反相关规定会受到处分，但是并没有具体的处分执行措施和详细的处罚办法，而这也是和指引的层级较低有密切关系的。作为北京律协的一个专门委员会，纪律委员会无法从全局的角度对违反相关纪律的行为规定详细的处罚方式；根据北京律协的章程，对于会员权利剥夺的依据，至少应当是经过严格程序制定的执业规范性文件。而执业指引，不管是从其名称上还是实质上看，都仅具有一般指导作用。但是执业指引所涉及的许多规定，正是北京律师行业规范中所缺乏的却在北京律师行业中能够起到极大的规制作用的制度，对其效力的提高和切实执行的保障应当是接下来北京律协工作的一个重要方面。

当然，并不是所有的执业指引的内容均应当通过执业规范性文件的形式予以确定，其中一些临时性措施，或者已完成其使命而应当退出历史舞台的措施在相关指引转换成规范性文件时应当随着规范整理而出局；另外一些规定虽然符合时代发展的需要，但是在规定上需要被修改使其更加具有科学性、可操作性，这些措施便需要经过正式程序而得以完善。

因此，北京律协在接下来的制度建设中，对执业指引进行甄别和筛选，对合理内容加强程序性保障和强制性措施保障，从而将其升级为行业规范性文件，是十分重要的一个方面，也是行业规范制度建设的一个有利切入点。

大 事 记

B.9
北京律师大事记：2011~2012

整理人：张锦贵*

2011 年（90）

1 月份（3）

1 月 14~15 日 市律协业务指导与继续教育委员会召开"2010 年度专业委员会总结会"。会议对业教委 2010 年的工作进行了总结，并为 5 名获得"第二届北京律师论坛特殊贡献奖"、46 名获得"第二届北京律师论坛突出贡献奖"的律师及工作人员颁奖。

1 月 21 日 市律协在国贸大酒店隆重举办"2011 北京律师新春团拜会"，800 余人参加团拜。有关领导为获得"北京律师行业 2010 年度公益大奖"、"北京市百名优秀刑辩律师"的代表颁奖并合影留念。

---

* 张锦贵，中国社会科学院法学研究所科研处副处长，法学硕士。

1月22日 市司法局和市律协在民族文化宫共同举行"做中国特色社会主义法律工作者——北京律师首届书画摄影作品展"开幕仪式。司法部副部长赵大程、北京市副市长刘敬民等出席开幕仪式并剪彩。展览于1月28日结束，历时7天，共展出作品138件，1000多名律师和市民参观了展览。

2月份（1）

2月15日 由北京市司法局与中关村管委会共同举行的"围绕中心 服务重点 法律服务助推中关村发展"启动仪式在友谊宾馆举行。市委副书记、市政协主席、市委政法委书记王安顺，市委常委、中关村管委会党组书记、海淀区委书记赵凤桐等应邀出席。市司法局局长于泓源与中关村管委会主任郭洪签订了战略合作协议。市律协会长张学兵代表协会与中关村协会联席会主席签订了合作协议，并作为"中关村国家自主创新示范区法律服务团"的团长接受了赵凤桐同志的授旗。金杜、君合等10家律师事务所作为法律服务团首批成员单位分别派代表参加了启动仪式，并接受了与会领导的授牌。

3月份（8）

3月3日 市律协专利法专业委员会召开"《专利代理条例》的修改暨律师在专利行政和诉讼程序中相关问题"研讨会，30余名委员出席，中国应用法学研究所所长罗东川等应邀到会发言。

3月6日 由北京市妇联、北京市外办、北京市投资促进局、北京市友协联合举办、市律协女律师联谊会协办的"庆三八 叙友情 促和谐 谋发展——首都中外妇女庆祝'三八'国际劳动妇女节联谊活动"在国家会议中心举行。全国妇联副主席孟晓驷、北京市副市长程红、北京市委副秘书长王翔等出席。

3月11日 市律协第八届理事会第11次会议召开。会议审议通过了关于提请律师代表大会审议《北京市律师协会理事会2010年工作报告（草案）》、《北京市律师协会2010年会费预算执行情况报告（草案）》、《北京市律师协会2011年工作计划（草案）》和《北京市律师协会2011年会费预算（草案）》的议案。

3 月 14 日 市律协发布《关于选派律师参加华盛顿大学法学院访问学者项目的通知》，启动了美国华盛顿大学法学院亚洲法研究中心第六、第七批访问学者项目报名程序。该项目 2011 年全年共派出访问学者 8 人。

3 月 17 ~ 18 日 北京市司法局召开 2011 年度司法行政系统新闻宣传工作交流研讨会。会议表彰了北京市司法行政系统 2010 年度新闻宣传工作先进单位 10 家和优秀通讯报道员 12 名。市律协荣获先进单位称号，市律协宣传联络部杨孟涛荣获优秀通讯报道员称号。

3 月 18 日 市律协收到司法部律师公证工作指导司发来的《关于研提民事诉讼法修改意见和建议的函》，随后民事诉讼法专业委员会为此进行了研讨活动并提交了书面建议。

3 月 26 日 第八届北京律师代表大会第四次会议召开。会议认真听取了《北京市律师协会理事会 2010 年工作报告》、《北京市律师协会监事会 2010 年工作报告》、《北京市律师协会 2010 年度会费预算执行情况报告》、《关于〈北京市律师协会 2011 年工作计划〉的说明》，以及《关于〈北京市律师协会 2011 年度会费预算（草案）〉的说明》，并表决通过了上述报告。

3 月 29 日 市律协女律师联谊会会长张巍及 8 位女律师代表应邀参加北京市妇联举办的"温暖你我她 维权服务进万家——'三八'妇女维权周"活动。活动中，张巍汇报了北京市女律师多年来积极参与法制宣传和公益活动的情况。全国妇联副主席宋秀岩充分肯定了北京市女律师队伍在首都妇女维权工作中所发挥的作用。

4 月份（7）

4 月 2 日 市律协与市检察院举行座谈会，双方就律师在执业过程中发生违规行为时的沟通机制的建立、律师执业权利受到侵害时的投诉机制的建立、各级检察院网上案件查询和阅卷系统的建立，以及如何进一步加强检察机关对法院民事审判的监督工作等议题进行了探讨。

4 月 15 日 市律协开展"了解律师 走近律师——北京市律师协会开放日"活动，百余名社会各界人士走进北京市律协。本次活动现场共发放各类宣传资料 500 余份，解答群众咨询 100 余人次。担任人大代表和政协委员的北京律师代表也在"开放日"走进北京市律协，与律协领导进行了座谈和交流。

4月15日 应四川省德阳市律协的邀请，北京市律协会长张学兵、副会长周塞军、秘书长李冰如、房地产法律专业委员会主任朱茂元等一行4人赴德阳，为当地律师举办培训，以帮助德阳律师为灾后重建提供优质高效的法律服务。

4月15日 市律协副会长王隽参加了在北京地坛春季书市举办的"2011北京社会公益活动周暨第二届首都青少年公益节"开幕仪式。活动期间，协会于4月16日举办了主题为"用心倾听·用行动帮助您"的免费法律咨询活动，全天共接待现场咨询近40人次，免费向市民发放宣传折页近千份。

4月20日 《北京律师》杂志社召开"2010年度专栏作家优秀撰稿人表彰会"。会议总结了2010年《北京律师》的工作情况，为2010年度优秀专栏作家颁发了铜牌，为2010年度"优秀撰稿人"、"专栏作家奖"、"优秀特约联络员"、"优秀文艺作品奖"的获奖者颁发了奖状，为2011年度聘任的6位专栏作家颁发了聘书。

4月23日 市律协召开新闻媒体座谈会。新华社、法制日报社、中国律师杂志社等10余家媒体应邀参加座谈。媒体嘉宾对律师行业宣传工作提出了很多宝贵意见和建议。会议期间，与会人员还参加了"优秀律师事务所所刊"评选投票。

4月25~28日 在中国共产党成立90周年之际，市律协会长张学兵带领部分理事、监事一行13人前往井冈山，接受革命传统教育，并为当地律师举办业务讲座，受到了当地律师的欢迎和好评。

5月份（9）

5月5日 中关村创业讲坛法律服务专场在中国科学院国家科学图书馆学术报告厅举行，数百名中关村企业代表参加活动。这是中关村国家自主创新示范区法律服务团2011年系列法律讲座的第一场活动。大成律师事务所王卫东、王章伟两位律师分别作了题为《企业技术合同与知识产权保护》、《企业融资合同》的演讲，并与企业代表互动交流。

5月7日 市律协举办2011年第一期律师文化名家讲座。华远地产公司董事长任志强应邀作了题为"房地产趋势与政策"的演讲，500 余名律师参加讲座。2011 年，市律协共举办三期北京律师文化系列名家讲座，千余人次参加活动。

5 月 7 日 市律协参加了由共青团北京市委和丰台区政府、中国体育报业总社等联合主办的"'春光嘉年华'2011 北京青少年社团文化季"启动活动。市律协在分会场设立了展台，开展公益法律咨询活动。青年律师们就劳动争议、婚姻家庭、房屋拆迁等社会热点法律问题为群众答疑解惑。

5 月 13 日 北京市律师业余党校成立暨揭牌仪式在市律协隆重举行。司法部、市委政法委、市委社会工委有关领导应邀出席仪式。揭牌仪式后，业余党校第一期培训班开课，来自全市 40 家律师事务所的党支部书记参加了第一期培训。

5 月 13 日 北京市司法局组织召开创先争优工作座谈会暨"寻找身边好党员"DV 大赛表彰会。市司法局副局级领导李公田传达了全国律师行业创先争优座谈会和司法部长吴爱英的讲话的主要精神。丰台区司法局、朝阳区律协党委和德恒律师事务所党支部等作为典型分别就本单位开展创先争优的情况作了发言。

5 月 14 日 市律协举办 2011 年度第 1 期律师业务培训。本期培训主题为"担保法律审判实务及担保物权纠纷疑难问题"，最高人民法院民事审判第二庭法官雷继平担任主讲，全市 989 名律师参加了培训。在 2011 年，市律协共举办律师业务培训 14 期，共有约 5500 人次参加。

5 月 24 日 以俄罗斯联邦律师协会会长谢梅年科为团长的俄罗斯联邦律师协会代表团一行 6 人访问北京市律师协会。在访问中，谢梅年科表达了俄律协希望与中国律师组织合作的愿望，并建议制定出中俄律师的合作目标。随行的莫斯科律师协会会长列兹尼克正式提议北京市律协组团访问莫斯科，进一步商讨两会合作事宜。张学兵会长对俄方的建议给予积极回应。

5 月 28 日 市律协仲裁专业委员会和对外经济贸易大学法学院、对外经济贸易大学国际商法研究所共同举办"商事仲裁发展新趋势国际研讨会"。来自最高人民法院、国务院法制办公室、北京市第二中级人民法院、中国国际经济贸易仲裁委员会、北京仲裁委员会、中国人民大学、对外经济贸易大学、上海大学、中央财经大学等单位的众多专家学者及百余名律师参加了研讨。

5 月 30 日　市律协召开香港律师赴京实习座谈会。根据《内地、香港专业法律发展计划》，3 名香港律师将分别在大成所、国浩所和金诚同达所进行为期一周的实习。在座谈会上，市律协副秘书长刘军介绍了北京市律协的基本情况，3 家律所的负责人分别介绍了各自律所的现状和对实习律师的具体安排。

6 月份（9）

6 月 1～3 日　由商务部主办、北京市人民政府协办的第三届中国服务贸易大会在北京举行。本届大会首次设立了法律服务专题，由司法部、中华全国律师协会作为支持单位，北京市司法局、北京市律师协会承办。6 月 1 日下午，"国际舞台上的中国律师"主题论坛在中国大饭店拉开帷幕，市律协会长张学兵在开幕式上作了热情洋溢的讲话和致辞。多家北京律所参加了大会举办的法律服务展示洽谈活动。

6 月 1 日　北京市律师协会、共青团北京市委在朝阳公园联合举办"法律守护儿童、关爱伴随成长"庆六一普法活动暨北京市律师协会青少年普法教育宣讲团成立仪式。宣讲团首批 50 名律师参加了仪式。法制日报、北京青年报、中国教育报、现代教育报等新闻媒体进行了采访报道。

6 月 3 日　市律协发布《关于美国明尼苏达大学法学院开展培训项目的通知》。市律协与美国明尼苏达大学蒙代尔法学院建立了合作关系，由美方为北京市律协会员举办美国法律暑期培训项目。本期共有 9 位律师参加培训。

6 月 11 日　市律协侵权法专业委员会、产品质量与安全法律专业委员会、交通管理与运输法律专业委员会、医疗法律专业委员会、消费者权益法律专业委员会、环境法律专业委员会等 6 个专业委员会联合北京航空航天大学法学院共同举办了"理解·适用·完善——《侵权责任法》实施一周年论坛"。各专委会委员和律师 200 余人参加了此次论坛。

6 月 23 日　市律协行政法专业委员会召开"政府信息公开与律师执业"研讨会。中国社科院法学所、中国人民大学法学院等单位的多名专家学者及部分专业委员会委员作了主题发言，行政法专业委员会负责人、政府法律顾问专业委员会负责人、部分受邀律师、法制日报等多家媒体记者共 60 余人参会。

6 月 26 日 "忠诚的誓言——北京律师行业纪念中国共产党成立九十周年大会"在北京京丰宾馆举行。会议由北京市司法局、北京市律师协会举办，司法部、市委组织部、市委政法委员会、市委社会工作委员会、市社会建设办公室、中华全国律师协会、市司法局、市律师协会、各区县律师协会等单位的有关领导出席会议，来自全市各区县的律师演员和观众约 1500 人参加了活动。大会评选和和表彰了"五好"党支部、优秀律师党员、优秀党务工作者和"党建之友"。在本次活动中，50 个律师事务所党支部被评为北京市律师事务所"五好"党支部，100 名律师党员被评为"优秀律师党员"，30 名律师党员被评为"优秀党务工作者"，30 名律师事务所主任被评为"党建之友"。

6 月 26 日 司法部政治部主任张彦珍一行到北京市致诚律师事务所进行走访慰问，同时视察了设在该所的北京青少年法律援助与研究中心、北京致诚农民工法律援助与研究中心。致诚所主任佟丽华从法律服务、实证研究、参与立法、开展国际交流和律师党建等几个方面作了汇报。张彦珍主任对致诚律师事务所开展的公益法律服务工作给予了高度评价。

6 月 29 日 律师事务所计时收费研讨活动在市律协举行，来自全市 60 多家律师事务所的 70 余名合伙人、两家外资所驻北京代表处首席代表参加了研讨。

6 月 30 日 北京市为期一个月的 2011 年度律师事务所和律师年度考核工作全部完成，全市共有 1448 家律师事务所、20339 名律师通过市律协考核。

7 月份（8）

7 月 11 日 司法部举行"1＋1"中国法律援助志愿者行动 2010 年总结表彰会暨 2011 年派遣工作新闻发布会。在会上，北京市律师协会荣获 2011 年"1＋1"中国法律援助志愿者行动先进单位称号，北京律师马兰作了题为《要如何说才能表达我内心的感受》的主题发言。

7 月 19 日 市律协接待了上海市律师协会考察团一行 5 人。在座谈会上，双方交换了行业自律的经验和体会，并着重就律师准入、政府购买法律服务、市律协与区县律协协调等问题进行了交流。

7月20日 市律协党委副书记、会长张学兵主持召开区县律师协会党组织学习胡锦涛总书记"七一"讲话座谈会。来自各区县律师协会的部分会长、副会长、监事长、党委（总支）副书记结合本区县的工作实际，畅谈了学习体会和工作设想。

7月21日 市律协召开2011年度北京市律师事务所优秀所刊表彰会，这是市律协首次举办优秀所刊评选。会议评出了各个奖项的获得者，并为获奖律所颁发了奖牌和证书。

7月21日 市律协会长张学兵、副会长周塞军一行6人赴朝阳区律协调研，了解中小律师事务所的发展需求及青年律师的培养路径。

7月24~27日 以市律协会长张学兵为团长的北京律师考察团前往广东省律师协会、江苏省律师协会考察调研。本次考察的目的是了解两省在实行新的税收政策、律师培训工作、为政府提供有偿法律服务等方面的制度、措施和实践情况。

7月28日 市律协党委举行庆祝"八一"建军节复转军人律师座谈会，区县律协会长、理事、监事中的部分复转军人代表应邀参加座谈会。

7月30日 第一届北京律师乒乓球赛在国家奥林匹克体育中心举行，各区县律协共派出11支代表队参赛。经过为期一天的激烈角逐，大赛最终决出了男团和女团的前三名。

8月份（5）

8月9日 市律协在清华大学明理楼举行"首届全国公诉人与律师电视论辩大赛"北京律师代表队选拔赛。共有来自东城区、西城区、朝阳区、丰台区、海淀区的6支队伍、18名选手参赛。经过一天紧张激烈的辩论，朝阳区代表队和东城区代表队分别获得团体一等奖和团体二等奖。选拔赛结束后，从6支律师代表队中选拔4名辩手组成北京律师代表队，代表北京参加2011年9月由司法部、中华全国律师协会与最高人民检察院、中央电视台联合举办的首届全国公诉人与律师电视论辩大赛。

8月9日 市律协区县律师工作委员会在怀柔与当地律师事务所的十余位律师代表进行了座谈交流。座谈会由区县律师工作委员会主任韩德晶主持。市律协副会长张小炜、市律协副秘书长王笑娟、怀柔区司法局副局长韩廷华等参加了座谈。会议就怀柔区律师工作的现状、筹建联席会组织辖区律师开展活动的相关设想、远郊区县律师执业环境的改善、法律服务市场的优化等议题进行了交流和讨论。

8月11日 市律协仲裁法律等十个专业委员会共同举办"探讨律师界与北京仲裁委如何共同打造社会自治解决纠纷平台"座谈会。北京仲裁委员会秘书长王红松应邀主讲，100余名律师参加了座谈。

8月30日 北京市律师工作会议在首都大酒店隆重举行。市委副书记、政协主席、政法委书记王安顺发表重要讲话。司法部副部长赵大程出席，副市长刘敬民主持会议。会议介绍了《北京市司法局关于进一步加强和改进律师工作的实施意见》，成立了北京律师工作领导小组，朝阳区委政法委、西城区司法局、市律协和大成所作了典型发言。

8月31日 市律协党委召开第25次会议，认真学习贯彻落实北京市律师工作会议精神。会议传达了北京市律师工作会议精神，认真学习了京办发25号文件和王安顺书记、于泓源局长在会议上的讲话。

9月份（10）

9月1~3日 北京市第十三届劳动人事争议案例研讨会在北京召开。会议由北京市劳动和社会保障法学会主办，北京市高级人民法院民事审判第一庭、北京市劳动争议仲裁委员会、北京市律师协会、中国劳动争议网协办。相关单位成员、市律协劳动与社会保障法律专业委员会委员、部分律师共100余人参加了会议。

9月2日 全国律协行政法专业委员会、市律协行政法专业委员会、北京市人民政府法制办公室共同举办"政府法制建设与律师服务"座谈会。中国政法大学副校长马怀德、北京大学教授姜明安、清华大学教授余凌云、中央民族大学教授熊文钊等分别对主题发言进行了精彩点评。30余名律师参加会议。

9月5日 以巴黎律师协会 Jean Castelain 会长为团长的巴黎律协代表团一行11人访问市律协并进行了座谈。双方就法律市场开放、律师实习培训、律师职业道德惩戒等议题进行了交流，并初步商定推荐北京年轻律师到对方律协和律所实习。

9月13日 市律协召开北京市律师事务所管理讲师团成立会议。市司法局副局长李公田、市局律管处副处长栾淼淼等应邀参会。会议由市律协副会长王隽主持，17名讲师团成员参加会议。会议介绍了讲师团的成立背景、组建情况及主要职责。与会人员还就讲师团的成立、工作形式和授课内容等进行了讨论和交流。

9月13~17日 "首届全国公诉人与律师电视论辩大赛"在中央电视台举行。14日，北京律师代表队与上海公诉队进行决赛。最终，北京律师代表队获优秀团体奖，选手姜志强获优秀风采奖，杨龙飞、郑莉获优秀选手奖。

9月15日 市律协权益保障委员会召开刑诉法修改与律师权益保障专题座谈会。会议就修订后的刑事诉讼法如何保障律师权益、切实改善律师执业环境、维护律师合法权利、保障律师人身安全、充分发挥律师协会的协调机制作用等问题进行了探讨。

9月18~23日 市律协举办"首都律师希望之星北京行"活动，邀请5所北京律师希望小学的师生代表游览首都北京。在为期5天的活动中，市律协安排学生参观了中国科技馆、"鸟巢"、水立方，游览了天安门、慕田峪长城，并组织了"'心连心 手拉手'首都律师希望之星北京行"联欢晚会。

9月22日 市律协业务指导与继续教育委员会召开"《刑事诉讼法修正案（草案）》专题研讨会"。多位专家应邀参会并作主题发言，120余名律师参加。与会律师就刑事诉讼中的有关制度和热点问题进行了研讨。会后，市律协刑法专业委员会、刑事诉讼法专业委员会共同起草了《〈刑事诉讼法修正案（草案）〉修改建议》，由市律协递交全国人大常委会法制工作委员会。该建议的内容39条，共约23000字。

9月26日 以吴旭焕会长为团长的首尔地方辩护士会一行18人访问北京市律师协会。吴旭焕会长谈到明年即将在北京召开"第十九届北京—首尔律师交流研讨会"，希望届时两会之间能有更深入的交流。双方还就律师行业发展的有关问题进行了探讨。

9月 为了便于社会各界全面客观地了解北京律师行业发展状况，市律协编辑出版了《北京律师蓝皮书（No.1）》。蓝皮书从行业协会的角度对北京律师行业30年来的发展历程、发展状况、典型事件、重点问题、北京律师业年度大事记以及律师参政议政的情况等进行了总结、提炼和分析，以期增进社会各界对北京律师行业发展状况的了解，提高对律师社会功能及职业使命的认知，进而促进社会主义法治理念的培育和弘扬。该书近33万字，前后经过5次统稿，历时一年多完成。

10 月份（7）

10 月 17~19 日　市律协会长张学兵率北京律师代表团出席了全国律协在山东青岛举办的第九届中国律师论坛。张学兵会长作了《重塑职业定位，响应时代要求——"十二五"时期中国律师业发展的新机遇》的发言，并代表北京律协参加了"中国律师业的'十二五'——律协会长话发展"主题对话沙龙。王隽副会长在全体大会上作了题为《以北京为视角看中国律师发展方向》的主题发言。8名北京律师主持了分论坛，28名北京律师在主论坛和分论坛上作了精彩发言。

10 月 18 日　市律协副会长周塞军、副秘书长赵菁参加了全市加强党的建设推动社会组织服务管理创新工作会。在会上，北京市律师协会公益法律咨询中心作为"公益律师进基层"项目入选首届北京市社会组织公益服务十大品牌。

10 月 19~20 日　北京市律师业余党校与延庆县司法局共同举办党务工作者培训班，来自全市律师事务所"五好"党支部的29名党务工作者参加了培训。

10 月 21 日　全市区县律师协会、联席会工作经验交流会在延庆召开。与会人员就贯彻落实全市律师工作会议和京办发25号文件情况、组织开展律师"三进"活动及系列文化活动、执业纪律和组织观念专项教育活动情况，以及在机构建设、制度建设、党建等方面的经验做法、存在的问题等进行了交流。

10 月 24 日　以蒙古律师协会会长 B. Purevnyam 为团长的蒙古律协代表团一行8人访问北京市律师协会并进行座谈。双方就律师惩戒及执业调处等议题进行了交流。

10月27日 市律协参加北京市社会建设工作领导小组办公室召开的政府购买社会组织服务项目批复会。市律协申报的"北京律师公益法律咨询服务"项目获支持性专项资金40万元。

10月28日 市律协在十月大厦举办第三批公益法律咨询中心志愿律师岗前培训。培训内容主要涉及律师的职业道德与执业纪律，值班律师的接访规则、接访技巧和接访礼仪，以及律所联系人的工作任务及应该注意的事项等。本次会议还表彰了在2010~2011年度公益法律咨询活动中表现优异的志愿律师事务所及联系人。

11月份（11）

11月2日 市律协举办"律师事务所规范化管理"研讨会。此次研讨会是全市律师队伍执业纪律和组织观念专项教育活动的重要组成部分。会议强调，要总结和归纳律师事务所管理中普遍存在的问题，加强对律师事务所规范化管理工作的指导、指引和教育。

11月3日 市律协向中国法律援助基金会"法援1+1"项目捐款30万元，其中中伦所、观韬所等7家律所捐款7万余元；18位律师捐款1万余元。

11月10日 市律协法律援助与公益法律事务专业委员会和北京市法学会公益法学研究会共同举办了"第三届北京公益法律论坛"。论坛由北京市法学会公益法学研究会副会长、市检察院副检察长甄贞主持，来自有关方面的60余人参加了论坛。

11月15日 市律协收到北京市人大常委会内务司法办公室发来的《关于协助做好〈中华人民共和国民事诉讼法修正案（草案）〉征求意见的函》。市律协民事诉讼法专业委员会召开了相关专题研讨会并提交了书面建议。

11月18日 市司法局副局长李公田在市律协主持召开律师管理综合、许可、监管三处与市律协秘书处联席会议，积极贯彻落实全市律师工作领导小组第一次会议精神。会议传达了全市律师工作领导小组第一次会议精神，并结合刘敬民副市长的讲话，对有关部门2012年的工作提出了明确要求。

11月18~19日 市律协青年律师工作委员会主任董刚、副主任余昌明、秘书长颜丙杰，市律协秘书处国际事务部主任李凯和道可特所律师刘光超及国际部主任李凯赴香港参加了由香港律师会主办的"两岸三地青年律师论坛"。在分论坛上，刘光超律师作了题为《规范与制衡——大陆拟上市公司治理》的主题发言。

11 月 21 日　以 Peter Lodder QC 主席为团长的英国大律师公会代表团一行 13 人访问北京市律师协会。在座谈中，Peter Lodder QC 主席对双方的交流成效表示肯定，并介绍了英国大律师公会即将开展的青年律师培训项目。双方还就国际仲裁及反贿赂等议题进行了探讨。

11 月 25 日　由 33 名政治素质高、业务精湛、执业纪律优良的律师组成的北京市律师协会涉法涉诉信访与调解工作领导小组正式成立。市律协会长张学兵担任领导小组组长，副会长巩沙担任副组长，业务指导与继续教育委员会主任庞正中担任秘书长，委员由副会长、监事长，以及民法、侵权法、物权法、合同法、刑法、民事诉讼法、刑事诉讼法、行政法、劳动、环境、医疗、消费者权益等 12 个专业委员会的主任、副主任共 30 人组成。

11 月 25 日　北京律师职业精神座谈会在北京腾达大厦举行。市律协会长、副会长、理事、监事，区县律协会长、监事长、律师工作联席会主任及部分业内资深律师与业外专家学者等 50 余人参加了会议。与会人员围绕北京律师职业精神与北京精神、北京律师的核心价值观与行业凝聚力及北京律师文化建设与行业发展等议题畅谈了认识和体会。

11 月 30 日　市律协召开新闻通报会。法制日报、北京日报、北京晚报、《中国律师》杂志、中央人民广播电台、北京人民广播电台、北京电视台等 20 余家中央和北京主要新闻媒体记者应邀参加通报会。张学兵会长通报了两项重要工作：一是北京市律协向社会首次发布北京律师行业发展蓝皮书；二是北京律协公益品牌"公益法律咨询中心"建成运行两年来的有关情况。此外，协会负责人还就北京律师队伍发展情况、青年律师生存状况、律师执业权益保障等记者们感兴趣的问题作了解答。

11 月 30 日　北京市律师协会民事诉讼法专业委员会与海淀区人民法院联合召开"同是法律人——审理与代理民商类案件"研讨会，来自律师界和法院的 30 余人参加会议。与会人员就法院互联网立案、简易程序、诉讼保全中的担保制度、举证规范、案件执行、调查令制度、民事案件办理相关指引的起草、如何减少滥诉、律师权利保障、律师参与诉前调解、建立长效沟通机制等议题进行了交流。

12 月份（12）

12 月 4 日 由市律协主办、朝阳区律协承办的"市场经济下律师业务的新发展研讨会"举行，来自全市各律师事务所的 160 余名律师参加了研讨会。多位律师围绕"新业务领域的拓展"、"律师事务所开拓与质量监控"及"律师业务领域的深化"作了主题演讲。与会律师就业务领域开拓方式方法、律师事务所的业务拓展规划等相关问题与主题发言人进行了交流。

12 月 4~6 日 市律协组织公益法律咨询中心的 8 名志愿律师参加北京首届法治文化节，并现场提供义务法律咨询服务。在文化节开幕式上，北京律师王芳、陈旭受聘成为"法制宣传形象大使"。

12 月 8 日 市律协与中国国际经济贸易仲裁委员会联合举办的"律师仲裁工作座谈会"在北京国际商会大厦举行，50 余家北京市知名律师事务所的60 多名资深律师参加座谈会。座谈会的主题包括律师如何在仲裁领域更好地发挥作用，律师担任仲裁员时如何正确把握角色转换，以及执业律师担任仲裁员时如何避免和克服利益冲突等方面，与会人员围绕这些主题开展了充分的研讨。

12 月 9 日 市委组织部副部长刘宇辉一行到市律协专题调研律师行业党建工作。

12 月 20 日 市律协与市司法局律师监管处召开座谈会，就市公安局监所总队发来的《关于进一步做好监所律师接待工作的通知》（征求意见稿）进行讨论。与会人员就该通知中的 16 条规定进行了讨论，并提出了具体可行的意见和建议，会后将修改意见反馈至市公安局监所管理总队。

12 月 22 日 "2011 年度中国十大传媒法事例发布会暨学术研讨会"在中国传媒大学举行。此次活动由市律协传媒与新闻出版法律专业委员会和中国传媒大学媒体法规政策研究中心共同举办。会议围绕 2011 年度中国十大传媒法事例进行了讨论。

12月22日 市司法局和市律协组织召开律师事务所分所工作座谈会。会议就分所设立、业务运营、日常管理，以及面临的困难和问题等情况进行了交流和探讨，并就执业放开政策、税收政策、行业先进评选、公平竞争和社保管理等问题提出了意见和建议。

12月23日 市律协评选出"北京市十佳留学归国律师"11名（含并列获奖）、"第一届北京市十佳青年律师"11名（含并列获奖）及"第一届北京市十佳女律师"10名。本次评选活动从2011年11月9日开始由律师自行申报，经过行业纪律处分等方面的考核遴选和评委会的初评后再现场投票，共产生了32名"十佳"律师，另有32名入围律师分获三个奖项的优秀奖。

12月25～28日 第八次全国律师代表大会在北京召开。本次会议选举产生了第八届全国律协理事会和常务理事会。北京共有14位律师当选全国律协理事，4位律师当选全国律协常务理事。其中，北京律师代表、北京市金杜律师事务所合伙人王俊峰律师当选为会长，北京市律师协会会长、北京市中伦律师事务所主任张学兵律师当选为副会长，天元律师事务所王立华律师、致诚律师事务所佟丽华律师当选为常务理事。中共中央政治局常委、中央政法委书记周永康接见了与会代表，与新当选的理事进行了座谈，并作了重要讲话。会上，全国律协还授予北京市大成律师事务所等9家北京律师事务所"2008～2010年度全国优秀律师事务所"称号，授予时福茂等23名北京律师"2008～2010年度全国优秀律师"称号。

12月26日 北京市易行律师事务所刘凝律师被评为全国司法行政系统劳动模范。

12月28日 市律协参加市民政局举办的2012年度"爱心促和谐服务在社区——'两节'服务"启动仪式。会上，北京市律师协会等10个社区服务组织被授予"北京市96156社区服务平台2011年度最佳服务组织"称号，市律协女律师联谊会、北京市盈科律师事务所等86家服务组织被授予"北京市96156社区服务平台2011年度优秀服务组织"称号。

12月底 市律协2009～2011年纪录片《奋进之歌》完成拍摄工作。该纪录片的主体分为五个部分：思想建设——和谐之路、管理建设——创新之路、队伍建设——精专之路、文化建设——修身之路、基础建设——保障之路。通过这五个部分，《奋进之歌》对第八届北京市律师协会三年来的工作进行了全面的总结和展示。

2012 年（98）

1 月份（3）

1 月 4 日 全市司法行政系统 2012 年工作会议召开。市律协秘书处、20 家律师事务所和 15 名律师被授予 2009~2011 年北京市司法行政系统先进集体或先进个人称号。本次评选由北京市司法局、北京市人力资源和社会保障局联合举办。

1 月 9 日 北京市律师行业人大代表、政协委员座谈会召开。北京律师行业的各级人大代表、政协委员共 50 余人参加了会议。会上，市律协人大代表与政协委员联络委员会主任刘子华介绍了 2011 年律师行业人大代表、政协委员的参政议政情况。与会人员就积极推动律师参政议政工作，充分发挥律师人大代表、政协委员的作用以及加强律师行业文化建设，青年律师的培养，推动律师执业环境改善等行业热点问题进行了热烈的交流和讨论。

1 月 18 日 北京市社会团体管理办公室召开 2011 年北京市社会组织评估委员会评审会议，对参评社会组织进行等级审定。评审会议经过集体讨论、表决，评定"北京市律师协会"为 53 个 5A 级社会组织之一。

2 月份（4）

2 月 6 日 市司法局举行"法律服务村居行"启动仪式，副市长刘敬民、市司法局局长于泓源等领导出席。律师、公证员代表和社区、村代表交换"北京市'法律服务村居行'活动社区（村）法律服务协议"签约文本。市律协会长张学兵代表"法律服务村居行"服务总队接受刘敬民副市长的授旗并宣读公益服务承诺书。

2 月 18~19 日 市律协业务指导与继续教育委员会召开"第八届北京市律师协会专业委员会评优暨 2011 年度专业委员会总结大会"。大会通过投票，评选产生了第八届北京市律师协会最佳专业委员会、优秀专业委员会各 10 个，最佳专业委员会主任、优秀专业委员会主任各 10 名，专业委员会十佳成果奖 10 个。大会还以各专业委员会推荐的方式评选出了 67 名优秀专业委员会委员。

2 月 20 日　由市司法局和市委宣传部主办的"法律服务助推首都文化五大联盟发展启动仪式暨法律服务推介洽谈会"在首都博物馆隆重举行。法律服务团团长于泓源与首都文化五大联盟代表、首都影视产业联盟主席、首都影院联盟主席李春良签订合作协议。法律服务团副团长、市律协会长张学兵接受了市委宣传部张森副部长授予的合作纪念杯。

2 月 29 日　市律协与北京市法学会联合召开北京市法学会企业法治与发展研究会筹备会。筹备组负责人司尚贵介绍了研究会的基本情况，各位参会律师提出了自己对研究会成立的看法和建议，围绕研究会的筹备细节展开了充分讨论。

3 月份（10）

3 月 8 日　市律协女律师联谊会举办"欢聚——2012 年北京女律师庆三八大联欢"。200 余名女律师共聚一堂，欢庆"三八"妇女节。联谊会会长张巍总结了三年以来的工作情况，并着重介绍了三项公益活动的开展情况。与会领导和嘉宾为参加公益活动的 42 名女律师志愿者颁发了感谢书。

3 月 9 日　市司法局召开 2012 年度司法行政系统政务信息新闻宣传工作总结部署会议。会上，市律协荣获北京市司法行政系统 2011 年度新闻宣传工作先进单位称号。

3 月 15 ～ 24 日　北京律协考察团一行六人赴美国和加拿大进行友好访问。出访期间，考察团拜会了纽约市律师协会和加拿大律师协会，并参观了纽约的 Wilson Elser Moskowitz Edelman & Dicker 律师事务所、华盛顿的 Fulbright & Jaworski 律师事务所和多伦多的 Fraser Milner Casgrain 律师事务所。通过与国外律师同行的交流，进一步加深了彼此间的了解，建立并巩固了北京律协与国外协会之间的友谊，为今后中外律师之间的交流与合作打下良好的基础。

3 月 16 日　第八届北京市律师协会理事会第 16 次会议召开。会议审议通过了《北京市第九次律师代表大会代表选举办法》（草案），并就《第八届北京市律师协会理事会工作报告》（征求意见稿）进行了充分的讨论。

3 月 23 日　市司法局、市律协党委与北京政法职业学院联合举办了全市律师事务所党支部书记培训班。市司法局副局长李公田出席开班仪式并作动员讲话。市司法局律师综合处、北京政法职业学院负责人与全市首批律师事务所党支部书记共 200 余人参加了培训。

3 月 23 日　首都律师网站会员服务系统专题培训在十月大厦举行。本次培训的内容是首都律师网站二期工程系统使用方法，来自全市 160 余家律师事务所的 180 余名行政人员参加了此次活动。首都律师网站二期工程的建立，实现了会员网上报名、网上培训、在线交流、在线培训等各项功能，使网站成为一个风格独特、功能健全、使用便利的对外标志性窗口。

3 月 26 日　以监事长赵小鲁为团长的北京律协考察团一行九人赴台湾进行友好访问。出访期间，考察团拜会了台北律师公会、台中律师公会和高雄律师公会，并参观了台北的一家律师事务所。通过此次出访，考察团成员了解了台湾律师行业的管理现状，并深入考察了台湾律师行业监事会制度的发展沿革与运行实践。

3 月 28 日　北京市律师协会和北京市人民检察院举行座谈会，就如何加强律师和检察机关的沟通、进一步促进全市检察工作的议题进行了交流和探讨。本次会议是基于市人民检察院的邀请，在市人民检察院召开。通过座谈，双方就律师和检察机关的沟通机制的建立和完善达成了初步意向。

3 月 29 日　广东省律师协会会长欧永良一行七人到北京市律协进行学习考察。在座谈中，双方就行业管理模式、律师宣传工作和律师税费缴纳等情况交流了经验和体会。

3 月 30 日　副市长刘敬民到市律协视察工作。市律协会长张学兵汇报了八届北京律协的工作情况。刘敬民认真听取了市律协的工作汇报，并作了重要讲话。

4 月份（11）

4 月 6 日　香港法律专业人士一行 25 人访问北京市律师协会并座谈。双方就律师行业发展与执业实践相关问题展开了交流和讨论。本次来访的香港法律界人士是参加中央政府驻港联络办法律部组织的在北京大学对外交流中心举行的"香港法律专业人士国情研究课程"的学员，经市律协接洽来访。

4月10日 在香港中联办和国务院港澳办人员的陪同下，以会长何君尧为团长的香港律师会理事会访京团一行七人访问北京律协并座谈。市律协副会长白涛介绍了北京律协为培养青年律师所做的工作。何君尧会长介绍了香港律师会组织和鼓励青年律师参加公益服务的经验，及开展青年律师培训课程的情况。

4月12日 市律协与市司法局联合举办首都律师宣誓仪式。司法部副部长赵大程、全国律协会长王俊峰、市司法局局长于泓源等出席。仪式上，200名北京新执业律师面对国旗庄严宣誓，与会领导向新执业律师代表颁发了律师执业证书和中华全国律师协会会徽。2012年全年共举办4期新执业律师宣誓仪式，500余名新律师参加。

4月18日 北京市第九次律师代表大会241名正式代表全部产生。代表的产生经过了自荐与推荐、各区县代表选举工作委员会对代表候选人酝酿名单进行审查并报市律师协会换届工作办公室审核、各区县对代表候选人名单进行公示以及召开区县律师代表大会或律师大会等程序。

4月18日 第八届北京市律师协会理事会第17次会议召开。会议就《第八届北京市律师协会理事会工作报告》、《第八届北京市律师协会会费收支情况报告》进行了讨论，审议通过了《关于提请律师代表大会审议〈第八届北京市律师协会理事会工作报告〉的议案》、《关于提请律师代表大会审议〈第八届北京市律师协会会费收支情况报告〉的议案》及《关于召开北京市第九次律师代表大会的议案》。会议还通报了协会2009~2011年度北京市优秀律师事务所、北京市优秀律师的评选情况。

4月21日 市律协参加"北京公益行——2012北京社会组织公益系列活动启动式"，并被授予北京市市级"枢纽型"社会组织铜牌。本次活动由北京市社会建设工作领导小组办公室主办。

4月26~28日 北京市第九次律师代表大会召开。大会审议通过了《第八届北京市律师协会理事会工作报告》、《第八届北京市律师协会监事会工作报告》和《第八届北京市律师协会会费收支情况报告》，对2009~2011年度北京市优秀律师事务所和北京市优秀律师进行了表彰，并由全体律师代表投票选举产生了第九届北京市律师协会理事会和监事会。张学兵律师当选第九届北京市律师协会会长。

4 月 28 日 第九届北京市律师协会第一次会长会议召开。会长张学兵，副会长王隽、张小炜、高子程、庞正中、张巍、周塞军出席了会议。会议审议通过了提请理事会聘任高鹏同志为九届律协秘书长的议案，并提交九届理事会第一次会议审议。2012 年 4 月至 12 月，九届律协共召开会长会议 18 次。

4 月 28 日 第九届北京市律师协会理事会第一次会议召开，45 名理事出席。会议决定聘任高鹏同志担任第九届北京市律师协会秘书长。

4 月 28 日 第九届北京市律师协会第一次监事会会议召开。第九届北京市律师协会全体监事出席了会议。会议根据《第九届北京市律师协会监事长选举办法》，选举张卫华律师为第九届北京市律师协会监事长。

4 月 哈尔滨市律师协会、济南市司法局律管处、南京市律师协会、成都市律师协会分别到访北京市律师协会，考察调研有关行业信息。市律协有关负责人与来访客人就律师事务所管理、行业规范、律师党建、信息化建设、科技园区法律服务工作、律师业务开拓、律师业税收等多方面的议题进行了交流。

5 月份（7）

5 月 4 日 中共中央政治局委员、北京市委书记刘淇在北京饭店接见了新一届北京市律师协会全体理事、监事，并与大家合影留念。陪同接见的有北京市委副书记、市政协主席、市委政法委书记王安顺，北京市副市长、市律师工作领导小组组长刘敬民等市领导。

5 月 13 日 市律协副会长张巍等在朝阳公园参加"'汇聚爱 为希望绽放'——妇女工作领域社会组织公益文化季活动"开幕式。本次活动由北京市妇联主办，市级妇女工作领域社会组织和各区县妇联承办。东卫律师事务所姜文涣、宫瑞霞律师还参加了"撑起法律保护伞——家庭生活法律服务"专场咨询活动，为游园市民解答法律问题，受到了市民的热烈欢迎。

5 月 19 日 第九届北京市律师协会理事会第二次会议召开。会议审议通过了《第九届北京市律师协会专门工作委员会机构设置方案（草案）》及各专门工作委员会主任、副主任建议名单，组织了理事、监事履职培训。张学兵会

长向会议通报了第九届北京市律师协会会长、副会长工作分工，张卫华监事长向会议通报了第九届北京市律师协会监事会监事分工。

5月21日 第十九届北京·首尔律师协会交流会在北京举行。韩方以吴旭焕会长为团长的首尔地方辩护士会代表团一行22人出席；市律协会长张学兵，副会长王隽、张巍等及多名相关业务领域的律师参加了会议。首尔辩护士会郑喆丞监事和北京市律师协会付朝晖理事以律师事务所的管理为主题，首尔辩护士会公报理事李英姬和北京律协黄善玉律师以中韩两国间投资合作法律问题为主题，分别发表了演讲。

5月24日 市律协召开学习贯彻刑诉法修正案座谈会，邀请多位中央国家机关青联、政法界别委员及部分律师参加。受邀青联委员来自国务院法制办、公安部、最高人民检察院、最高人民法院、司法部、高校及法学科研机构等部门。

5月下旬 第九届北京市律师协会执业纪律与执业调处委员会、业务指导与继续教育委员会、律师权益保障委员会、律师事务所管理指导委员会、申请律师执业人员管理考核工作委员会、宣传联络委员会、会员事务委员会、外事委员会、律师行业发展研究委员会、公司与公职律师工作委员会等专门委员会分别召开第一次主任会议或工作会议，讨论新一届委员会的工作思路、方法和委员分工，并提出了建设性意见和建议。

5月 市律协根据司法部要求，启动了北京地区2012年度"1＋1"中国法律援助志愿者行动。截至5月底，共有10名志愿律师通过"1＋1"中国法律援助志愿者行动律师志愿者招募资格审核，并为"百家优秀律师事务所帮扶百个无律师县法律援助专项行动"筹集捐款36万元。

6月份（11）

6月1~7日 市律协会长张学兵，副会长王隽、张小炜、高子程、庞正中、张巍、周塞军分别带队赴东城、西城、朝阳、海淀、房山、大兴、怀柔、密云等14个区县进行调研，了解各区县"万名党员律师为民服务百日活动"的安排部署，并就新一届北京律协如何更好地开展工作广泛征求意见。

6月5日 市律协派员参加《律师在侦查阶段行使辩护权工作规定》座谈

会。座谈会由市司法局法制处处长李娜主持。市公安局、市司法局、市律协等与会各方就上述规定进行了充分交流，市律协还向市公安局提交了书面建议。

6月8日 以韩国辩护士协会会长辛永茂为团长的韩国律师代表团一行访问北京市律师协会。辛永茂会长对市律协的盛情接待表示感谢，希望中、日、韩三国律师建立更加亲密的关系，以促进东北亚区域发展。此外，辛会长热情邀请北京市律师协会明年到韩国首尔参加第23届IPBA（环太平洋律师协会）年会。

6月8日 市委社工委政府购买服务项目考评组到市律协，对公益法律咨询中心进行项目运行审查。市律协就公益中心项目的设立初衷、律师征集和培训、日常运营、宣传推广、经费使用以及参与社会活动等情况进行了汇报。考评组到咨询中心现场进行了实地考察。

6月19日 第九届北京市律师协会监事会召开第四次会议。会议讨论了监事会2012年工作计划和工作预算（草案）；决定成立监督工作委员会、规则建设委员会、监事工作联系委员会、监事工作宣传研究委员会等四个工作委员会，并确定了组成人员名单。

6月21日 第九届北京市律师协会理事会第三次会议召开。会议审议通过了《北京市律师协会2012年工作计划（草案）》、《北京市律师协会2012年度会费预算（草案）》、《第九届北京市律师协会专业委员会设置方案（草案）》，并通报了《北京市第九届律师代表大会第二次会议安排》。

6月26日 北京市召开创先争优表彰大会。北京市大成律师事务所党委荣获"北京市创先争优先进基层党组织"荣誉称号，市律协会长张学兵律师荣获"北京市创先争优优秀共产党员"荣誉称号。

6月27日 "榜样的力量——北京市律师行业创先争优活动颁奖典礼"在京西宾馆隆重举行。在市司法局和市律协开展的"北京市律师行业创先争优先进集体先进个人"评选活动中，经严格评选，共产生先进个人100名、先进集体50个、优秀组织11个。

6月28日 市司法局和市律协举办了第二期首都律师宣誓仪式，共有140余名新执业律师、重新申请以及异地变更执业律师参加了宣誓仪式。北京市律师业余党校副校长赵小鲁为新执业律师作了题为"论合格律师——青年律师

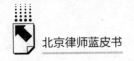

的基本素质"的演讲。

6月29日 佟丽华律师作为党代表参加中共北京市第十一次代表大会。中共北京市第十一次代表大会在6月29日到7月3日之间召开，北京市致诚律师事务所主任、北京青少年法律援助与研究中心主任、北京致诚农民工法律援助与研究中心主任佟丽华律师作为64名正式代表中唯一的一位律师参加了会议。

6月30日 北京市第九届律师代表大会第二次会议召开。大会审议通过了协会2012年工作计划和会费预算草案。与会代表就协会工作与预算安排提出了许多富有建设性的意见和建议。张学兵会长就代表们关心的行业税收、会员体检、律师维权、中小所发展、行业宣传等问题进行了说明。

7月份（8）

7月12日 市律协申请律师执业人员实习集中培训讲师团聘任大会在市律协召开。2012年5月至12月，市律协共举办申请律师执业人员集中培训班4期，参训人数768人，其中756人通过考核取得结业证书。

7月12日 市律协与北京市人民检察院第一分院就律师如何参与检察院民事、行政案件抗诉程序召开了座谈会。与会人员围绕如何拓展律师参与民事、行政案件抗诉业务领域，如何提高检察院民事、行政抗诉案件立案标准及办理流程的透明度，如何推动律师进一步参与社会矛盾化解工作等展开了交流和讨论。

7月15日 多名北京律师或国家法律援助表彰。"1+1"中国法律援助志愿者行动2011年总结表彰暨2012年派遣工作新闻发布会7月15日在人民大会堂举行，会议表彰了"2011年度'1+1'行动先进单位及先进个人"、"中国十大优秀法律援助志愿者"，公布了"法律援助十佳精品案例"评选结果。11名北京律师被评为"2011年度'1+1'行动先进单位及先进个人"。其中，马兰和刘安信律师被授予"十大优秀中国法律援助志愿者"荣誉称号。北京市高通律师事务所马兰律师承办的宋某交通肇事人身损害赔偿案、北京市京国律师事务所马国华律师与宁夏律师吴海燕共同承办的张某等216人股东资格确认纠纷案被评为"法律援助十佳精品案例"。

7月18日　市律协与市公安交通管理局就法律服务首都交管工作进行座谈。市交管局对几年来北京市律协交通管理法律服务团为首都交通管理提供的帮助表示衷心感谢，并希望能够进一步加强工作交流与合作。市律协表示将一如既往地用专业、高效、优质的法律服务为首都交管工作提供法律支持。双方就进一步加强联络、畅通工作机制进行了交流。

7月19日　市纪委巡视组到市律协听取律师对市二中院的工作意见和建议。座谈会上，与会律师就如何保持法官与律师沟通渠道的畅通、如何提高律师参与诉讼的地位等问题提出了意见和建议。

7月21~22日　第九届北京市律师协会专业委员会举行主任、副主任选举会议。57个专业委员会2000余名委员参加了各自所属委员会的选举会议，共选举产生专业委员会主任、副主任210人。

7月27日　市律协业务指导与继续教育委员会召开"7·21"特大自然灾害相关法律问题及建议研讨会。与会人员就"7·21"特大自然灾害涉及的法律问题、已经或可能引发的法律纠纷进行分析，从社会和法律角度进行研究并提出了促进依法行政、解决纠纷的建议和对策。会后整理了《关于"7·21"特大自然灾害相关法律问题及建议的报告》报市委政法委，受到市委政法委的肯定和好评。

7月份　2012年度律师事务所和律师年度考核工作全部完成，共有1596家律师事务所、21746名律师通过北京市律协考核。

8月份（10）

8月1日　市司法局副局长、市律协党委书记李公田率市司法局律师许可处、市律协相关负责人，分别到拉萨市城关区和拉萨市堆龙德庆县司法局、法律援助中心，看望参加法律援助"1+1"项目的两位北京志愿律师马兰、马正军，送去了慰问金，并进行座谈，详细了解项目开展情况和志愿律师的工作情况。市律协秘书长高鹏、宣传联络部主任杨孟涛到西藏自治区司法厅、西藏自治区律师协会，与有关领导同志进行座谈，深入了解北京志愿律师参与当地法援"1+1"项目的情况，并对进一步推进此项工作交换了意见。

8月2日　市律协举办"母亲邮包"捐款仪式，共收到来自各区县律协及

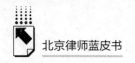

联席会捐款总计233900元人民币。善款全部捐给中国妇女发展基金会。

8月9日 市律协权益保障委员会在市律协与最高人民检察院、北京市人民检察院、北京市人民检察院第二分院的检察官们就新《刑事诉讼法》中律师在审查起诉阶段的相关权益的若干问题进行了座谈。与会人员结合司法实践，就审查起诉阶段律师会见权、阅卷权、辩护权保障及规范等相关问题进行了探讨，并对最高人民检察院正在修订的《人民检察院刑事诉讼规则》中涉及律师权益保障的相关条款提出了意见和建议。

8月20日 以高雄律师公会理事长卢世钦为团长的高雄律师公会代表团访问北京市律师协会。双方就律师惩戒和复查、执业申请考核、律师管理制度、职业培训规定、案件收费标准等问题进行了交流。

8月23日 《北京律师蓝皮书（No.2）》编制工作会议召开。北京律协副会长兼律师行业发展研究委员会主任王隽及蓝皮书编委会、课题组部分成员参加。王隽副会长介绍了蓝皮书编写的目的、意义及主要内容框架，并通报了蓝皮书（No.2）编委会人员的组成情况。蓝皮书（No.1）执行主编冉井富副研究员、社会科学文献出版社项目负责人刘骁军分别就有关问题进行了讲解。与会人员就蓝皮书（No.2）各章节的内容选题、概念界定、资料搜集等进行了讨论。

8月23~24日 市律协副会长周塞军、副秘书长刘军带领21名律师赴延庆县参加"法律服务村居行"专项培训研讨会。律师们与结对的各乡镇司法所代表就本辖区存在的法律疑难案例进行了深入的研究探讨，针对具体案例，相互交流化解矛盾的技巧。援助律师团在各乡村实地考察过程中，还主动配合延庆县司法局法制宣传部门，对辖区群众进行了法律宣传和咨询。

8月26日 市律协"青年律师阳光成长计划基础培训班（2012年第一期总第七期）"在十月大厦开课。本期培训由多位北京资深律师授课，课程设置围绕律师基本功"听、说、读、写"展开，历时2个月，参与学员达180余人。本期培训班还开创了《律所开放日》的课程，让青年律师近距离接触北京知名律所，了解优秀律所文化。

8月27日 德国律师暨德国工商会法律部代表团一行21人访问北京市律师协会。德方代表团团长凯斯乐博士（Dr. Kessler）强调中德双方已成为重要的贸易伙伴，可信赖的法律环境对双方的贸易往来具有重要作用。

8 月 27~31 日　北京市律师业余党校举办"井冈山第一期培训班"。市律协党委书记、市律师业余党校校长李公田，党校常务副校长赵小鲁及部分区县"五好"党支部书记 30 余人参加了培训班。

8 月 31 日　广州市律协总监事王超莹一行三人到北京律协考察。张卫华监事长介绍了北京市律协监事会的发展概况，双方就监事会如何履行职责进行了沟通与交流。

9 月份（8）

9 月 2 日　市律协召开"我国知识产权制度在自主创新活动中支撑作用的反思和建议"课题研讨会。多位相关政府部门官员、高校专家学者及企业界人士应邀出席。与会专家围绕主题展开了深入讨论，并重点就我国知识产权制度下一步改进和完善的方向和应关注的问题畅谈了各自的观点与体会。

9 月 3 日　市律协举办"北京公益行——公益服务日"活动。活动的主要内容包括两方面，一是 21 家 2009~2011 年度北京市优秀律师事务所向社会开放，接待市民参观，介绍律师工作，进行互动交流；二是市律协公益法律咨询中心携 50 家志愿律师事务所，举办公益法律咨询活动。

9 月 13 日　由市司法局、市律协共同举办的"赢在管理　胜在专业——中小律师事务所创新发展研讨会"在北京长富宫饭店举行。此次研讨会对首都中小规模律师事务所专业化、精品化、品牌化的不同发展模式及成功经验进行了总结、提炼与升华，引导广大中小规模律师事务所创新工作思路、强化内部管理、提升服务技能，促进整个律师行业持续稳定健康发展。

9 月 17 日　第九届北京市律师协会专业委员会成立大会在中国科技会堂召开。市律协会长张学兵，副会长张小炜、庞正中，监事长张卫华，副秘书长刘军，业务指导与继续教育委员会主任钱列阳及业教委全体成员、57 个专业委员会负责人及委员代表近 500 人参加。

9 月 21~22 日　由中国社会科学院主办、社会科学文献出版社和江西省社科院共同承办的"第十三次全国皮书年会（2012）"暨皮书颁奖仪式在江西省南昌市隆重召开。由市律协编制出版的《北京律师蓝皮书》（2011）中

的分报告《北京律师履行社会责任的调查和分析》获第三届"优秀皮书奖·报告奖"二等奖。本届"优秀皮书奖·报告奖"共产生一等奖 11 名、二等奖 22 名。

9 月 27 日　市司法局、市律协召开贯彻落实新修订的《刑事诉讼法》座谈会。来自市委政法委、市公安局、市检察院、市高级人民法院、市安全局、市司法局、市法援中心、市律协等单位的近 30 人参加会议。与会人员就《关于律师刑事辩护工作的若干规定》（草稿）、《关于办理刑事法律援助案件的工作规定》（草稿），以及在刑事诉讼工作中如何有效保障律师执业权利等议题进行了认真的讨论和沟通。

9 月 29 日　第一期《北京律师》手机报面向全市律师发送。该手机报由导读、聚焦、协会工作、通知提示、会员服务、副刊等栏目组成，主要内容涉及律师行业的相关信息和动态、律师协会的重大活动和事件等方面，目的在于方便会员及时了解行业信息和协会工作。2012 年 9 ～ 12 月，市律协向全市律师发送手机报共 4 期。

9 月　北京律协组建了由 150 名专业精通、经验丰富的律师组成的"市高院信访接待律师团"，每周 4 天在市高院信访接待站值班。截至 12 月底，共有来自 20 余家律师事务所的 100 余名律师参与信访接待工作，引导群众通过法律途径依法解决矛盾纠纷，受到了来访群众的欢迎和好评。

10 月份（7）

10 月 7 日　市律协与美国辛辛那提大学法学院全球法律实践中心联合举办的首届律师实务培训班结业。9 月 16 日至 10 月 7 日培训班开课期间，14 位北京律师飞赴美国中、东部的 7 个城市，拜访了美国最古老的 4 所法学院、10 余家颇负盛名或独具专长的美国律师事务所等机构。共有美国的 36 位律师、20 余位教授、2 位法官、5 位检察官、10 余位公司法律顾问以及 1 位政府法律顾问，为培训班讲授了包括美国司法体系、美国公司结构及运营管理等主题在内的 26 次讲座。来自北京的律师们还与美国当地近百名法律界精英进行了沟通和交流。2012 年，市律协组织律师参加的涉外培训项目有肯特法学院 L. L. M 硕士学位项目、华盛顿大学访问学者项目、辛辛那提大学法学院律师实务培训班、美国与国际法中心培训班及肯特法学院短期培训班，约40位律师出国学习。

10月12日 第九届北京市律师协会"公司与公职律师工作委员会"成立大会在北京国际饭店举行。这是2002年司法部在全国开展公司律师和公职律师工作以来，全国律师行业建立的第一个面对"两公"律师的工作委员会。

10月15日 市律协、市未成年犯管教所举办了"普法答疑解惑 助力构建和谐"的普法咨询活动。双方围绕如何充分发挥市律协行业组织优势对未管所罪犯进行普法教育等问题进行了探讨。市律协未成年人保护法律专业委员会委员赵辉为广大服刑人员作了题为"培养法律意识与良好心态，重塑信心面向未来"的普法知识讲座。

10月17日 "首届北京律师辩论大赛"半决赛、决赛在北京大学法学院举行。共有来自东城区、西城区和海淀区的4支队伍16名选手参赛。经过激烈角逐，西城代表队一队获得团体一等奖，海淀代表队二队获得团体二等奖，东城代表队一队和海淀代表队一队获得团体三等奖。同时产生的还有最佳辩手奖2名、最佳风采奖2名、十佳辩手奖10名、优秀选手奖17名、优秀团体奖4个和优秀组织奖11个。

10月20~21日 市律协在北京国家奥林匹克体育中心体育馆举办了第五届京津沪渝粤律师羽毛球赛。共有来自北京、天津、上海、重庆、广东等五个地方律师协会代表队的70余名律师运动员参加。北京律师代表队夺得本次比赛的冠军。

10月24日 为了加强协会与工商行政管理部门的沟通和交流，市律协邀请市工商局相关领导到协会进行座谈。副会长庞正中、张小炜分别介绍了北京律师查询企业工商登记档案、律师介入企业工商注册代理业务以及为消费者维权领域提供法律服务的相关情况，并着重谈到了律师在开展上述业务中遇到的问题与困难。双方在座谈会上围绕上述议题展开了深入的互动交流，就建立长效沟通、合作机制等达成了初步共识。

10月31日 市律协在十月大厦对公益法律咨询中心第四批入选的57家律所520名志愿律师进行了岗前培训。本次会议还表彰了在2011~2012年度公益法律咨询活动中表现突出的志愿律师事务所以及联系人。

11 月份（9）

11 月 8～11 日 中国共产党第十八次全国代表大会在北京人民大会堂召开，北京市致诚律师事务所佟丽华律师作为正式代表参加十八大，北京市大成律师事务所彭雪峰律师作为无党派代表人士列席会议。佟丽华律师是全国参加十八大的三位律师代表之一。

11 月 9 日 市律协党委召开学习十八大报告专题座谈会。与会同志一致认为，报告高度重视民主法制建设，强调要继续积极稳妥推进政治体制改革，全面推进依法治国，加快建设社会主义法治国家，更加注重发挥法治在国家治理和社会管理中的重要作用，为我国律师业的进一步发展壮大和律师作用的充分发挥提供了更加宽广的舞台和更加有力的保障。会议强调，律师要进一步强化中国特色社会主义法律工作者的意识，坚持党对律师工作的领导不动摇，着力加强北京律师行业党建工作，大力推进行业思想文化建设，进一步增强服务意识、拓宽服务领域、创新服务手段，着力为首都经济社会发展提供更加优质高效的法律服务。

11 月 13 日 市律协召开会长会议，认真学习周永康等中央领导 10 月 30 日视察律师工作重要讲话精神，研究贯彻落实意见和市律协下一步工作。大家一致认为，周永康的重要讲话充分肯定了近年来律师工作和律师队伍建设取得的成绩，深刻阐述了律师工作在实施依法治国方略中的重要地位和作用，对律师工作提出了明确要求。与会人员表示，一定要认真学习、深刻领会周永康等中央领导同志的重要讲话精神，进一步增强责任感、紧迫感和使命感，采取更加扎实有力的措施，进一步推进行业管理工作实现新发展、取得新突破、再上新台阶。

11 月 13～15 日 市委政法委组织全市公、检、法、司等各政法部门一线干部和律师 200 余人分别到北京市第一看守所、天河监狱、新安劳教所进行了为期三天的参观座谈活动。在座谈会上，律师们围绕《刑事诉讼法》的立法精神及看守所与侦查机关各自的职能、如何更好地实现会见的高效衔接等问题进行了讨论，并就如何保障律师在侦查阶段依法行使辩护权、律师会见、各部门工作衔接等方面提出了意见和建议。

11 月 15 日　市委政法委有关领导到北京市律协调研，就贯彻落实《刑事诉讼法》修正案听取北京律师的意见与建议。市律协介绍了北京律师从事刑事辩护工作的现状和遇到的各类问题，并围绕刑诉法修正案贯彻实施过程中有关律师执业权益的落实及保障建言献策。与会人员还就政法委组织起草的《关于保障和规范律师刑事诉讼辩护的若干规定》草案进行了讨论。

11 月 22 日　市律协在中国科技会堂举行北京市律师行业学习贯彻十八大精神会议。全市 16 个区县司法局律师管理部门负责人，市、区两级律协正副会长、理事、监事，以及律师事务所主任、支部书记代表等，共计 400 余人参加会议。

11 月 22 日　市律协与东城区人民法院签署《关于保障律师合法权益规范法律服务市场秩序的协议》。该协议旨在保障律师和诉讼当事人的合法权益，规范律师从事法律服务，监督、查处和杜绝违法、违规从事法律服务行为。

11 月 26 日　市律协召开"2012 年度北京市律师事务所所刊评选颁奖会"，公布所刊评选结果并颁奖。炜衡律师事务所《炜衡》、金杜律师事务所《中国法律期刊》、君合律师事务所《君合》（人文版）分别荣获综合类、专业类和人文类金奖，大成、金杜、君合、庞标、常鸿等 5 家律师事务所获得优秀组织奖。

11 月 29 日　市律协监事会在朝阳区律协召开了区县律协监事长座谈会。会上，各区县律协监事长交流了各自工作的开展情况。与会人员就监事会监督工作的范围、内容和方法，监事会在监督过程中的经验、体会和面临的问题进行了探讨。会议还征询了各区县律协监事会对市律协及市律协监事会工作的意见和建议。

12 月份（10）

12 月 4 日　2012 年央视年度法治人物颁奖盛典落下帷幕，两位北京律师获奖。在此次活动中，全国共有 12 位法治人物（群体）荣膺"年度法治人物"，其中有两位律师，均来自北京，他们是在儿童权利保护领域作出突出贡献的公益律师佟丽华和寻亲志愿者代表张志伟。

12 月 6 日　司法部发布《关于表扬全国化解社会矛盾　维护和谐稳定成

绩突出律师事务所和律师的通报》，北京市有8家律师事务所和20名律师受到表彰。其中的八家北京律师事务所分别是现代律师事务所、中同律师事务所、弘嘉律师事务所、君泰律师事务所、致诚律师事务所、致宏律师事务所、三维律师事务所和诚实律师事务所。

12月6日 全国律协通知报送组织开展修改后刑事诉讼法的学习培训工作情况。市律协积极组织落实，将本年度律师进行刑事辩护业务轮训工作情况进行了系统总结并按期报送全国律协。

12月14日 市委副书记、市委政法委书记吉林到市律协调研推进法治建设工作。吉林听取了市司法局、市律师协会关于开展法治建设工作情况的汇报，在总结讲话中肯定了司法行政系统在推进首都法治建设工作中所发挥的作用和所取得的成绩。

12月14日 市律协在北京凯宾斯基饭店召开国别法律风险研究成果发布会。编撰《东盟国家投资流程及国别法律风险评估报告》的大成律师事务所代表杨贵生律师，编撰《中亚国家投资流程及国别法律风险评估报告》的中国政法大学俄罗斯研究中心代表王志华教授分别介绍了编撰报告的过程及报告的重点内容。

12月15日 市律协国际法律业务高级研修班正式开课。商务部条法司李成钢司长，中国政法大学博士生导师、WTO专家组成员张玉卿教授分别就国际投资保护协定和国际商事合同通则授课。

12月28日 市律协与西城区人民法院签署《关于保障律师合法权益规范法律服务市场秩序的协议》。协议旨在保障律师和诉讼当事人的合法权益，规范律师从事法律服务，监督、查处和杜绝违法、法规从事法律服务行为。为此，双方就聘请西城区人民法院工作人员为协会行业监督员、建立律师代理案件查询系统、为律师安检开辟绿色通道、建立市律协电子显示屏等事项进行了约定。

12月28日 为了更好地保障会员依法执业，维护会员合法权益，市律协正式开通了北京律师维权电话和维权信箱。

12月28日 市律协召开新闻通报会。法制日报、北京晚报、法制晚报等中央和北京新闻媒体记者应邀参加通报会。王隽副会长通报了2012年北京律师行业十大亮点工作情况。庞正中副会长就"十大亮点"中的协会加大会员权益保障工作力度、开通律师维权热线等情况进行了说明。两位副会长还就市高院信访接待律师团、律师人身意外伤害保险、"法律服务村居行"等方面的问题回答了记者提问。

12 月 28 日　第九届北京市律师协会理事会召开第五次会议。会议听取了各专门工作委员会关于 2012 年工作总结及 2013 年工作思路的汇报；就《北京市律师执业规范》（修订征求意见稿）进行了讨论；审议通过了《第九届北京市律师协会关于增补宣传与联络委员会副主任的议案》。

权威报告　热点资讯　海量资源

当代中国与世界发展的高端智库平台

皮书数据库　www.pishu.com.cn

皮书数据库是专业的人文社会科学综合学术资源总库，以大型连续性图书——皮书系列为基础，整合国内外相关资讯构建而成。该数据库包含七大子库，涵盖两百多个主题，囊括了近十几年间中国与世界经济社会发展报告，覆盖经济、社会、政治、文化、教育、国际问题等多个领域。

皮书数据库以篇章为基本单位，方便用户对皮书内容的阅读需求。用户可进行全文检索，也可对文献题目、内容提要、作者名称、作者单位、关键字等基本信息进行检索，还可对检索到的篇章再作二次筛选，进行在线阅读或下载阅读。智能多维度导航，可使用户根据自己熟知的分类标准进行分类导航筛选，使查找和检索更高效、便捷。

权威的研究报告、独特的调研数据、前沿的热点资讯，皮书数据库已发展成为国内最具影响力的关于中国与世界现实问题研究的成果库和资讯库。

皮书俱乐部会员服务指南

1. 谁能成为皮书俱乐部成员？

- 皮书作者自动成为俱乐部会员
- 购买了皮书产品（纸质皮书、电子书）的个人用户

2. 会员可以享受的增值服务

- 加入皮书俱乐部，免费获赠该纸质图书的电子书
- 免费获赠皮书数据库100元充值卡
- 免费定期获赠皮书电子期刊
- 优先参与各类皮书学术活动
- 优先享受皮书产品的最新优惠

3. 如何享受增值服务？

（1）加入皮书俱乐部，获赠该书的电子书

第1步　登录我社官网（www.ssap.com.cn），注册账号；

第2步　登录并进入"会员中心"—"皮书俱乐部"，提交加入皮书俱乐部申请；

第3步　审核通过后，自动进入俱乐部服务环节，填写相关购书信息即可自动兑换相应电子书。

（2）免费获赠皮书数据库100元充值卡

100元充值卡只能在皮书数据库中充值和使用

第1步　刮开附赠充值的涂层（左下）；

第2步　登录皮书数据库网站（www.pishu.com.cn），注册账号；

第3步　登录并进入"会员中心"—"在线充值"—"充值卡充值"，充值成功后即可使用。

4. 声明

解释权归社会科学文献出版社所有

社会科学文献出版社　SOCIAL SCIENCES ACADEMIC PRESS (CHINA)　皮书系列

卡号：7996436779292364

密码：

皮书俱乐部会员可享受社会科学文献出版社其他相关免费增值服务，有任何疑问，均可与我们联系

联系电话：010-59367227　企业QQ：800045692　邮箱：pishuclub@ssap.cn

欢迎登录社会科学文献出版社官网（www.ssap.com.cn）和中国皮书网（www.pishu.cn）了解更多信息

社会科学文献出版社

皮书系列

"皮书"起源于十七、十八世纪的英国，主要指官方或社会组织正式发表的重要文件或报告，多以"白皮书"命名。在中国，"皮书"这一概念被社会广泛接受，并被成功运作、发展成为一种全新的出版形态，则源于中国社会科学院社会科学文献出版社。

皮书是对中国与世界发展状况和热点问题进行年度监测，以专业的角度、专家的视野和实证研究方法，针对某一领域或区域现状与发展态势展开分析和预测，具备权威性、前沿性、原创性、实证性、时效性等特点的连续性公开出版物，由一系列权威研究报告组成。皮书系列是社会科学文献出版社编辑出版的蓝皮书、绿皮书、黄皮书等的统称。

皮书系列的作者以中国社会科学院、著名高校、地方社会科学院的研究人员为主，多为国内一流研究机构的权威专家学者，他们的看法和观点代表了学界对中国与世界的现实和未来最高水平的解读与分析。

自 20 世纪 90 年代末推出以《经济蓝皮书》为开端的皮书系列以来，社会科学文献出版社至今已累计出版皮书千余部，内容涵盖经济、社会、政法、文化传媒、行业、地方发展、国际形势等领域。皮书系列已成为社会科学文献出版社的著名图书品牌和中国社会科学院的知名学术品牌。

皮书系列在数字出版和国际出版方面成就斐然。皮书数据库被评为"2008~2009 年度数字出版知名品牌"；《经济蓝皮书》《社会蓝皮书》等十几种皮书每年还由国外知名学术出版机构出版英文版、俄文版、韩文版和日文版，面向全球发行。

2011 年，皮书系列正式列入"十二五"国家重点出版规划项目；2012 年，部分重点皮书列入中国社会科学院承担的国家哲学社会科学创新工程项目；2014 年，35 种院外皮书使用"中国社会科学院创新工程学术出版项目"标识。

法 律 声 明

"皮书系列"（含蓝皮书、绿皮书、黄皮书）由社会科学文献出版社最早使用并对外推广，现已成为中国图书市场上流行的品牌，是社会科学文献出版社的品牌图书。社会科学文献出版社拥有该系列图书的专有出版权和网络传播权，其 LOGO（▧）与"经济蓝皮书"、"社会蓝皮书"等皮书名称已在中华人民共和国工商行政管理总局商标局登记注册，社会科学文献出版社合法拥有其商标专用权。

未经社会科学文献出版社的授权和许可，任何复制、模仿或以其他方式侵害"皮书系列"和 LOGO（▧）、"经济蓝皮书"、"社会蓝皮书"等皮书名称商标专用权的行为均属于侵权行为，社会科学文献出版社将采取法律手段追究其法律责任，维护合法权益。

欢迎社会各界人士对侵犯社会科学文献出版社上述权利的违法行为进行举报。电话：010 - 59367121，电子邮箱：fawubu@ ssap. cn。

社会科学文献出版社